复旦大学院系（学科）发展史丛书

FUDAN
UNIVERSITY

复旦大学

教育学科发展史稿

（1920—1951；1983—2019）

熊庆年

李会春　编撰

复旦大学出版社

目 录

引 言

一、教育学科的内涵和外延

在谈论教育学科的内涵和外延时,有必要先澄清学科的概念。从发生学的角度看,学科最早是与人才培养相关的。英文 discipline 的词源,本义是大学教学的知识分类,略等于近代所说的教育"科目",后来衍化成涵盖知识生产和人才培养的概念。它可以指称某一领域系统化、理论化的知识,也可以指称形成一定规制的学术研究、人才培养的组织。托尼·比彻等在《学术部落及其领地——知识探索与学科文化》(*Academic Tribes and Territories: Intellectual Enquiry and the Culture of Disciplines*,1989)中提出,学科是一种制度化的知识组织形式,具有明确的组织结构、规范和规则。学科通过大学、研究机构、学术期刊等制度化形式得以体现,并形成特定的学术共同体。

从认知的角度讲,学科的分类基于认知结构和知识的内在逻辑,其发展与人类认知能力的进步密切相关。正如杰罗姆·布鲁纳在《教育的文化》(*The Culture of Education*,1996)中所提出的,学科是认知活动的分类方式,反映了人类对世界的理解和探索。从功能的角度讲,学科的存在是为了满足社会、经济和文化发展的需要。约翰·杜威在《民主与教育》(*Democracy and Education*,1916)中指出,学科是解决特定问题或满足社会需求的工具。正是由于认识的差异,世界各国对学科的划分并不一致。

约瑟夫·本-戴维在《科学家在社会中的角色——一项比较研

究》(*The Scientist's Role in Society: A Comparative Study*,1971)中提出，学科是历史发展的产物，其边界和内容随着时间推移而变化。学科的形成和发展受到历史条件和社会环境的影响，其演变是一个动态过程，同时，也是文化的过程。克利福德·格尔茨在《文化的解释》(*The Interpretation of Cultures*,1973)中提出，学科是文化的一部分，反映了特定文化背景下的知识传统和价值观。学科的形成和发展受到文化传统的影响。从社会建构的角度讲，学科通过教育机构、学术组织和出版物等社会机制得以维持和发展。正如米歇尔·福柯在《知识考古学》(*L'Archéologie du Savoir*,1969)中提出的，学科是社会建构的产物，其边界和内容由权力、知识和话语共同塑造。

在当代的语境中，如何定义学科，存在不同的声音。这里不打算去作一一细致辨析，因为它不是本书的任务。实际上，学科作为系统化的知识体系，是学术界最早且最普遍的定义方式。从理论上说，学科有其内在本质和逻辑结构。托马斯·库恩在《科学革命的结构》(*The Structure of Scientific Revolutions*,1962)中提出，学科通过"范式"来界定，范式包括共同的理论、方法和研究问题。学科的发展是通过科学革命实现的，即新范式取代旧范式。这一观点强调了学科的内在逻辑和知识积累性。

综上所述，学科是人类知识体系的重要组成部分，是对某一领域知识进行系统化、理论化研究的学术范畴。学科的形成与发展是人类社会进步和知识积累的结果。它不仅是学术研究的基本单位，也是高等教育中人才培养和知识传授的核心载体。学科通常具有明确的研究对象、理论体系、研究方法以及学术共同体，这些要素共同构成了学科的独立性和独特性。

从世界范围来看，教育学科的起点可以追溯到 19 世纪末至 20 世纪初。这一时期，教育学逐渐从哲学、心理学等学科中独立出来，成为一个专门研究教育现象、教育规律和教育实践的学科领域。

我国教育学科兴起于 20 世纪初，此前，教育思想和实践主要受到儒家文化的影响，并没有形成一个独立的教育学科。随着西方教育思想和制度的引入，我国开始逐步建立起现代教育体系，并在此基础上发展出教育学科。

一般认为，教育学科是研究教育现象、教育规律以及教育实践的一门社会科学。它以教育为研究对象，旨在揭示教育的本质、功能、过程及其与社会、文化、经济等方面的关系。

在我国，现行学科划分的体系有四种：《国家标准学科分类与代码》（GB/T 13745—2009）、《学位授予和人才培养学科目录（2011年）》、《国家自然科学基金学科分类目录》和《中国社会科学基金学科分类目录》。这些分类体系功能各有侧重，适用于不同领域的需求，结构存在一定的差别。总体上说，我国的学科划分较为细致，注重学科的层级性和系统性，同时强调学科的实用性和社会需求。

以《国家标准学科分类与代码》（GB/T 13745—2009）为例，学科分为自然科学、农业科学、医药科学、工程与技术科学、人文与社会科学五大类，教育学被归类为人文与社会科学。在人文与社会科学门类下，教育学一级学科有 19 个二级学科，包括：教育史（包括中国教育史、外国教育史等）、教育学原理、教学论、德育原理、教育社会学、教育心理学（代码列心理学）、教育经济学、教育统计学（代码列统计学）、教育管理学、比较教育学、教育技术学、军事教育学、学前教育学、普通教育学（包括初等教育学、中等教育学等）、高等教育学、成人教育学、职业技术教育学、特殊教育学、教育学其他学科。

再以《学位授予和人才培养学科目录（2011 年）》为例，共有 13 个学科门类，包括哲学、经济学、法学、教育学、文学、历史学、理学、工学、农学、医学、军事学、管理学、艺术学。教育学门类下包括 3 个一级学科：教育学、心理学、体育学。实际上，教育学一级学科通常包括 10 个二级学科：教育学原理、课程与教学论、教育史、比较教育学、学前教育学、高等教育学、成人教育学、职业技术教育学、特殊教育学、教育技术学。这个目录中还存在着跨学科的特殊情况。比如教育经济与管理，是管理学门类下公共管理一级学科中的二级学科，主要研究教育与经济、管理之间的关系，包括教育资源配置、教育政策分析、教育管理优化等内容。它虽然不属于教育学门类，但是可以授予管理学学位，也可以授予教育学学位。而国务院学位委员会第六届学科评议组 2013 年编的《学位授予和人才培养一级学科简介》中，教育学一级学科下除前述 10 个二级学科外，又增加了教育政策与法学，教师教育学，农村教育，教育、文化与社会，教育测量、评价与统计 5 个二级学科。

二、研究教育学科发展史的价值与意义

教育是国家和社会发展的基础，教育学科是教育事业健康发展的科学保障，研究教育学科发展史，无疑具有重要的学术价值与现实意义。而研究一所大学的教育学科发展史，不只是为教育学科发展史提供一个鲜活的案例，也不只是为这所大学学科发展史提供一个学科的切片，更是为理解大学系统的教育以及一所大学整体的教育准备透镜，因为大学教育学科的存在不只是它自身的逻辑发展，它还潜在地为其他学科提供教育理念、思想和知识的滋养，提供育人的范例，提供教学实践的支持。本书的撰写更有现实的特殊意义，就是为复旦大学 120 周年华诞献礼。复旦大学教育学科的发展，有着复旦大学发展的文化基因。通过教育学科发展的历史呈现，可以使人们更好地理解复旦大学的教育文化和精神。

当然，从复旦大学教育学科自身来说，研究教育学科发展史更有直接的实践价值。一方面，通过总结学科发展中的成功经验与失败教训，我们可以更好地规划学科的未来发展方向，优化学科结构，提

升学科竞争力;另一方面,有助于增强教育学科的认同感与凝聚力。通过对学科发展历程的回顾,学术共同体成员可以更加深刻地理解学科的价值与使命,从而激发学术研究的热情与创造力。

三、研究教育学科发展史的方法

本书之所以采用"学科发展史"而未采用"学科史"的提法,是有所考量的。两者虽然内容上多有重叠,但是侧重点和研究范围则有所不同。学科史侧重于学科本身的历史演变,包括学科的起源、形成、发展过程以及重要事件、人物等的梳理;学科发展史更侧重于学科的发展动态,重点关注学科在不同历史阶段的成长、变化和趋势。学科史研究范围涵盖学科的整体历史脉络,包括学科的理论体系、方法论、学术流派等;学科发展史则更聚焦学科的发展规律、影响因素(如社会、经济、技术等)以及未来发展方向。学科史强调对学科历史的描述性研究,注重历史事实的梳理和还原,关注学科的内在逻辑和学术传统;学科发展史则强调对学科发展的分析性研究,注重总结学科发展的规律和经验教训,关注学科的外部环境(如政策、技术、社会需求)对学科发展的影响。从应用价值来看,学科史主要用于学科教育的文化传承和理论建设,帮助读者了解学科的来龙去脉,为学科的学术研究提供历史视角;学科发展史则主要用于学科的战略规划和政策制定,为学科的可持续发展提供参考,为学科的实践应用提供指导。

研究教育学科发展史需要综合运用多种研究方法,既要注重史料的搜集与整理,也要注重理论的分析与阐释。文献研究是最基础的方法。我们重点搜集了与学科创立、发展相关的原始资料,包括学科建设规划、学术会议记录、教师与学生档案等,以确保研究的客观性与准确性;也采用了口述史的方法,通过访谈学科发展的亲历者(如资深教授、校友、管理者等),获取第一手资料,以弥补文献资料的不足,揭示学科发展中的细节与内幕。

本书是否能达成学科发展史的目标,作者限于认知和史料搜集的功夫,还真不敢保证。所以,在学科发展史后加了个"稿"字,就是想表明,目前还不能达到理想的目标,有待人们批评指正,有待后人去完善。

四、本书的体例

在中国,学科作为一种规制,与大学的组织结构直接对应。因而,在一定意义上,某一学科的发展史也可以看作是相对应的大学组织的发展史。

由于复旦大学教育学科发展在历史进程中发生了较长时期的中断,为了客观地反映历史的真实,又恰当地区分不同时期的特殊性,本书除引言和余论外,分为上篇和下篇。上篇描述民国时期到中华人民共和国成立初期复旦大学教育学系的发展,下篇描述改革开放以后复旦大学高等教育研究所的发展。

按照历史研究的惯例,"言不及当下"。这是避免主观偏见,因为研究当下事件容易受到个人情感和立场的影响,可能导致结论不够客观。而且史的研究需要时间沉淀,以便更全面地理解事件的长期影响和意义。从技术上来说,资料限制是客观因素,当下的事件许多档案和资料尚未公开,研究依据不足。所以,本书所叙到 2019 年 7 月高等教育研究所所长更替为止。

上篇和下篇,既有大体一致的逻辑框架,又有反映各时期特点的内容。这是因为,不同时期的学科,组织定位不同、发展的进路不同、学科的范围和功能也不同。也因为史料所得,各有长短。教育学系的史料,因为时代久远和档案不全,当事人绝大部分已不在世,能搜集到的非常有限。而高等教育研究所的史料,也因为大部分资料未进档,前期部分重要当事人去世和难以联系,办公场所几经搬迁,付之阙如的亦甚多。经过反复权衡,上篇分为四章,分别是第一章历史沿革、第二章人才培养和课程、第三章教师、学生和校友、第四章学术出版、学生组织和社会实践服务。下篇分为六章,分别是第五章历史沿革、第六章咨政服务、第七章人才培养、第八章学术研究、第九章交流合作、第十章学术期刊。各章的具体展开,自然也以发展变化的时序为主线,兼顾内容、事件本身的完整叙述。

如无特别说明,本书所有人员的职务、职称均为时任职务、职称。

上 编

教育学系的发展
(1920—1951)

第一章　历史沿革

复旦大学教育学科发端于民国初期,既得益于东西方文化思想交汇、学制改革和大学发展教育学科热潮的推动,又得益于李登辉校长等一大批先贤坚持不懈的努力。

第一节　教育学科的滥觞(1920—1922)

一、时代巨变酿新潮

19世纪末20世纪初,中国传统教育体系逐步解体,近代化的学制和学科体系开始建立,教育学科雏形初现。清政府1902年颁行"壬寅癸卯学制",首次建立了近代"大学—中学—小学"相衔接的学制系统,并把师范教育作为独立的学制系统加以设计。1912年,南京临时政府推行"壬子癸丑学制"。1913年颁行《高等师范学校规程》,第四条规定"本科各部通习之科目为伦理学、心理学、教育学、英语、体操",第八条规定"高等师范学校得设专修科"[①]。1922年教育部通过《学校系统改革案》,即"壬戌学制"(或"新学制"),第二十六条规定:"为补充初级中学教员之不足,得设二年之师范专修科,附设于大学校教育科,或师范大学校"[②]。这一新学制虽未详细规定如何设

---

① 民国教育部:《高等师范学校规程》,《中华教育界》1913年第6期。
② 《学校系统改革案》,《教育公报》1922年第10期。

置大学教育科,但却明确提出了"大学校教育科"这个概念,推动了相关学科的发展。

在政策推动下,除原有高师体系外,一批综合性高校纷纷成立教育系科。公立学校方面,南京高等师范学校1921年扩充为国立东南大学,率先成立教育科[1]。随后武汉大学(1922)、北京大学(1924)、浙江大学(1928)等校相继成立教育系科。私立学校方面,1921年厦门大学设师范部,细分为教育学说、教育史、教育行政、中等教育、小学教育、乡村教育及心理学七组[2]。随后不少私立大学也相继成立教育系科。不过由于缺乏统一规定,各校教育学科在办学实践中往往各行其是,其名称、育人目标、组织结构和课程体系迥异。

伴随着西学东渐,西方的各种教育思潮纷纷涌入,对国内高校的教育思想和实践产生了巨大影响。其中,留学生的作用不可忽视。在20世纪初清末"新政"刺激(包括废科举)之下,师范渐成热门。自清末始,"教育救国,师范为先"渐成知识分子的重要理念。不少学生出国留学汲取先进经验。1906年前后以留日学生为多,部分进入高等师范学校学习[3]。1905—1906年,学习师范和法政为主的留日学生达到顶峰,人数近万[4]。1908年,美国开始"庚子退款"之后,国内赴美留学生数量激增[5]。不少人进入综合性高校的教育学科研习,其中哥伦比亚大学师范学院成为不少留学生学习教育学的首选。从1909年到1950年,在哥伦比亚大学的中国留学生达304人,主要修

---

① 郭秉文:《十年度之高等教育》,《新教育》1922年第2期。
② 侯怀银、李艳莉:《民国时期大学教育系科变迁研究》,《中国教育科学》2016年第3期。
③ 侯怀银、李艳莉:《民国时期大学教育系科变迁研究》,《中国教育科学》2016年第3期。
④ 钱益民:《李登辉传》,复旦大学出版社,2005年,第39页。
⑤ 孙培青主编:《中国教育史(修订版)》,华东师范大学出版社,2000年,第351页。

习的即为教育学①。据1918年第3期《留美学生季报》中的《留美学生学业统计表》,1918年留美学生1 124人中,学教育学的有50人,远超史学、政治、哲学、文学、法律等专业人数。这些留学生回国后成为推进中国教育学科发展和教育改革的主力。正如陈东原所指出:"何以那时有学校系统的改革? 新学制之颁行? 说起他的原因,实是受了民国五年至十年这几年中从美国归来的一般留学生的影响。"②另外,杜威、孟禄、克伯屈等美国教育家相继来华讲学,客观上也产生了很大的影响。

二、教育课程初试水

复旦大学具有深厚的教育传统。早期创办者和校长如马相伯、严复、夏敬观、高凤谦等人既是社会名流,也对教育事业具有高度热忱。创校之初,人们对教育价值、教育功能便有高度关注。1915年,《复旦公学浙江同学会学生杂志》里就有"The Value of Foreign Education"(《外国教育的价值》)的文章,称赞西方教育制度从效果和效益而言,远优于中国。据《复旦大学章程》记载,早期已出现学生自发举办的教育活动。1918年春,学生成立社会服务团,宗旨之一即为教育贫苦失学之人。社会服务团下设教育部,分为学校教育和实业教育两部,并创办义务小学和夫役晚校各一所。后来对复旦大学及其教育学科有重要影响的郭任远和吴南轩③,那时就在社会服务团担任要职,郭任远为社会服务团副主任,吴南轩则辅助义务小学开展活动④。校园刊物《复旦季刊》《复旦周刊》时常刊

---

① 张雪蓉:《美国影响与中国大学变革(1915—1927)——以国立东南大学为研究中心》,华龄出版社,2006年,第28页。
② 陈东原:《师范学院之历史的使命》,《教育通讯(汉口)》1938年第30期。
③ 吴南轩,曾名吴冕。
④ 《公民服务会略史》,《复旦年刊(1919)》。

登学校改革和大学评论文章,不少学生毕业后直接投身教育事业。如 1924 年春调研发现,毕业生就业分布中,教育界占 42%,位居首位,远高于 18% 的商界,13% 的政界[①]。在以教育学为名的专系正式出现之前,与教育学关系紧密的心理学已经在课程体系中出现。如 1914 年《复旦公学章程》规定,大学预科二年级学生需完成 2 个学期每周 2 小时的心理学课程。课程采用菲利普斯的《心理学导论》作为教材,课程目标在于"知心之动作及种种情态。除课本外,涉及兽类心理学、儿童心理学、疯癫及癖性心理学,并社会心理学等"[②]。

李登辉校长是复旦大学发展教育学科的直接推动者。他长于南洋,在美求学多年,毕业于耶鲁大学,后又辗转多国,具有开阔的国际视野。他目睹近代中国内忧外患,对教育寄予厚望,深知必须通过教育来改变我国孱弱贫穷的现实。1914 年,身为复旦公学校长的李登辉便已亲自讲授与教育学相关的心理学课程[③]。1917 年 9 月,复旦由"复旦公学"正式改组为复旦大学,设文、理、商三科,并增加学年,设两年制本科,形成"2—2—2"学制(预科本科硕士各 2 年)[④]。李登辉成为复旦大学校长,主持全校事务。他提出"以学校发展教育,以教育复兴祖国"之宏愿,积极推动复旦大学发展教育学。他认为"复旦大学里面必须有一培养中小学师资的专科"[⑤]。1919 年,在李登辉领导下,复旦计划开设师范科,以期建成一所学科齐备之"完美大学"。

1920 年,哈佛大学和李登辉的母校耶鲁大学相继开办教育系[⑥]。

---

① 林际会:《复旦大学之概况》,《复旦年鉴(1925)》。
② 《复旦公学章程》,1914 年。
③ 钱益民:《李登辉传》,复旦大学出版社,2005 年,第 103 页。
④ 《复旦大学章程》,1920 年重订。
⑤ 复旦大学校史编写组编:《复旦大学志·第一卷(1905—1949 年)》,复旦大学出版社,1985 年,第 312 页。
⑥ 郑远新:《国立复旦校长章益》,黄山书社,2021 年,第 12 页。

受此影响,在李登辉主持下,复旦加快了开设教育学科的步伐。同年《复旦大学章程》提出,"学科现分四部,曰国文科、英文科、商科、理科,更拟加设师范、工艺二科,方在筹备中期成一完美大学焉。"[①]其中,"学科提要"部分首次提出试设教育学,并规定复旦大学文科学生分别在本科一、二年级修习教育学[②],每周三课时。教育学作为专有名词载入复旦大学典要,成为文科之下的专门修读类型。就其学制而言,基本沿用"壬戌学制"中对教育科两年制的规定。之后几年中,教育系成为文科下属四系之一(四系分别为政治系、经济系、教育系、心理系),"教育系"之名常见诸于报端[③]。此时教育系尚未独立建制,属文科的一分支。文科作为复旦最早创办之一科,"合文、法、心理学诸科而兼有之统名……民国后,以学生日众,研求旨趣分科渐多,而本科得专于文学及艺术"。为避免学生学习不精,"所定课程莫不含有专门之研究,且在舆以实地练习,冀使学生肄业期满后,得有丰富之学识,以应社会之需求。"[④]文科之下,设若干类课程,本科阶段含国文、英文、政治、教育、经济、军事、哲学、历史、体育等几类课程。

《复旦大学章程》对教育学科目下的修读课程进行了规定,包括欧美东亚教育发展历史、教育学原理、教育学心理、英美德法日本诸国学校管理组织法、公众个人生理卫生、学生性情及教授法等[⑤]。这一方案的课程框架,内容与欧美高度接近。但因师资匮缺,当时物色的教师不少人留学未归,课程并未在 1920 年立时齐备。1920—1923年春,教育学课程始终停留在每学期 1 门(见表1-1),类似讲座课程,与章程规划相距甚远。

---

① 《复旦大学章程》,1920 年重订。
② 当年本科只有 2 年。
③ 《时事新报·学灯》1923 年 6 月 3 日。
④ 《复旦大学文科章程》,1924 年秋重订。
⑤ 《复旦大学章程》,1920 年重订。

表 1-1　复旦大学早期的教育学课程[①]

课程讲授时间	课程名称[②]	教　师	课程讲授时间	课程名称	教　师
1920 春	教育学	汤　松	1927 秋	心理学、教育心理学、教学法	章　益
1921 春	宪法、名学、教育学	陈定谟	1927 秋	教育社会学	杨开道
1921 秋	教育学	陈定谟	1928 春	教育原理、教育学	黄梁就明
1921 秋	教育原理	陈定谟	1928 秋	中学教育、比较教育	黄梁就明
1922 春	教育学	陈定谟			
1923 冬	教育学、教育历史	邬志坚	1928 秋	心理学、教育学	章　益
	教育心理学	杜定友	1928 秋	教育原理	郑若谷
1924 春	教育学、教育历史、学校管理教授法	邬志坚	1928 秋	儿童研究、教育测量	张耀翔
	教育心理学	杜定友	1929 年春	欧美教育史、学校管理	黄梁就明
	教育心理学、哲学	李登辉			
1924 秋	教育心理学	杜定友	1929 年春	教育哲学	陈科美
1925 春	教育学	黄梁就明[③]（女）	1929 年春	现代教育思潮	马师德
1925 冬	教育学	黄梁就明	1929 年秋	教育原理、教育概论	黄梁就明
1926 春	教育学	黄梁就明	1929 年秋	教育学、心理学	章　益
1926 秋	教育学	黄梁就明	1929 年秋	教育哲学、欧美教育史	陈科美
1927 秋	教育原理、教育学	黄梁就明	1929 年秋	文艺教育原理	孙俍工

---

① 根据复旦早期授课档案资料整理而成。
② 本表只呈现与教育学相关的课程。实际上这些老师会同时上不同系别的课程。
③ 本名梁就明,夫姓为黄(兆鸿),曾任上海女学校长。

教育学试设之初只有一位授课教师。1920年（一说为1919年夏），曾留学日本和美国的经济学者汤松（汤寿松），为躲避军阀亡命上海①，受聘复旦讲授教育学，每周授课3小时，作为文科三年级必修课。据章益回忆，尽管该课程名为《教育学》，实际是一门教育史，此课程开设成为复旦教育学的开端。1920年夏，汤松离开复旦赴欧美调查合作事业②。1921年，社会学者陈定谟接任该门课程，教授教育原理，成为教育原理学程之始。同时，该课程还开创了除国文科外，沪上高校课程用中文讲授的先河③。虽不便延聘专研教育的教师，但他们"皆循循善诱，校中学子，对于教育学之兴味，于兹发端"④。由此，教育学课程逐步发展。两年后，陈定谟离开复旦赴任厦门大学教授。遂由邬志坚讲授教育历史，杜定友授教育心理学。由于师资短缺，不少授课教师并非教育学出身，往往讲授不同方向甚至非本人专门研究方向的课程。如汤松为美国密歇根大学经济学博士，除讲授教育学外，还讲授社会学和实业史。陈定谟则同时教授社会学、教育学、伦理、宪法、历史、生理学等科目。杜定友为菲律宾大学文学、图书馆学和教育学学士，除教育学外，还讲授图书馆学课程。李登辉本人为文学博士，熟谙希腊文、拉丁文、英文、法文、德文、荷兰文以及马来文等多种语言文字⑤。在复旦，李登辉主讲哲学、拉丁文、文学、法文、德文等课程，同时亦亲自教授与教育学有密切关系的心理学课程。

总体来看，教育学在初设前几年，发展相对缓慢。《复旦大学章程（1920年）》对教育学的定位乃是"试设"，并非实决。

---

① 汤松是湖南省立商业专门学校的首任校长，办学期间多有成效。1919年五四运动后受湖南军阀张敬尧通缉，遂潜往上海。

② 《编辑余沈》，《民国日报》1922年1月14日。

③ 章益：《教育学系简史》，《三十年的复旦：1905—1935》，复旦大学，1935年。

④ 复旦大学校史编写组编：《复旦大学志·第一卷（1905—1949年）》，复旦大学出版社，1985年。

⑤ 钱益民：《李登辉传》，复旦大学出版社，2005年，第1—24页。

第二节　教育学系初始形态(1923—1929)

一、嵌于文科的生长

复旦创校之初为私立高校，为提升形象和办学品质，曾多次向教育部申请立案，但均未获批准。为加快申请立案步伐并遵教育部相关要求，复旦大学加速调整学制。1923 年春，复旦本科修业年限改为四年[①]。同年 2 月，李登辉的学生郭任远获美国加利福尼亚大学博士学位，受聘来母校任教，并辅助李登辉进行校内学制改革。同年夏，文科在原有普通、经济二系之外，添设教育学系[②]，并于秋季正式实施，以图后续发展。之后不久又增政治系，正式形成文科四系。文科大一和大二不分科，学生三年级时可以自由选择经济、教育、政治三系中任何一系进行专攻(可以同时修读二系，也可自由转系[③])。这是文科内首现建制系的概念，教育学系之名亦首次正式见诸纪录。当年，即有 1 名大四生和 4 名大三生[④]选修教育学系的课。次年，教育学系即有专修学生张国华毕业。这是有记载的第一个毕业于复旦教育学系的学生。

1923 年秋，复旦大学校董会作出决议，对文科中已设有的普通、政治、经济与教育四系[⑤]进行学制改革[⑥](心理系次年脱离文科成为

---

① 《复旦大学百年纪事(1905—2005)》。但《复旦年鉴(1922)》中《一九二二年文科级史》中也有提到文科有三年级和四年级，故实际上文科分四年制可能更早。

② 《复旦年鉴(1923)》。另外，在记录中，经常出现教育系和教育学系的混用。

③ 从部分学生的修读记录得知。

④ 大三生分别为王庆肇、吴寿堂、林际会、唐文棪。名单取自《复旦年鉴(1925)》。

⑤ 1923—1926 年间，文科内部变动频繁，后又出现三系、五系、六系、七系、八系等不同组合。

⑥ 《复旦大学校董会决议》，《新闻报》1923 年。

心理学院）。

1924年4月，受校内"汤夫人经济问题"事件影响，李登辉被迫"请假"离校一年，郭任远代理复旦大学校长，负责复旦实际事务[①]。李登辉将校中建设大计，付之于杜定友[②]（后代理教育学系系主任兼庶务主任）[③]。李登辉在离校之前，章益前来送行。

1924年，章益踌躇满志，欲自费出国留学。他1922年毕业于复旦文科，成绩优异，位列第二，曾任复旦学生自治会会长。毕业后受李登辉之邀，担任复旦大学附属中学英文教员。赴美临行前，李登辉问他"欲习哪一科?"章益答以"政治"。李登辉鼓励他改习教育，并说将来学成回国，可为母校发展教育系，为国家多培植师资，推进教育事业。章益遂遵师命，将专业改为"教育"[④]。

郭任远上任后提出了一项宏大的计划，对复旦学制系统和院系结构做出重大改革。1924年2月23日，经郭任远提议，校行政院常务会议通过，复旦大学学制系统修正为大学部和附属中学两部[⑤]。其中，大学部设商科、理工科、文科、心理学院，形成"三科一院"结构，下设23个系。其中，章程中文科之下首次出现分系，下设中国文学系、西洋文学系、政治学系、哲学系、教育学系、经济学系、新闻学系[⑥]。同年10月4日，校行政院召开常务会议，决定增设文科社会科学系和教育学系，聘何葆仁为社会科学系系主任，聘吴南轩为教育学系系主任。不过当年社会科学系并未实质上成立（1925年成立了独立的社会科学科），因此，此时文科各系中，只有教育学系专门设有系主任，足见郭任远对教育学科的重视。郭任远和吴南轩在复旦就读时

---

① 钱益民：《李登辉传》，复旦大学出版社，2005年，第107—108页。

② 杜定友（1898—1967），著名图书馆学家，中国近现代图书馆事业奠基者。

③ 由此埋下郭任远、杜定友二人不和的导火线，后来也影响了教育学系的发展。

④ 郑述新：《国立复旦校长章益》，黄山书社，2021年，第15—16页。

⑤ 《复旦大学百年纪事》编纂委员会编：《复旦大学百年纪事（1905—2005）》，复旦大学出版社，2005年，第5页。

⑥ 《复旦大学教职员会章程·行政院章程议决案》，1924年6月。

为同班同学,曾同在社会服务团中任职,吴南轩得聘很自然。1924年秋,推动各科设研究院和大学两部分,研究院可授硕士学位,首次尝试实行学分制。原文科结构发生变动,新的文科仍为八系,包括普通文学系、经济学系、教育学系、政治学系、社会学系、史学系、法律学系、图书学系[①]。文科分系后,各系课程规模相较于 1920 年明显增加,文科内部有各系公共课程,每一系之下均有各系专修课程,且各系专修课程又可以供其他系选修。一般而言,文科学生在一年级和二年级时多选必修课,到三年级时开始分科。1924 年 12 月,又进一步将国文科扩充为中国文学科,下设文艺系、文艺教育系、新闻系三个专系;1925 年春,设立社会科学科,包括原文科内的政治学、社会学两系。由此形成"五科一院"结构(五科分别为文科、理科、商科、社会科学科、中国文学科)。

学校章程中对教育学系必修课程做出了明确规定[②],含教育法、教育史、教育原理、学校管理、教育心理学等课程,教育学课程初具规模。教育学系学制由两年正式转为四年,学生毕业须修完全部专修课程,方可授予专修方向学位[③]。同时教育学系成为能招收研究生的三个专系之一[④]。由于吴南轩尚在国外留学,故由杜定友代理教育学系系主任负责实际事务,讲授相关课程[⑤]。

二、虚位以待的过渡

在郭任远推动学制改革之际,教育学系的变革亦在同步进行。系主任杜定友留学菲律宾,获文学、图书馆学、教育学三个学士学位,

---

① 《复旦大学文科章程》,1924 年秋重订。
② 《复旦简史:江湾时期之一(1922—1929)》(2005 年 9 月 20 日),http//edu.sina.com.cn/y/news/2005-09-20/202744235.html。
③ 《复旦大学文科章程》,1924 年秋重订。
④ 分别是政治学、经济学、教育学系。
⑤ 《复旦大学教育科消息》,《申报》1924 年 12 月 7 日。

并曾出版《心理学》(中华书局,1924)和《学校教育指导法》(中华书局,1925)等专著。他主持教育学系期间,认为"学生所得之理论,非证之事实不可"[1],积极组织学生参观中小学、撰写读书心得,以补教授之不足。1924年6月,杜定友被聘为复旦大学图书馆主任[2],负责复旦早期图书馆规划建设。在讲授教育学课程时,杜屡有创新,不倚重固定教材,而由学生自觅参考书,择问题汇报和讨论,并组织学生翻译有益课本[3],一时为学生所喜。次年3月因受郭任远排挤[4],兼之内部人事争斗,杜定友离开复旦[5],其后担任南洋大学(上海交通大学)图书馆主任。1925年李登辉复任校长后,曾邀杜复任,但终未就[6]。自此,教育学系系主任空缺。

按原计划,吴南轩归国后任教育学系系主任,同时负责讲授心理测验、心理学统计法、教育心理问题、中学教育心理问题、小学教育心理问题等课程[7]。可是吴南轩直至1929年才硕士毕业回国[8],而且未回复旦任职,加之杜定友离职,教育学系无人主事,导致此后两年,发展缓慢。

从人才培养模式上看,这一阶段文科各系尚未确立高度专业化的培养方案,通才教育是其重要特征。作为文科下属专系之一,教育学系学生除本系专修课程外,尚需修读文科共同必修课程,课程涉及文学、外语、哲学、社会学和经济学等各个门类。这一阶段偏重通才培养,专系教育尚在其次,可以称为通才教育基础上的专业教育模

---

① 《复旦大学教育科消息》,《申报》1924年12月7日。
② 复旦大学图书馆:《复旦大学图书馆历任馆长(1918—2000)》,http://www.library.fudan.edu.cn/100/261/list.htm。
③ 林际会:《文科四年级教育系》,《复旦年鉴(1925)》。作者为教育学系1925届学生。
④ 杜定友著,钱亚新、钱唐整编:《我与复旦》,《福建省图书馆学会通讯》1986年第1期;杜燕:《慈父杜定友回忆录》,《杜定友文集》第22册,广东教育出版社,2012年,第287页。
⑤ 程焕文:《序》,《杜定友文集》第1册,广东教育出版社,2012年,第10页。
⑥ 杜定友著,钱亚新、钱唐整编:《我与复旦》,《福建省图书馆学会通讯》1986年第1期。
⑦ 《复旦大学心理学院章程》,1924年。
⑧ 吴南轩硕士毕业归国后,并未回复旦,而是赴任中央党务学校、陆军大学、中央大学、中央政治学校等校教授。1935年,他回复旦后被任命为副校长,后又兼教育学系系主任。参见《东方日报》1940年12月8日。

式。在专业教育方面,根据 1924 年《复旦大学章程》所规划,教育学课程规模不大,如果要满足毕业要求,学生必须修读大量其他学科领域(中文、外文、社会、历史等)的课程方能满足学分要求。这本质上是一种大文科育人模式,有通才教育特征,间接说明教育学尚不能独立开展人才培养。

从开课数量上看,1923 年冬和 1924 年春刚启动学制改革时,邬志坚和杜定友连续开设多门课程,一度使教育学科有兴旺之势。邬志坚讲授教育史和学校管理法,杜定友讲授教育原理和教育心理;后增加研究中等教育原理和中等教育教学法[①]。不过由于人事变动,二人陆续离职。其后几年中,由于师资匮缺,教育学系课程开设状况并不理想,始终勉力维持。相较心理学系和商科,教育学系师资力量明显薄弱。1924 年,心理系有 5 位教师,商科有 6 位教师。即使在文科内部,教师专长也主要集中在中文、外文和经济方向,教育学系只有杜定友一人[②]。1925 年杜定友离职后,1925—1926 年由黄梁就明讲授教育学课程。文科的其他课程相对状况较好,但也需教师身兼数科。而教育法等课程,则一直未能落实。由于教师流动频繁,常常往来于各个高校兼课,或身兼多重职务分身乏术,或受其他事务干扰而离职,教育学系始终难以形成稳定的师资队伍。除前述汤松和陈定谟外,李登辉因校长事务影响,只讲授过一学期教育学课程,黄梁就明等人也都曾短暂任教于其他高校。由于难以形成稳定的课程结构,课程内容变化不定,教育学科未能形成统一连贯的培养方案。

三、初步成型的积累

虽初创艰难,但教育学科建设还是取得一定进展。在郭任远数

---

① 林际会:《文科四年级教育系》,《复旦年鉴(1925)》。
② 根据 1924 年《复旦大学心理学院章程》《复旦大学商科章程》《复旦大学文科章程》整理。

年经营下,除教育学系外,心理学院和国文科下的文艺教育系也有相当规模,包含不少教育和心理类课程,为教育学发展和学生学习提供直接帮助。如心理学院开设教育心理学(唐钺授)、知觉的心理(唐钺授)、心理学史(唐钺授)、发育心理学(郭任远授)、应用心理学(郭任远授)、生理心理学(郭任远授)等课程,文艺教育系开设文艺教育原理附作文教授法、现代教育思潮等课程。由于教育学系隶属文科,因而也受到来自文科其他专系的支持。如1926年10月,教育学系新添日文、欧美文学比较、教育大纲课程,分别由宋虞琪、洪琛、黄兆鸿讲授。1926年10月,《复旦周刊》报道中提到"该科本学期新添课程,计有下列数种……教育大纲由黄兆鸿夫人教授"[①]。1927年7月《时报》中称文科发展进程为"年来极力扩充,日形发达……除原有之密西根大学教育硕士黄夫人[②]等外,加聘梁实秋担任文学史、文学评论等科,前东大教授龚质彬担任文学概论、近代英文等科,芝加哥大学教育科章友三(即章益)硕士担任教育科、心理学等科"[③]。

随着教育学类课程发展趋于成熟,相关课程也逐渐从心理学院、文学科下分离出来,成为教育学系专门课程,数量逐渐增加。据1927年《复旦大学章程》记载,教育学系为文科五系之一,开设教育类必修、选修课程达到16门,初具体系,为后来教育学系独立建制奠定一定基础。同时,其他专系的教育类课程亦有所扩张。文科的近世方言学系设有选修课"教育大纲",普通文学系设有必修课"教育学",中国文学科的文艺教育系设有近10门教育类课程,预科也设有"教育学"课程,加之与教育学科密切相关的心理学科发展,为教育学科发展提供了支撑和空间。而心理学在1927年郭任远离任后被划入教育学系,则使教育学系获得更为长远的支持。同时,教育学系的发

---

① 《复旦周刊》1926年10月20日。
② 即黄梁就明。
③ 《复旦大学文科新计划》,《时报》1927年7月20日。

展，也为其他专系的相关课程开设提供师资支援。

值得一提的是，由于此时教育处于传统体系瓦解而且新式教育观念尚未形成之际，加之任课教授均具有海外留学背景，因而能直接与国际最前沿的教育思想接轨。这些教授不仅授课中大量引入先进教育思想，而且通过汇编教材、公众演讲、科研等形式，传播前沿教育学知识并发扬光大。如汤松讲授教育学时即直接使用孟禄的《教育史简编》为教材，陈定谟则使用桑代克的《教育学绪论》作为教材。黄梁就明作为复旦最早的专门的教育学者，其后编撰的世界书局 ABC 丛书之《教育学 ABC》具有一定影响力[1]。郭任远在心理学领域享有崇高国际声誉，最早将实验心理学引入中国。其他如章益、陈科美、张耀翔、熊子容等人，均为当时留美归来的知名学人，对复旦高起点开始教育学科建设具有重要意义。

此外，教育学系的人才培养也渐趋成熟。1923 年初设教育学系，便有 1 名大四生和 4 名大三生转入教育学系，后续陆续有人将教育学作为自己的专攻之所。不少教育学系学生如倪承楹[2]、严济宽[3]、刘公武[4]、蒋载华[5]等，毕业后投身教育事业。教育学系在 1925 年就已成为复旦招收研究生的八系之一。1928 年，严济宽、袁伦仁、蒋载华 3 人读取大学院研究生，为教育学系有记录可查的首批研究生。学生关怀社会和参与教育实践热情高涨，以复旦"教育科"或"教育系"为名的教育实践或社会活动不断出现，教育学系注重实物和重视实践之风气渐趋形成。在这一阶段，复旦大学教育学会和考察团相继成立。据《教育界》记载，1924 年 12 月，教育学系学生赴沪参观各中小

---

① 吕春辉：《复旦大学教育学系的历史变迁与图景》，《复旦教育论坛》2021 年第 6 期。
② 倪承楹，后担任江苏苏州吴江中学校长。
③ 严济宽（1902—1995），曾任严州初级中学校长。
④ 刘公武（1903—1988），曾任新加坡南洋华侨中学校长。
⑤ 蒋载华，1947 年曾参与创办私立新中国法商学院，1949 年后曾任上海市私立爱国第二小学校长。

学,如民立中学、务本女子中学、尚公小学、启秀女校等。1925 年 11月,《申报》载,教育学会由陆景曾担任委员长、袁伦仁担任交际、严济宽担任会计、孙祥治担任中文书记、蒋载华担任英文书记、刘公武和倪承楹担任干事[1]。由此,教育学会作为一个有组织、有领导的学生自治机构正式存在。同年《时事新报·学灯》中写到,复旦大学教育学系学生组建教育学会,"每半年召开一次讨论会,研究中国教育问题与西洋教育学,并邀请中外教育家莅校演讲"[2]。1926 年 4 月,教育学系学生袁伦仁、孙祥治、严济宽、倪承楹等成立教育考察团,前往外埠各学校参观考察[3]。师资初具规模,课程渐成体系,加之学生培养逐步走向成熟,预示着一个新的时代即将来临。

四、学系改组的前奏

1927 年,章益留学归来。章益在自传中写道:"我出国之前对于学习哪门学科没有定见。承李登辉校长的指点,才决定以教育学为第一专业,以心理学为第二专业。1926 年毕业取得硕士学位。1927年回国,李校长就叫我回复旦,除在大学任课外,还让我担任预科主任,后来担任教育系主任"[4]。按照章益所言,"(教育学系)酝酿了数年之久,后来这个愿望总得着实现,可说完全是校长先生坚决的意志促成的结果"[5]。

章益归国后,即被聘为复旦教育学系教师,开设教育学相关课程,负责讲授历史教学法、小学各种心理等学程,均为选科性质。同时学校又聘他为预科主任,以锻炼其行政效能,为筹建教育学系做好

---

① 《复旦大学学生组织教育学会》,《申报·本埠增刊》1925 年 11 月 20 日。

② 《时事新报·学灯》,1925 年(报纸未印刷完整)。

③ 《复旦教育考察团成立》,《时报》1926 年 4 月 25 日。

④ 复旦大学校史编写组编:《复旦大学志·第一卷(1905—1949)》,复旦大学出版社,1985 年,第 279、392 页。

⑤ 章益:《教育学系简史》,《三十年的复旦:1905—1935》,复旦大学,1935 年。

准备。在章益主持下,教育学系陆续引进多位专攻教育学和心理学的教师,局面大为改观。至 1929 年,张耀翔(教授儿童研究、教育测量)、郑若谷(教授教育原理)、陈科美(教授教育哲学、欧美教育史)、孙俍工(教授文艺教育原理)、熊子容(教授教育学)、郑西谷(教授教育统计、中等教育)等陆续加盟,加上原先教育学系教师黄梁就明(教授欧美教育史、学校管理、教育原理、教育概论),形成师资队伍的基本框架。

1929 年 1 月,章益因父生病暂离复旦,后受时任安徽省教育厅厅长兼安徽大学校长程天放之请,出任安徽省教育厅秘书。同年 3 月转任安徽大学文学院院长一职[①],亲历了该校文学院以及教育系[②]的改组过程,积累了丰富的行政经验。

这一时期,国家层面的教育制度改革也在开展。民国早年,尽管教育主管部门颁布了一系列法规以规范高等教育,实际却难以有效执行,大学随意设立,院系重复设置情形非常严重[③]。其中,上海是大学与院系滥设最为严重的地区。国民政府正式成立后,滥设大学和院系的风气并未得到遏制。为加强对公私立大学的整顿和管理,国民政府在 1929 年先后颁布了《大学组织法》《大学规程》等文件。《大学组织法》规定"大学分科改称学院"[④],《大学规程》则对大学教育系科(学院)设置作了具体规定:"大学或独立学院之有文学院或文科而不设教育学院或教育科者,得设教育学系于文学院或文科"[⑤]。这些规定促进了当时各高校系科改组。其中大学和独立学院,尤其是综合性大学开始普遍设置教育学系、教育学院,进一步巩固了在 1922

---

① 郑远新:《国立复旦校长章益》,黄山书社,2021 年,第 31—35 页。
② 安徽大学教育系创建于 1928 年,最初是文法学院下属的四系之一。
③ 王炳照主编:《中国私学・私立学校・民办教育研究》,山东教育出版社,2002 年,第 380 页。
④ 民国教育部编:《第一次中国教育年鉴》,开明书店,1934 年,丙编第 1 页。
⑤ 民国教育部:《大学规程》(1929 年),《教育法令汇编》第 1 辑,商务印书馆,1936 年,第 125 页。

年"高师改大"运动以来近代教育学科开始同时设置于高等师范和综合性大学的"双轨制"。综合性大学的加入极大推动了近代中国教育学科的建设。

1929年夏,复旦大学遵教育部令开始实施院系改组。9月,章益应李登辉之邀,重返复旦参与教育学系建设。

第三节　教育学系建制独立(1929—1937)

一、独立建制的确立

1929年7月6日,校长李登辉主持第四十四届行政院常务会议,金通尹(校务会议秘书长兼理学院土木工程系系主任)、李权时(商学院银行学系系主任兼法学院经济学系系主任)、余楠秋(文学院外文系兼史学系主任)、陈望道(文学院中国文学系主任)、孙寒冰(大学预科主任)、黄兆鸿、邱正伦、张其钰(会计处主任)、陈女英、洪深、钱祖龄(商学院会计学系系主任)、齐云(庶务处主任)等参会。李权时提议设立学院办法,金通尹先生附议通过,会议组织了改组委员会负责商议改组相关事宜①。

两个月后的9月8日,校长李登辉主持第四十五届行政院常务会议,金通尹、李权时、孙寒冰、余楠秋、陈望道、钱祖龄、江上峰、齐云、张其钰、陈女英、黄兆鸿等出席②。会议通过了孙寒冰提议、钱祖龄附议的先设系主任,由系作单位改组为院的方案。方案中先设立中国文学系、外国文学系、史学系、社会学系、教育学系、新闻学系、化学系、生物学系、土木工程学系、政治学系、经济学系、市政学系、银行

---

① 《十八年七月六日行政院第四十四次常会议决案》,复旦大学档案馆藏,编号427。
② 《十八年九月八日第四十五次行政院常会议决案》,复旦大学档案馆藏,编号427。

学系、会计学系、国际贸易学系、工商管理学系、普通商业学系共 17 个系。再根据系组成学院，由系主任推选院长，并将原来的 6 科 24 系调整为 4 院 17 系。在改组委员会议决议的指导下，全校组织变更，分为文、理、法、商 4 院 17 系。中国文学、外国文学、史学、社会学、教育学、新闻学等学系归于文学院。9 月 14 日，复旦大学召开大学部教职员全体大会，组建校务会议，章益以文学院教育学系主任身份担任该会委员①。自此，复旦大学教育学系建制独立。

二、教育学系的壮大

教育学系建制独立后，进入制度化建设时期。经由多年积累，"章益先生改进扩充，不遗余力，不一年便实至名归"②。章益本人的教育观念对其推进办学影响颇深。他格外重视学术研究在大学中的核心地位，认为"大学教育之成功与失败，可以研究的精神之存在与否来判定""理想的大学教育，应当努力于研究精神之发展"。同时他认为开展自由研究的条件在于一流的教师队伍，须有广博的根底、专精的学识、有感染力的兴味，并深谙学习过程的规律。此外他还认为学校和研究须关注实践性，学生"习于强记和背诵，假若一旦叫他自动去研究，他必感到异常的困难与不安"③。在 20 世纪 30 年代，章益除肩负行政任务外，还积极从事教育学学术研究，著作颇丰。

在原有教育学系基础之上，章益积极进行扩张，重订必修学分，增设教育学程，使人才培养方案更为完善；又积极物色新教师，扩展教师规模；增设附属师范专修科④；完善治理架构，建立学生系友会及其他组织。经章益努力经营，教育学系发展迅猛，1929 年注册学生

---

① 《十八年九月十四日大学部教职员全体大会》，复旦大学档案馆藏，编号 427。
② 刘询牧《教育学系一九三〇年级级史》，《复旦大学毕业纪念刊(教育学系)》，1930 年。
③ 章益：《大学教育——序郑著〈明日之大学教育〉》，《劳大论丛》1929 年二周纪念刊物之二。
④ 《突飞猛进中之教育学系近况》，《复旦五日刊》1930 年第 59 期。

只有 20 余人,1930 年春增至 40 多人,秋季更扩展到 80 多人①。到 1931 年,教育学系学生人数已在文学院中位居第一②。在以后数年中,教育学系学生规模常居文学院各系之首。

教育学系确定了人才培养三大目标:培养普通师资、造就各级教育行政人才,以及养成教育学术研究者。其中培养普通师资为重点。在组织层面,依据人才培养目标,教育学系内分普通、心理、行政三组,学制为四年。与建制独立前相比,原有通才教育基础上的教育学专修教育逐步转型成为独立的、系统化的教育学专业教育。教育学课程数量迅速增加,不再依靠其他系的支持,并初步形成了系统的课程结构(参见第二章的详细介绍)。除修读课程外,学生可在中文系、外文系及理、法、商学院中任一系辅修,但须修满二十学分,以使专攻教育者于普通学科方面亦有一定特长。这一规定与 1923—1928 年的通才教育风格虽有不同,但也一定程度上契合了复旦重视通才教育的办学特色,培养出的学生既有专精的教育学知识,又兼学文理各学科,基础宽厚,视野广博,适应性强。

为培养学生教学能力,教育学系与实验中学合办实验班,规定学生须在该班试教至少一个学期;同时还有复旦义务小学作为实习场所,规定本系学生升入高年级时,须往该小学实习教学。由此可见教育学系对学生社会实践能力培养的重视,这与培养普通师资为重点的人才培养目标是一致的。

稳定的教师队伍是保障教学质量的前提。民国初年,教师流动非常频繁,教师常常在不同高校兼职。1931—1932 年间教育学系专职教师只剩章益和陈科美 2 人③。为扩充队伍,章益积极延聘教师,以专职或兼职形式引入邰爽秋、曾作忠、黄敬思、邱正伦、韦悫、鲁继

---

① 《突飞猛进中之教育学系近况》,《复旦五日刊》1930 年第 59 期。
② 根据《复旦大学二十年春季同学录》相关资料统计而得。
③ 资料源于原始档案。

曾、吴士栋、刘天予等多位教师。教育学系内教师主体大致由几部分组成,有专攻教育研究者,有专攻心理学者,有兼修二科学者。教师群体中以专攻教育者居多,如黄梁就明专长教育行政和比较教育,陈科美专长中国教育史和教育哲学,熊子容专长初等教育和中国文化史,郑若谷专长现代教育思潮和教育问题,邰爽秋专长教育行政,曾作忠专长比较教育和教育测量。心理学主要由章益讲授,部分课程教学借助其他院系力量或由兼职教师充任。由于心理学被划入教育学系,后来教育学科引来不少专攻心理学的教师加入。

此外,为促进师生交流、丰富学生生活、发展学术起见,在文科教育学系学生组织的基础上,还成立了新的教育学会和系友会,负责组织学生文体或学术活动、出版学术刊物、邀请名人讲学、购置图书和运营图书馆、联络毕业生校友等事宜,学生组织建设初具规模,为教育学系学生事务发展提供了良好的基础。

三、附设师范专修科

1929 年冬天到 1934 年,鉴于许多学生家庭困难、要求缩短学习年限,且为适应 1922 年教育部出台的《学校系统改革案》"为补充初级中学教员之不足,得设二年之师范专修科,附设于大学校教育科,或师范大学校"的规定,复旦大学决定开办二年制师范专修科。1929 年 11 月 23 日,校长李登辉主持第二次校务会议,通过下学期起(1930 年春季学期)教育学系附设师范专修科的决议[①]。章益亲自兼任师范专修科主任,制定教育目标及其详细规划。师范专修科以培养初级中学教师为目标,入学资格与本科生相同,学制为两年,应修学分为 80 分。在课程上除普通课程、教育课程外,分组设置了专修课程,包括国文组、英文组、社会科学组、数理组,以与普通学校师资

---

① 《复旦大学百年纪事》编纂委员会编:《复旦大学百年纪事(1905—2005)》,复旦大学出版社,2005 年。

需求相匹配。

师范专修科一时颇受学生欢迎。然而 1933 年 4 月王世杰担任国民政府教育部部长之后,强化院系整顿工作并对文法科招生进行限制,要求从 1933 年起,各大学、独立学院文、法、商、教育等学院各系所招新生及转学学生的平均数,不得超过理、工、农、医等学院各系所招新生及转学学生的平均数;专办文、法、商、教育的独立学院,每系或专修科招收新生及转学学生的数额不得超过 50 名[1]。随后,1934 年初教育部派专员视察复旦,认为"分系太繁",故下令裁撤法学院、商学院的工商管理学系和国际贸易学系、教育学系附属师范专修科。后经教务会议、校董会讨论,将法学院之市政系、文学院之史学系及师范专修科分年结束,两年制师范专修科就此取消[2]。章益为此曾感叹:"师范专修科成立至今,已有五年半的历史,现尚常有询问该科可否招生者,可见二年师范确能适合需要,今竟不能续办,未免可惜也"[3]。该专修科共办了五届,毕业生四十二人。

四、教育学系的蓬勃

随着时代发展,教育学系分组方式后来又进行了全面调整,由原来的"普通""心理""行政"三组,划分为"国文""英文""社会科学""自然科学""商学"五组,以强化应用性。教育学系除积极推行辅系制度外,也不断开放资源鼓励其他院系学生辅修教育学系。在 1937 年全面抗战爆发前,经济社会发展有过十年"黄金时期",办学环境相对安定。在章益领导下,教育学系制度日臻完善,呈现出蓬勃发展之势。

从教师队伍来看,这一阶段复旦教育学系名师荟萃,且秉承复旦

---

[1] 黄建中:《三年来中国之高等教育》,《革命文献》1971 年,第 55 编,第 81 页。

[2] 复旦大学校史编写组编:《复旦大学志·第一卷(1905—1949 年)》,复旦大学出版社,1985 年。

[3] 章益:《教育学系简史》,《三十年的复旦:1905—1935》,复旦大学,1935 年。

关怀实践之精神,常活跃于学校行政层以及社会各界。章益本人在学校担任要职,曾兼任预科主任、高级中学主任、师范专修科主任、图书委员会委员、出版委员会委员、演讲委员会主席、新生指导委员会主席、上海劳动大学教育学系系主任等职,并于 1936 年任教务长,1938 年出任教育部总务司长。他还参与中华心理学会筹备会和中国心理卫生协会成立大会,并发表大量的教育学和心理学论文,通过丰富实践资源,在理念和政策上对教育学系发展予以支持。心理学家吴南轩于 1936 年任复旦副校长,亦在教育学系任教,延续复旦领导层对教育学系的重视,并在 1936 年发起创建中国心理卫生协会,任第一届理事长兼总干事。其他教师亦积极参加学校事务,如毛彦文曾在训育处任职、多位教师担任本科生导师,等等。教育学系吸引了许多知名学者在教育学系长期或短期任教,例如:中华书局编辑所所长兼图书馆馆长舒新城于 1931 年在教育学系义务讲授"近代中国教育史";著名心理学家唐钺教授教育心理学、变态心理学和心理学史等科目;熊子容在复旦任教期间,著成《课程编制原理》一书[1],在社会上影响甚大;等等。教师们的学术专著常被世界书局、中华书局、商务印书馆、上海开明书店等知名机构出版,学术论文常见于《中华教育界》《教育杂志》《教育通讯》等重量级教育类学术刊物中,大大提升了教育学系在复旦大学的学科地位和影响力。在《申报》《时报》《时事新报》中,常有关于复旦教育学系发展或人物活动的记录。不过由于这一时期制度尚不成熟,教师们常常在多个高校兼职授课,甚至异地奔波,导致教师队伍流动性很大。根据档案记载,1930—1936年间,只有章益和陈科美两人所有学期均在复旦教育学系注册授课;其余教师,长者能在教育学系兼课 3—4 年,最短者如舒新城则只有一学期的上课记录[2]。

---

[1] 熊子容编:《课程编制原理》,商务印书馆,1934 年。
[2] 源于复旦大学档案记录,档案号 2695。

从学生规模来看,教育学系学生数常居文学院之首,在全校各系中也名列前茅,在复旦大学的学科发展中地位极其重要。1936 年秋,文学院中教育学系学生有 77 人,高于中文、外文、史学、社会学、新闻系,学生规模为文学院各系之最①。这一阶段教育学系培养了许多知名学者、民族英烈,以及其他领域的优秀人才。例如:教育名家曹孚、莫仲义、余书麟,上海世界语协会副会长潘逖书,著名航空心理学专家桑灿南,外国文学专家杨岂深,民族英烈黄天、邹泽沛、吕励之等。此外,更有一大批毕业生躬耕基础教育领域,从事中小学课程教学,并有不少人成长为中小学校长,为地方教育事业发展作出了巨大贡献。

得益于实力雄厚的师资及奋发向上的学生,复旦教育学系在学术影响和专业发展上取得不小成就。在章益和诸多名师带领下,教育学系在这一时期"进展极速:同学激增,课程添加,博得不少人们的赞美"②。这不仅为教育学系增添了光彩,也奠定了教育学系在复旦大学的重要地位。

从培养目标和课程的演变来看,虽然教育学系培养目标仍是师资、行政与研究三方面,但随着分组方式转变,逐步突出师范和应用性特色,聚焦中学师资培养。突出应用性契合复旦大学提倡的为社会服务之精神——"纯科学的研究,为知识而求知识的研究,在大学中诚然也占有一个位置,然而,我们学校将特别重视国家社会的迫切需要。我们以后当致力于解决现代社会实际的问题,而不专崇尚经院式的理论研究"③。而后 1937 年 6 月国民政府教育部颁布的《训练中学师资的暂行办法》规定:"大学教育学院或教育学系学生须按照大学规程第七条之规定,选定其他学院之某一学系,或同学院不属教

---

① 《复旦大学同学录(1936 年秋季)》。
② 赵国基:《教育学系友会底回顾与企望》,《教育学期刊》1934 年第 1 期。
③ 复旦大学校史编写组编:《复旦大学志·第一卷(1905—1949)》,复旦大学出版社,1985 年,第 392—393 页。

育性质之其他学系为辅系,其辅系所修之主要专门学科须在 50 学分以上""大学教育学院以外之各院学生,志愿毕业后为中等学校教员者,须修习教育原理、教育心理学、普通教学法、专门学科教学法等教育学科 12 学分以上""凡依此办法受师资训练之大学毕业生,除发给毕业证书外,由学校发给得充中等学校某科教员之证明书"①。该规定是为解决自"壬戌学制"颁布后,综合性大学虽设教育学科,但其教育学院或教育学系过分侧重于学术研究,所学课程与普通中学相关性较低,从而带来的中等教育师资削弱的问题。由是观之,教育学系育人谋划颇具远见,合乎当时国家对师范和应用型人才的需求。

尽管教育学系关注学生社会实践能力养成,但这并不意味着忽视培养学生的理论素养和研究能力。在服务社会之教育理念的指导下,教育学系把理念付诸行动,以求教育理论与社会实际紧密结合。具体表现为:在课程设置上强调实用性和应用性,课程类别文理渗透,必修课程兼顾基础性和前沿性,专业选修课程细化精深。它体现了先基础和理论,后细化和实践的科学逻辑。无论是必修还是选修课程,都基本覆盖了当时各大学教育系科所开设的科目范畴。

此外,该阶段教育学系不断完善课程体系,一方面优化课程框架,以求符合教育学科培养通例;另一方面积极革新课程内容,聚焦前沿,使课程内容更能反映先进的研究动向。同时,教育学系还开设了具有时代特点的乡村教育、比较教育、中国教育问题课程,以及大学行政、县市乡教育行政等不多见的特色课程,可见教育学系致力于促进课程的本土化。虽然该阶段教育学系的课程数量无法与当时兴盛的大学教育学院相媲美,但皆在其现实条件允许范围内进行了科学经济的设计,成就斐然。不过也须指明,这里的课程并非体系化的稳固设计,仍有"因师设课"特征,课程结构和内容受教师流动和个体

---

① 刘问岫:《中国师范教育简史》,人民教育出版社,1984 年,第 88 页。

因素影响甚大，不同年份的课程内容仍有一定差异。

从学生活动和出版来看，在复旦积极向上的校园氛围影响下，教育学系师生的学术活动非常活跃，多方面推动了系科发展。1929年教育学系学会重新成立时，章益谈道："本系同学应注重自动的工作，如研究、讨论实习、参观等等，本系前途之发展，实望全系同学努力合作"①。学会后改为系友会，开展了许多学术和文体活动，如编印学术期刊，管理图书，组织演讲或邀请名人演讲，组织体育活动、组织参观活动、师生同乐会等。学生发表的各种教育文章或时事评论，屡见于《时事新报》《浙江教育》《江苏教育》《新青年》《群言》等各种报刊。此外，学生在校内外的体育、文艺、辩论、摄影活动中也表现突出，涌现出不少体育健将和文艺积极分子，其事迹常被校内报刊或沪上媒体报道，为教育学系增光添彩。如1935级教育学系于世康为复旦篮球队成员，队伍在多场比赛中表现突出，还曾代表中国与美国篮球队比赛。围绕"中国教育应当统制"一题，教育学系学生参与沪上五所高校辩论，并被《大公报》报道。盛和音是著名摄影爱好者，代表当时富裕家庭女性通过拍照扩展社交活动的愿望，拍摄的影像常发表于《图画时报》，并被著名人像摄影师陈昺德所关注②。

教育学系师生情感融洽，富有合作精神。《复旦五日刊》曾记述，"本校各系普通开会，必有主任训词教授训词之节目，该系执委会以此大会，属联欢性质，故废除严肃之训话，改以主任游艺教授游艺……章友三（即章益）主任于开会前，答应表演游艺一节，此次履行前言，高唱西歌一首，声音洪亮，不可多得。继之者为为校增光四大学国语辩论第一名陈庸声君之笑话，刘欣君之潮州土语，均滑稽突梯，令人莞尔"③。在此种氛围下，教育学系逐渐发展壮大，校内影响

---

① 《教育学系学会成立大会》，《复旦周刊》1929年第22期。
② 郭秋孜：《柯达与中国业余摄影的兴起》，《艺术收藏与鉴赏》2021年第1期。
③ 《各学会末次全体大会汇志：教育系学会》，《复旦五日刊》1930年第77期。

和社会声誉不断提高。

这一时期教育学系的学术社团、学术组织、学术刊物为教育学者进行学术研究和交流学术思想提供了阵地。其中以学术刊物最为知名。从 1933 年到 1937 年,教育学系先后出版《教育学期刊》《教育学讨论专号》《教育论文摘要》。其中,《教育学期刊》以研究中国教育现状、讨论教育学术、充实教育内容为主旨,所载文章论证翔实,学术性强,共出版 4 期,收录 61 篇文章和报告,每期发行 500 册,在学界有一定影响力。刊物问世后,"颇受社会之赞誉"①。《教育学讨论专号》为《时事新报》副刊专栏,共出版 6 期,传播性极强。《教育论文摘要》摘引已出版论文之精华,共出版 6 期,摘录论文 380 篇左右,并制定了 2 次论文索引,引起学界普遍关注,"自问世以来,屡经改善,深得各方好评",销量达 2 000 册②。从《教育学期刊》到《教育学讨论专号》再到《教育论文摘要》,直到最终为战争所累被迫停办,虽命途多舛,然短短数年,教育学系以有限之人力,办伟大事业,为民国期间教育学期刊发展写下浓重一页,提升了复旦教育学在社会上的影响力和美誉度。

第四节　在战火中的淬炼(1937—1949 初)

一、渝沪两立的波折

1937 年七七事变,全面抗战爆发。"八一三"事变,日军进犯上海。全面抗战爆发后,蒋介石提出"战时教育需作平时看","我们切不可忘记战时应作平时看,切勿为应急之故而丢却了基本。我们这

---

① 《教育学系期刊将出版》,《复旦大学校刊》1933 年第 150 期。
② 《〈教育论文摘要〉扩充篇幅增加索引》,《复旦大学校刊》1937 年第 247 期。

一战，一方面是争取民族生存，一方面就要于此时期改造我们的民族，复兴我们的国家，所以我们教育上的着眼点，不仅在战时，还应该看到战后"。为保存民族文化计，在教育部指示下，各大高校和知识分子开始西迁。其中复旦大学、大夏大学组成"复旦大夏联合大学"。"复旦大夏联合大学"分两部，第一部以复旦大学为主体，由复旦副校长吴南轩负责，大夏吴泽霖任教务长，迁往江西庐山；第二部以大夏大学为主体，由大夏副校长欧元怀负责，复旦章益为教务长，迁往贵阳。11月，联大两部各自在庐山、贵阳开学。其中，联合大学一部1937年11月8日方才在江西庐山牯岭开学。但复课不到两月，便因淞沪会战不利不得不再次西迁重庆，到1938年2月中旬勉强完成学期教学任务。1938年2月25日，联大第三次行政会议决定，自1938年3月开始取消"复旦大夏联合大学"，两校各自在重庆、贵阳建校[①]。此后，吴南轩率大部复旦师生几经辗转，在重庆北碚继续办学，被称为"渝校"（重庆）。

由于西迁初期复旦大夏处于联合办学状态，因此不存在独立的复旦教育学系。但从实际状况来看，联合大学第一部的教育学科实际是以大夏大学的教育学科为主体的。1937年联合大学的招生广告明确有载："本联合大学决定开办第一第二两部。第一部定于十月二十五日在江西庐山牯岭开学，设立（一）文学院：中国文学系、外国文学系、社会学系、史地系、新闻学系；（二）理学院：化学系、数理系、土木工程系、生物学系；（三）法学院：法律学系、政治学系、经济学系；（四）教育学院：教育行政系、教育心理系、社会教育系；（五）商学院：会计学系、银行学系、工商管理系；（六）师范专修科：史地组、自然组。凡我复旦、大夏两校新旧同学，望于是日前到牯岭校址报到。两校学生现居上海者，于赴牯以前，望至海格路复旦附中内联大

---

① 复旦大夏第一联合大学：《联大就第一、第二部分别立校事报教育部呈文》，1938年2月27日。

上海办事处登记。第二部设于贵州贵阳,开学日期容后公布。本联合大学招考各学院一年级新生及各级插班生。即日起报名。……他校学生愿来联大借读者,可携带证明文件及二寸半身照片三张,往牯岭本校或上海办事处接洽。"①

其中,教育学院下属教育行政系、教育心理系、社会教育系,以及师范专修科下属史地组和自然组,均为原大夏大学教育组织实体。1937 年 12 月(即联合大学一部开学仅月余),联合大学第二部在贵州开学,原为复旦大学教育学系教师的熊子容随教育学院普通教育系、教育心理系、社会教育学、附设师范专修科(分国文、史地、数理及体育四组)迁往贵州。

由此,战前复旦大学教育学系的教师则因种种原因未能参与联合大学一部教育学科的实质工作。具体来看,1937 年春复旦教育学系共有 5 名教师,分别是陈科美、熊子容、曾作忠、陈高佣、吴南轩。全面抗战爆发后,部分教师如陈科美、陈高佣等未能及时西迁(陈科美后担任复旦大学上海补习部教育学系主任),曾作忠内迁昆明,后执教云南大学和西南联大,其余西迁教师也各有重任在肩,如吴南轩担任复旦副校长并负责联合大学第一部西迁事宜,章益担任复旦大夏联合大学第二部教务长负责学校西迁贵阳事务,熊子容等人参与第二部西迁组建事宜。几乎所有教师在抗战初期均一度未能参与联合大学一部教育学的实质性工作。

联合大学时期教育学院的教师队伍包括熊子容、常导之、马宗荣、王克仁、邰爽秋(时为大夏教育学院院长)、陈一百、朱祖舜、方金镛、萧承慎、沈子善等人②。大致来源有三,一是原大夏大学教育学

---

① 《复旦大夏联合大学在牯岭开学并招收新生借读生通告》,《申报》1937 年 10 月 5 日。

② 《1938 年春重庆复旦大学教员名录・教员与课程(二十六年度)》,复旦大学档案馆选编・杨家润执行主编:《抗战时期复旦大学校史史料选编》,复旦大学出版社,2008 年,第 40—43 页。

院教师（如邰爽秋、马宗荣等），二是复旦大学原教育学系教师（如熊子容）或新毕业生（如朱祖舜），三是其他院校或部门辗转而来（如常导之来自中央大学、萧承慎曾为中央大学、河南大学教授，沈子善曾为中央政治学校、河南大学教授）。由于联合大学办学时间短暂，1938年春复旦和大夏恢复独立办学，因此教师队伍发生重大变化，或是各自回归本校，或是另谋他职，对两校教育学科发展均影响甚巨。

在联合办学时期，两校内部矛盾不断，围绕经费使用、校产管理、图书管理、人员分配等问题产生不少矛盾。仅以学生而论，便可分为复旦派、大夏派、以及新招收的联校派①。因校风和历史不同，原复旦和大夏的教职工和学生之间，也无形中保持距离②。似可相信，这一问题在教育学内部也同样存在。

复旦教育学系在重庆恢复办学初期，一度师资陷入窘境。1938年冬，教育学系注册正式教师只剩熊子容1人。但到1940年春季，师资已超过战前水平，加之聘任兼职教师，教育学系共有10位教师（含兼职），开设18门课程③。之后虽有起伏，但专任教师基本维持在5人左右。受战乱影响，教育学系学生规模有所收缩。全面抗战前，1936年秋，教育学系在校学生一度近80人，1937年秋季因受战乱影响，难以统计，到1940年春降至45人，人数减半。人数较之沪校一度有所减少。但学生数量在文学院五系之中（中国文学系、外国文学系、史地学系、教育学系、新闻学系）依然位列前茅。全面抗战期间，教育学系学生响应政府号召，积极入伍，投身革命，参加抗日活动。据统计，1941年秋季到1944年秋季间，教育学系共有6名学生参军，

---

① 欧元怀：《大夏大学的西迁与复员》，《中华教育界》1947年复刊第1卷第12期。
② 胡经明：《从上海、牯岭到重庆黄桷树——抗战中母校播迁重庆建校的回忆》，彭裕文、许有成主编：《台湾复旦校友忆母校》，复旦大学出版社，2003年，第191—206页；吴道存：《嘉村随笔》，薛明扬、杨家润主编：《复旦杂忆》，复旦大学出版社，2005年，第143页。
③ 复旦大学：《教育学系二十八年度第二学期开设学程表》，1940年。

其中 1 名参加远征军,5 名参加青年军①。

在重庆办学期间,因战事及局势影响,教育学系主任更替较为频繁,分别为熊子容(1938—1940)、吴南轩(1941—1943)、萧承慎(1943秋—1948)。然而师生以抗战自励,生活简朴,教学认真,在艰难困苦中维系办学,颇有一番气象。熊子容曾留学西雅图华盛顿大学。1933 年便已在教育学系授课,先后讲授中国教育问题、教育行政、中国教育思想史等课程。在熊子容负责教育学系事务之时,教育学系积极开展社会教育,与地方政府密切合作,发展地方教育和民生事业,"期寓教育于生产训练中,且施生产训练于百业"②。开展业务包括:接受北碚实验区署委托研究之教育工作;搜集地区生产品种举行农民讲习会;推广黄桷镇民众学校,以及教材、教法、编制改进之实验;推广矿工补习教育,举行一般识字运动;搜集并分析中小学各种教材内容以为改进课程张本。在这一背景下,教育学系学生受邀指导黄桷小学,办理黄桷民众学校,校内研究则开展中小学及师范学校各科教材内容分析,起草未来教育方案等,并试图重发刊物③。学生还成立教育学会,开展教育调研和社会服务,因限于财力,无力付梓正规出版物,转向办理壁报,并由教育学会主编《教育学报》④。另外,全面抗战期间多次往来中美的前校长郭任远也曾一度受邀于 1940年春开设教育学系特约讲座⑤。

吴南轩于 1936 年任复旦副校长。在迁至重庆办学后,由于战争导致大后方通货膨胀严重,物价高涨,学校经济几乎山穷水尽。为此

---

① 丁士华、杨家润、陈启明、柳浪编著:《烽火中的复旦》,重庆出版社,2007 年,第135 页。

② 《复旦大学教育系研究本区教育之工作大纲》,《北碚月刊》1938 年第 7—12 期。

③ 《一年来各系动态·教育系》,《复旦大学校刊(复刊号)》1938 年第 1 期。

④ 丁士华、杨家润、陈启明、柳浪编著:《烽火中的复旦》,重庆出版社,2007 年,第110 页。

⑤ 复旦大学:《复旦大学教职员名册(1940 年春)》,复旦大学档案馆藏,档案号2695。

校方不得不压缩专任教师薪水,多聘兼职人员,或由教师兼任多职,降低开支①。同时,校方也号召热心校友来重庆北碚任教。为摆脱危机,1941 年 11 月,在代理校长吴南轩促成下,国民政府行政会议决议"准将复旦大学改为国立"。接受政府补助使复旦走出了当时的办学困境,复旦大学的办学条件大为改善,学术水准较前大为提高。由于熊子容于 1940 年离职,因此吴南轩代理校长之后兼任教育学系主任和教授(是为 1924 年郭任远提议吴任教育学系主任后,首次正式主持教育学系事务)。吴兼任教育学系主任期间,正逢全校以及教育学系发展最为艰难之时,此时教育学系教师不仅完成自身教研工作,而且身兼多职,积极参与学校管理,如莫仲义兼任注册部主任,冷雪樵兼任生活指导组主任,许桂英兼任女生指导;等等。作为战时陪都,重庆当时云集不少高校(如中央大学),教师在不同高校间兼职颇为频繁。在这一背景下,教育学系积极聘任兼职教师如萧承慎、邵鹤亭、沈子善来校任教,缓解教师不足困扰,并稳定和完善教育学系课程架构。吴南轩在全校倡导学术研究和社会服务,多次表彰教育学系的研究和实践工作②。同时作为系主任,吴南轩添设并亲自讲授心理卫生课程。1943 年,教育部拟调吴南轩任其他职位(初为中央大学校长,后又改为国立英士大学校长,但他并未赴任最终留在复旦),教育学系主任遂由兼任教授多年的萧承慎接任。之后数年,吴南轩多以教育学系兼任教授身份出现。萧承慎曾就读于中央大学,后留学美国,获哥伦比亚大学师范学院硕士,归国后曾在河南大学和中央大学担任教授。萧承慎主持教育学系期间,教育学系曾一度经历改为职业教育系、短暂停办旋即恢复等事件,在艰难困苦中维持办学,直至抗战胜利后实现恢复性大发展。1943 年 2 月 20 日,章益出任国立复旦大学校长,积极筹建校舍聘教师,抓好教学,使复旦在大后方

---

① 丁士华、杨家润、陈启明、柳浪编著:《烽火中的复旦》,重庆出版社,2007 年,第 25 页。
② 吕春辉:《复旦大学教育学系的历史变迁与图景》,《复旦教育论坛》2021 年第 6 期。

成为一所著名学府。李登辉得知后谓曰:"得子继吾衣钵,吾无憾矣!"

除重庆北碚外,还有部分复旦师生滞留上海并请求李登辉在上海复学。1938年2月15日,李登辉带领师生员工400余人在上海公共租界北京路的一幢信托大楼开学,后又迁往霞飞路1726号、再迁往赫德路(今常德路)574号。除新闻、生物两系暂时停课外,其余文理法商四院各系继续开办。后以"复旦大学上海补习部(上海补习部)"备案,也称为"沪校"。"上海补习部"拥有四年制大学本科的教育学系。1940年春,复旦大学在沪校共设立文学院、理学院、法学院、商学院。文学院共126人,下设中国文学系、外国文学系、社会学系、教育学系、新闻学系,教育学系隶属其中,学生人数共41人,包括男生12人,女生29人,学生数量位居五系之首。教师队伍包括陈科美、古楳(古柏良)、顾昂若、李凤书(教育学系1939届毕业生)、蒋载华(教育学系1927届学生)、严进一、张耀翔、左任侠等人[1],在恶劣环境中坚持教学育人。

1939年,根据国民政府教育部要求,由校务会议议决,"沪校"实行导师制,请各系系主任担任导师,人数较多的系则加聘本系或普通课程教师担任导师。这一政策实施有助于密切师生关系、提升教育质量,并保护学生安全。1941年12月珍珠港事件后,日军开进租界,情势更为恶化。1942年2月,沪校成立校务委员会[2],实行集体负责制,教育学系主任陈科美为校务委员会成员。

上海补习部的教育学系主任先是钱慰宗(1938年春—1939年夏),后为陈科美(1939年8月后任系主任,同时还兼任沪校注册部主

---

[1] 丁士华、杨家润、陈启明、柳浪编著:《烽火中的复旦》,重庆出版社,2007年,第221页。

[2] 丁士华、杨家润、陈启明、柳浪编著:《烽火中的复旦》,重庆出版社,2007年,第36—38页。

任）。钱慰宗因后任伪职受到回避，但在一年左右任内，鼓励学生开展学术研究、添设教育书籍、增订欧美著名教育杂志、邀请教育专家演讲、举行教育演讲辩论会、参观中小学等①。陈科美主持系务期间，在敌占区严峻环境中与敌周旋，开展教学，艰难维持。为救助失学青年，由陈科美赞助，教育学系学生于 1941 年开办培明义务夜校，免收学杂费，后因珍珠港事件发生，日军开进租界被迫停止②。1943 年，教育学系学生又创办"越旦实验小学"，并由陈科美任校长，至 1944 年停办；后又开办志成义务中学③，延续教育星火，直至抗战最终胜利。

二、政策调整的适应

全面抗战期间的两项政策对教育学系办学产生了影响。一是师范学院制度的推行。日军全面侵华后，国内社会经济遭受严重破坏，导致中小学师资奇缺，教育生态发生重大变革。为应对战时师资训练需求，教育部 1938 年 7 月 27 日颁布《师范学院规程》，在全国推行师范学院体制，形成大学教育系科在大学和师范学院间的"二元"分布格局。1938 年 7 月，教育部调整全国高等教育，将中央大学、西北联大、西南联大、武汉大学和浙江大学五所高校的教育院系改为师范学院④。1939 年颁布《师范学院教育学系必修科目表》，使大学教育系科课程开设有了参照标准。复旦大学教育学系依据统一标准根据实际进行了灵活设置。教师们则充分发挥专长，积极参与师范学院的学术讨论和组织建设，贡献才智，为国效力。如谢循初曾在媒体上

---

① 《复旦沪校教育学系近况》，《申报》1939 年 5 月 19 日。
② 褚应洪：《复旦爱弥儿联谊会的产生及其活动》，1985 年 8 月 28 日（发表刊物暂缺失）。
③ 褚应洪：《复旦爱弥儿联谊会的产生及其活动》，1985 年 8 月 28 日（发表刊物暂缺失）。
④ 陆殿扬：《师资训练与师范学院》，《教与学》1938 年第 7 期。

发表系列文章,讨论师范学院体制的成败得失①。教育学系教师张耀翔曾积极参与暨南大学师范学院筹建工作,并担任师范学院院长。教育学系学生积极参与各项社会事业,开展本地实际调研,并在北碚推进民众教育,提升民众教育水平②,颇受社会好评。限于规模,复旦大学在此期间并未成立师范学院,但先前的师范专修科办学经验以及抗战时的课程改革经验却为抗战后复旦大学以及教育学系进一步培养师范人才积累了宝贵经验。

二是职业教育支持政策。出于平衡地区发展、发展大后方经济以及培养应用型人才所需,国民政府对职业教育大力支持,在资金投入、政策制定以及学校建设方面加强力度,使职业教育逆势而上发展。如学者候杨方指出,全面抗战期间,"在职业教育方面进步更加明显,在校学生人数由战前的7 000人增长到了25 000余人"。在这一背景下,1942年11月26日,复旦成立了职业教育学会,负责人为方涛,指导教师为教育学系教师萧承慎。学会宗旨为"砥砺学行,研究教育"。同年,顺应发展职业教育形势,校方于1942年12月31日将"教育学系"改为"职业教育系"(又称"职业师资系"),并压缩课程。因战争和经济影响,1944年教育学系曾停办,于次年恢复。

三、复员之后的再兴

抗日战争胜利后,复旦在章益主持下,开始了复员工作。"章益踌躇满志,这位在夏坝晚会上唱安徽大鼓的校长,似乎看到了复旦的光明未来"③。1945年10月,章益赶往上海,联系复员事宜。复员委

---

① 谢循初:《师范学院之设置》,《中央周刊》1938年第7期;谢循初:《师范学院的分系问题》,《教育通讯(汉口)》1938第30期。

② 费巩:《复旦在北碚》,《复旦同学会会刊》1938年第1期。

③ 读史老张:《相辉堂重生,与不该被淡忘的这位复旦校长》(2018年5月24日),https://www.sohu.com/a/232692362_467532。

员会第一次会议决定设法接收江湾附近之敌伪军营及其他房屋以作校舍,胜利完成沪渝两部合并。复员后,办学一度兴盛。1946 年秋,复旦已迅速发展成一所具有较完整学科系统的综合性大学,在教育界地位在不断提高,报考人数居全市各大学之冠。录取学生也更加严格,学生质量因此有所提高:1946 年,报考学生为 11 616 人,录取 400 多人;1947 年,考生为 10 912 人(其中报考教育学系的有 517 人①),仅取 400 多人。

此阶段教育学系教师规模激增,除因沪渝两部教育学科合并外,亦有新教师加盟。1945 年有教师 8 人,1946 年人数翻番,不仅教育学教师数量增长很快,而且专长心理学的教师数量也大幅增加。在系主任萧承慎主持下,引进大批具有心理学背景的教师,如谢循初、沈子善、李伯黍、沈灌群、沈有乾、赵祥麟等人,基本形成后来教育学系的师资班底。与此同时,教育学系或其他院系的本土毕业生逐渐成长起来,或直接留校任教,或留学后再度返回复旦,如曹孚②、骆遴③、马骥雄④、瞿葆奎⑤、张瑞璠⑥、张昉⑦等人,使复旦教育学系从依赖外校毕业生(主要是美国留学回国人员)转向本土毕业生和留学生并重。师资队伍结构和数量的变化使教育学系人才培养方面也发生不少变化。最明显的变化是,教育学系课程中增加了大量的心理学方面的选修课程如青年心理学、人格心理学、变态心理学等,课程供给更为丰富。

---

① 《复旦招生截止报名考生超过一万人》,《新闻报》1947 年 8 月 10 日。

② 曹孚,复旦大学教育学系 1933 级学生,1937 年毕业后留校任教。1947 年 3 月赴美国科罗拉多大学教育研究院留学,之后再度返回教育学系任教。

③ 骆遴,1940 年毕业于四川北碚复旦大学教育学系,1944—1947 年在复旦大学教育学系任教。因热爱农村教育事业,1947 年辞去教职回江苏办学,担任私立博文中学校长。

④ 马骥雄,1947 年毕业于复旦大学教育学系并留校任教。

⑤ 瞿葆奎,1948 年毕业于复旦大学教育学系并留任助教,兼腾飞小学辅导主任。

⑥ 张瑞璠,1948 年毕业于复旦大学教育学系并留校任教。

⑦ 张昉,1948 年毕业于复旦大学教育学系并留校任教。

历经战乱的水劫火燎,抗战胜利后百废待兴,社会上对师资极度渴求,且战时师范学院体制对复旦影响至深。顺应这一形势,1946年12月31日,文法商三学院办公室举办复员后第一次校务会议,章益主持会议,周予同、朱斯煌、马地泰、王泽农、洪深、陈望道、李炳焕、李仲珩、张孟闻、施霖等人参加会议。会议提出,教育学系拟具文、理、农三学院设置师范生办法草案提请公决案(校长室提),议决师范生应习课程。会议原则上通过文理农三学院设立师范生①。之后设置各类师资组,如:农业师资组、商业师资组、职业教育指导人员组等。各师资组共同必修课程中开设了系列教育学类课程,如:教育心理学、教育通论、中等教育、普通教学法、职业教育、教育实习等,实践指导性较强。教育学系在其中发挥重要支持功能。但由于解放战争爆发、形势突变,这一规划后续未能持续推进。

　　解放战争后期,国统区物价飞涨,通货膨胀严重,不少自费学生要求改为师范生。1948年7月4日,校方决定,秋季学期始,各院系均招新生,其中除教育系全部为师范生外,文学院的中文、外文、史地,理学院的数理、化学、生物各系,也招十分之一的师范生②。实际上,不少学生因经济问题大量选择师范专业,使实际人数高于这一比例。例如:据统计,1948年秋招收的中文系新生中师范生数量为10人,占当年学生总数六分之一③。同年度,实际招收师范生总数为217人。师范生除共同必修科目外,各个方向亦有其专修课程。共同必修课共有19门科目,其中教育学系负责科目就有13门。教育学系师资在全校师范生培养和教育基础课程开设中起着重要支

　　① 《复旦大学百年纪事》编纂委员会编:《复旦大学百年纪事:1905—2005》,复旦大学出版社,2005年,第151页。
　　② 《复旦大学百年纪事》编纂委员会编:《复旦大学百年纪事:1905—2005》,复旦大学出版社,2005年,第161页。
　　③ 根据《国立复旦大学三十七年度第二学期全校注册学生名册(1949年6月)》的记录统计而得。

撑作用。由于次年春上海即告解放,因此该政策实际可能只执行了一个学期①。

尽管环境艰难,但这一时期教育学系办学规模依然在不断发展壮大,1948年第二学期(即1949年春季),教育学系共有在校学生123人,在文学院五个系中略低于新闻学系(134人),远高于中文、外文和史地系②,规模已超越抗战前的"黄金时代"。在全校27个系(组)中,教育学系学生规模居全校第九。教育学系教师人数也达至历史最高,1945年抗战刚结束时专任教师只有8人,1948年第二学期专任教师达20人③。教师规模在全校各系科中仅次于中国文学系(26人)、外国文学系(24人)和土木工程系(24人),排名第四④。教育学系不仅自身实力强劲,且对支持全校师范生培养发挥着重要作用。

随着战争形势加剧,国统区通货膨胀严重、学运迭起、秩序崩坏,政治、经济、教育危机日益加深。1949年1月19日,校长章益邀请教授、副教授八十余人召开谈话会。经讨论决定,该学期寒假缩短并提早到1月24日开学;组织全校性应变机构,协助学校行政人员处理非常问题。2月22日,"复旦大学师生员工应变委员会"成立,章益担任主席,教授代表陈望道、学生代表程极明为副主席,下设联络、防护、财务等组。当天,系科联发表"告同学书"以成立"复旦大学防护大队"。通知一经发出,共有1500多名学生踊跃报名参加。2月28日,防护大队正式成立,按院编成五个中队,在学生中被称作"复旦民主自卫军"。1949年3月,国民政府教育部数次密令章益将复旦迁离上海,他本人到台湾任职。章益对于国民党密令和催促他

① 受战争影响,1949年春季无师范生注册人数记录。
② 《国立复旦大学三十七年度第二学期全校注册学生名册(1949年6月)》。
③ 分别是萧承慎、谢循初、萧孝嵘、陈科美、张耀翔、沈子善、袁哲、萧自强、沈灌群、赵祥麟、曹孚、莫仲义、郭泰敔、俞鹤鸣、马骧雄、瞿葆奎、张昉、张瑞璠、夏剑痕、吴南轩。
④ 根据《国立复旦大学一九四九级毕业同学纪念刊》教师名册整理而得。

本人南下的要求表示出坚定拒绝态度,复旦因此得以完整地留在大陆,迎来最终解放。在这一背景下,教育学系的发展也迎来一个新的时代。

第五节　重生后整体调出(1949—1951)

一、教育学系的改造

　　1949 年 5 月 27 日,上海全部解放。复旦师生重返校园,在中国人民解放军上海市军管会和中共复旦总支部的领导下展开复校工作。根据军管会发出的"高教学字第一号"命令,复旦大学校务委员会于 7 月 29 日成立①,其中张志让为主任委员,陈望道为副主任委员兼文学院院长,主持学校工作。此后校委会按照上海市军管会高教处的指示,统一领导校内一切教育和行政工作。8 月 10 日,复旦大学校委会召开常委会议,会议提出各系系主任人选,其中教育学系系主任为萧孝嵘。8 月 11 日,学校设立腾飞小学辅导委员会,由正副主任委员、教务长、秘书长以及教育系主任萧孝嵘等组成,黄淑韫时任腾飞小学校长。1949 年 9 月 10 日暨南大学学生约 300 人来到复旦。复旦大学、暨南大学顺利合并,同时部分教师进入文学院工作,使教育学系实力进一步增强。1949 年 10 月 16 日,复旦正式开学上课。1950 年 1 月 27 日,华东军政委员会成立,上海市高教处并入华东军政委员会教育部。根据 5 月 5 日政务院颁布的《各大行政区高等学校管理暂行办法》规定,复旦大学隶属华东军政委员会教育部领导。

　　中华人民共和国成立后,按照上级统一部署,高校有组织、有计

---

　　① 校务委员包括张志让、陈望道、钱崇澍、卢于道、周谷城、潘震亚、李炳焕、章靳以、金通尹、章益、胡曲园、张明养、胡文淑、张薰华、徐森、谢发楸(学生代表)、金冲及(学生代表)。

划地启动了对旧教育系统的改造工作,以树立新的教育观念。教育学系师生在短期内把思想和行动统一到国家需求上来,逐步消除着旧时代的影响,接受新民主主义的教育观念。教育学系师生在1950年暑假积极围绕"国际形势学习""生活教育""土地法""费尔巴哈论纲第三条与教育""辩证唯物主义"等问题进行集体讨论学习①。1950—1951年在各种时事宣传和政策学习中,教育学系学生事迹被频频刊登于校内的《复旦大学校刊》中。例如在抗美援朝精神学习中,除组建宣传小组集体学习外,有同学提出"早睡早起,练好身体,卫国保家,打倒美帝"的口号,倡导集体参加早操②。据《复旦大学毕业纪念刊(1951年)》载,"全系100%参加宣传捐献运动,在参干运动中90%以上展开了激烈的思想斗争,五十一人响应了祖国的号召,十四人光荣的被批准,分别走进了空校、海校、炮校、特种部队……成为捍卫祖国的战士……"③此外,为适应当时的政治生活,活跃校园文化气息,丰富思想教育形式,教育学系还酝酿成立文工团,下设戏剧、舞蹈、歌咏、乐器四个组,对增进同学团结和促进政治活动的开展有重要作用。通过这一系列有组织、有目标的行动,教育学系师生进一步加深并确立了"为人民服务"的观念,并积极付诸实践。如教育学系四年级同学编辑农民课本,为本校员工子弟做行为指导④;师生积极参与工农学校活动⑤;等等。

与此并行的还有课程改造和精简课程运动。1949年10月,华北高等教育委员会颁布了《各大学专科学校文法学院各系课程暂行规

---

① 《教育系系委会领导明确,中文系研究室整理完竣》,《复旦大学校刊》1950年8月18日。

② 《抗美援朝形式多样化,各系普开反侵略大会》,《复旦大学校刊》1950年11月13日。

③ 《教育系》,《复旦大学毕业纪念刊》,1951年。

④ 《国立复旦大学毕业纪念刊》,1950年。

⑤ 《工农学校开学》,《复旦大学校刊》1950年9月1日。

定》,提出改造政治课程、精简教学内容等措施①。1950 年 6 月 1 日，首届全国高等教育会议通过《关于实施高等学校课程改革的决定》，其中第三、第四条明确指出，"废除政治上的反动课程，开设新民主主义的革命的政治课程……应根据精简的原则，有重点地设置和加强必需的和重要的课程，删除那些重复的和不必需的课程和内容"②。同年 10 月 23 日，华东教育部召开华东首次高等教育会议，确定开展精简课程运动。复旦大学代表陈望道、周谷城、胡曲园、李铁民 4 人和特邀代表李炳焕、萧孝嵘、章益、曹孚 4 人出席会议，另有教育学系14 人参加会议记录工作。在此背景下，复旦大学自 1949 年秋季至1951 年夏季先后开展了 5 次课程改革，在内容、方法、教材、师资等方面都进行了探索和调整③。

课程改革既有降低学生学习负担之义，更具有明确的政治性。

---

① 赵京：《新中国成立初期高校课程改革研究》，《当代中国史研究》2011 年第 3 期。
② 《关于实施高等学校课程改革的决定》，《人民教育》1950 年第 5 期。
③ 第一次是在 1949 年 8 月 29 日召开的第一次教务会议。学校根据"暂维现状，逐步改进"的原则，提出课程改革的指导思想是：(1)原有课程非万不得已，不予变更。(2)增开课程须有绝对必要性。此次课改决定取消三民主义、伦理学、理则学(逻辑学的旧译名)、自然科学、社会科学等 5 门全校共同必修课，新增社会发展史、辩证唯物论和历史唯物论、政治经济学、新民主主义等课程。对各学院的专业课则维持不变。第二次：1950 年春，华东高教处提出课改目的是："提高质量、降低数量、照顾学生负担"。据此，校委会于 2 月 9 日至 12 日组织师生讨论"精简课程"工作。各院系对所开课程分别予以改进、合并、停开或改为选修。主要是减少院、系必修课，减轻学生学习负担，同时要求任课教师拟定教学计划，提出教学重点、目标和进度，探索理论与实际联系的方法以提高课程质量。第三次：1950 年 8 月 3 日，校委会根据政务院《关于实施高等学校课程改革的决定》以及各系科的具体情况，调整了一小部分课程，并贯彻了该决定关于教材建设的指示，将英文教材改为中文教材，外国教材改为本国教材，旧观点改为新观点。同时，校委会开始要求各院系组织教学研究小组，开展有组织、有计划的教学，要求学生订立学习计划、提倡自学。第四次：1951 年春，校委会根据教育部关于 1950 年度教学审查会议的精神，贯彻每周 50 学时的制度，以保证学生身体健康，并根据各系科的具体情况，在学时的折算比例上给予机动。第五次：1951 年 6 月，教育部在北京召开高等教育课程改革讨论会，复旦出席会议的有李铁民、王中、雍家源、陈文彬、郭绍虞等 12 人。校委会制订了《1951 年度第一学期教学工计划》，提出普及和深入爱国主义思想教育，加强教师对马列主义、毛泽东思想的学习，提倡实事求是、刻苦钻研的学风；以改造教学内容为重点，进一步贯彻课程改革的决定；加强教学的计划性、组织性，推进集体教学，同时布置各系制订教学计划。

曹孚在《两年来的教学改造》中提到,课程改革一是要遵照中央教育部《关于实施课程改革的决定》和《高等学校课程草案》,重新厘定各系科的方针任务,以此作为设课基础;二是教材改造,以中国教材代替美国教材,以苏联的材料代替美国的材料,同时还包括思想观念的改造。同时,正课课时也进一步压缩,从每节课 50 分钟降为 40 分钟[①]。

　　与此同时,对各个专业领域内部的课程结构和内容改造不断深入推进。北京师范大学教育系早在 1949 年 4 月 23 日就发起座谈会讨论教育系课程改革问题。会上成立了"大学教育系课程座谈会",召开了六次系列座谈会,其结果被整理成《大学教育系之办法与课程草案》,送交华北高等教育委员会。1949 年 10 月 11 日,华北高等教育委员会公布《各大学专科学校文法学院各系课程暂行规定》,确定教育系任务是"根据新民主主义的教育方针及马克思主义的理论与方法,培养为人民服务的中级教育工作者的知识与技能",并规定了13 门教育系"基本课程",即新民主主义概论、教育方法、教育心理学、中国近代教育史、西洋近代教育史、教育行政、教育测验与统计、现代教育学研究、职业教育概论、实习、政策法令、政治经济名著选读、苏联及新民主主义国家教育研究。这是中华人民共和国成立后教育系课程的首次改革,对全国高校教育(学)系产生了重大影响。在实际操作中,新民主主义教育概论后改设为教育学;职业技术教育概论因内容不全且教学有困难,后被取消;教育测验与统计起初因为测验材料陈旧且是资产阶级的,改为教育调查与统计,后被并入教育行政;现代教育学研究被合并到中、外教育史。有的教育系还增加了小学各科教材教法等。大体上,教育哲学、教育社会学、比较教育等学科在这次改革中被取消;职业技术教育概论、教育测验和统计在这

　　① 　曹孚:《两年来的教学改造》,《复旦大学毕业纪念刊》,1951 年。

次改革中也逐渐被取消①。与此同时,教育学系新加了苏联和新民主主义国家的教育研究,资本主义国家的教育批判,以及马列主义与教育等课程。

课程改造和课程精简运动(前四次)对教育学系影响最大。遵照国家统一规划,复旦大学教育学系的课程结构发生重大变化。原有的教育哲学、教育社会学,以及多数心理学课程被逐渐取消。在新的意识形态指导之下,从 1949 年秋季学年到 1950 年秋季学年,教育学系的必修课程数量从 38 门减少至 22 门,必修学分数量从 98 学分降至 63 学分②。同时还从原来的以外文教材学习为主逐步过渡到以中文自编教材为主。课程改革也促使复旦大学教育系的教学方法革新,如课程教学由之前讲演式为主逐渐引入小组讨论模式,如 1950 年"教育学业务总结"中提及"本学期业务的优点之一在于若干课目已采用小组讨论的教学方法"。

这一时期教育学系的组织结构也多次进行变革。1949 年秋,复旦教育学系开始按照苏联模式进行逐步调整,教育学系从二年级开始分为教育学和教育心理学两组。此时,教育学系师资力量雄厚,基础设施完备。系里设有教育心理实验室,有 60 多种仪器供教学实验之用③。至 1951 年春,一方面为响应精简课程号召,一方面为培养师资起见,再度进行组织调整,取消前述两组,重划为师范师资组和中学师资组(分中文、外文、史地、生物、理化、数学六个副系)④。自此,教育学系人才培养的学术性和行政性目标基本取消,而师范性和应

---

① 侯怀银:《建国后十七年中国教育学科体系建设和发展的基本历程初探》,《山西大学学报(哲学社会科学版)》1998 第 3 期。
② 参见"人才培养"一章中关于课程的具体描述。
③ 《国立复旦大学毕业纪念刊》,1950 年。
④ 《教育系业务总结》,《复旦大学校刊》1950 年 7 月 7 日。

用性目标空前强化。同时成立五位教授组成的副系选课指导委员会，并由助教和同学各一人负责联络。除了系里组织变更外，部分教师还积极参与学校层面管理。例如曹孚在 1949 年留学归国后，先被聘为教授，后又兼任复旦大学副教务长。张瑞璠则担任工农学校校长和主席①。

此外，教育学系内部还按照上级要求建立了教研组制度。民国时期，循英美大学制度通例，教学以及教学研究通常被认为是学者个体教学自由范畴，由个人全权负责。从 1950 年 7 月开始，在上级统一安排下，复旦学习苏联经验，秋季学期筹备集体教学制度，建设教学研究指导小组②（简称教研组）。学校规定，相同课程、内容相近、相互衔接的内容必须形成教研组，开展集体教学研究和备课工作，并提出"教学研究指导组是高等学校教学的基本组织，是推行集体教学的基本方式，为今后新中国的高等学校必须逐步采用的基本教学方法"③。具体实施则参照俄罗斯联邦教育部在 1947 年发布的《学校教学法研究工作规程》。1950 年 8 月 18 日，学校教务会议决定，历史系、教育学系、数理系、农艺系等成立教研组，其他各系教研组陆续组建。教育学系成立了"教育实习"和"心理学"两个教研组。其中，教育实习教研组设置最为完备，由 5 名教授，2 名助教组成，负责制定教学研究工作计划，访查教学研究工作进行和周期性做小结总结，指导学生学习组织并做学习进度访查，搜集资料并做研究访查，记录工作经过并按期报系务委员会④。

教育学系的教研组制度发展在校内名列前茅。至 1950 年底，复旦全校设置完全的教研组只有三组，分别是心理学教研组、教育实习

---

① 《教育系业务总结》，《复旦大学校刊》1950 年 7 月 7 日。
② 教学研究室：《高等学校的教学研究指导组》，《复旦大学校刊》1950 年 7 月 21 日。
③ 教学研究室：《高等学校的教学研究指导组》，《复旦大学校刊》1950 年 7 月 21 日。
④ 《教育学系"教育实习"教学研究指导组的组织草案》，《复旦大学校刊》1950 年 8 月 18 日。

第一章　历史沿革 〉　53

教研组和政治经济学教研组备,三组呈请教育部核定为正式教研组。其余院系教研组因不完备,被暂定为教学小组。教研组制度的建立是教学领域内加强计划性的重要标志,使教学有了统一标准和规范,强化了教学的计划性,有助于提升教学质量。同时,它也是高校组织从之前仿效英美"校—院—系"的组织结构向学习苏联"校—系—教研室(组)"的重要转变。除此以外,对教育学系而言,计划性的增强还改变了教育学系课程领域中长期以来的"因师设课"问题(课程结构和内容很容易随着教师流动而发生变化),加强了课程的稳定性,有力发挥了人才培养质量的保障功能。

经过一系列自上而下的思想、课程和组织方面的改造运动,从1949年解放到1951年夏天,在两年时间里,教育学系同其他院系一样,在思想领域对国民党时代的、受美式教育思想影响至深的办学模式进行了全面批判,逐步消除着旧时代的痕迹。强调对人事、课程、工会、学生组织等各方面的集中统一领导,旧的组织逐步消失,例如活跃多年的爱弥尔联谊会正式宣告结束。从校务委员会到系务委员会再到教研组,从工农学校到学生组织,从正式组织系统到半正式的学习、读报、讨论小组,从人事聘任到课程管理,新的组织系统和管理系统得以全面建立,逐步被纳入统一领导和集中管理的模式之下。

二、教育学系的调出

自1950年起,国家开始有计划地对旧有教育系统的院校和学科格局进行调整和改造。新建师范大学、调整教育学科是其中的重要内容。1951年5月18日,马叙伦在政务院会议上作了《关于1950年全国教育工作总结和1951年全国教育工作的方针和任务的报告》,提出1951年全国高教要"配合国家建设的需要,适当地、有步骤地充实和调整原有高等学校的院系……以各大学现有的师范学院、教育

学院、教育系和个别的文理学院为基础,加以调整,向着每一大行政区办一所师范学院,每一省或两三个省办一所师范专科学校的方向发展,分别培养初高级中等学校师资"[1]。在当时华东六省一市中,只有山东和福建有师范专门院校,办学水平薄弱。上海的复旦大学、大夏大学、光华大学、大同大学、圣约翰大学、震旦大学等校虽有教育系,但被认为培养目标不明确,专业狭窄,不能满足师资培养需求。因此,华东教育部经考察后于同年 7 月 12 日正式报请中央教育部审批建立华东师范大学,集中开展师资培养。根据中央教育部和华东教育部决定,复旦大学较早进行院系调整工作,学习苏联模式,从多科性大学向文理科综合大学转变,将应用性学科全部调出,保留和并入基础理论学科。

据此,复旦大学教育学系于 1951 年 7 月 17 日并入华东师范大学。7 月 18 日,华东教育部负责人分别赶赴大夏大学和光华大学,向两校师生正式宣布:经中央人民政府批准,以私立大夏大学、光华大学的文理科为基础,加上复旦大学教育系、同济大学动物系和植物系、沪江大学音乐系及东亚体育专科学校,合并成立华东师范大学[2]。9 月 10 日,复旦大学举行了盛大的院系调整欢迎和欢送仪式。自此,复旦教育学系的办学历史宣告结束,其师生主体并入华东师范大学。

据统计,1951 年教育学系全职教师有 13 人[3]。刘佛年(兼职)、张耀翔、萧孝嵘三人已经为二级教授[4]。萧孝嵘、谢循初、胡寄南、张耀翔、曹孚学贯中西,在国内有较高学术地位。

---

① 《中央人民政府教育部关于一九五零年全国教育工作总结和一九五一年全国教育工作的方针和任务的报告》(1951 年 5 月 18 日),《广东省政府公报》1951 年第 2,3 期。
② 姜浩峰主笔:《七秩建校,百年办学,国家使命担当——华东师范大学校庆 70 周年封面报道》,《新民周刊》2021 年第 38 期。
③ 分别为:萧承慎、萧孝嵘、谢循初、胡寄南、陈科美、张耀翔、沈灌群、张文郁、胡守棻、曹孚、马骥雄、瞿葆奎、张昉。数据来自《复旦大学毕业纪念刊(1951 年)》。
④ 根据复旦大学档案馆资料整理而得。

根据相关记录,1951 年复旦大学教育学系 13 位教师全部直接调入华东师范大学(见表 1-2)[①]。此外,华师大教育学科的另外一些教师如张瑞璠、刘佛年、赵祥麟、左任侠等人虽非在 1951 年 7 月直接从复旦教育学系调入华东师范大学,但此前均有在复旦就学或工作的经历,或是在后续院系调整中调入华东师大。如张瑞璠,1948 年毕业于复旦大学并留教育学系任教;1951—1952 年转任沪江大学教务处注册主任,并于 1953 年 10 月调入华东师范大学教育系[②]。刘佛年在 1950 年曾任上海师范大学校长兼任复旦大学教育学系教授,后参与筹建华东师范大学并调入该校新建教育系。赵祥麟曾在 1945—1949 年间担任复旦大学教育学系教授,在院系调整前任震旦大学女子文理学院教授兼教育系主任[③]。左任侠则是在 1952 年先调入华东师大外文系[④],后才转入教育系。张文郁则在 1951 年 8 月调入华东师大教育系[⑤]。初步统计,华师大教育系直接或间接来自复旦教育学系的教师至少有 17 人。在华东师大教育学系建立初期的 1951 年,该系共有 22 位教师,具有复旦教育学系背景的占绝大多数,其中,刘

---

① 华东师范大学名师库的记录显示只有 12 位老师是在 1951 年从复旦大学教育学系调入华东师大教育系,张文郁不在其中。但根据 1990 年华东师范大学发布的张文郁讣告,陈桂生老师晚年对华东师大教育系创办初期的回忆,以及其他资料旁证,张文郁确实于 1951 年调入华东师大。本文采用后一说,合计统计为 13 位老师。参考资料:《复旦大学教育系》(2020 年 3 月 11 日),华东师范大学名师库,https://lib.ecnu.edu.cn/msk/f8/d9/c38660a456921/page.htm;《教育学家张文郁教授逝世》,《华东师范大学学报(教育科学版)》1990 年第 2 期;平湖市人民政府:《专家学者:张文郁(1915—1990)》(2022 年 7 月 27 日),http://www.pinghu.gov.cn/art/2022/7/27/art_1229438643_59810386.html;陈桂生:《华东师范大学初期教育学系纪事(1951—1965)》,《基础教育》2018 年第 1 期。

② 黄书光:《张瑞璠先生与教育史学科建设》,《华东师范大学学报(教育科学版)》2019 年第 1 期。

③ 陈桂生:《华东师范大学初期教育学系纪事(1951—1965)》,《基础教育》2018 年第 1 期。

④ 《复旦大学教育系》(2020 年 3 月 11 日),华东师范大学名师库,https://lib.ecnu.edu.cn/msk/f8/d9/c38660a456921/page.htm,浏览日期:2024 年 3 月 16 日。

⑤ 原始表中没有张文郁,根据相关资料进行补充。

佛年担任华东师大教务长兼教育系主任[①]。另据华东师范大学教育学系教授陈桂生回忆,20世纪50年代初华东师大教育系为第一系,有教授20多人,为全校教授最多的系,学术实力强劲。其时华东师大教育系有心理学"五虎将"(萧孝嵘、张耀翔、左任侠、谢循初、胡寄南),有萧承慎先生的"四大弟子"(瞿葆奎、张瑞璠、马骥雄、张昉)[②]。这里的心理学"五虎将"和"四大弟子",全部来自复旦教育学系。从复旦大学教育学系调入华东师范大学教育学系的教师以极高学术造诣继续在教育领域深耕,并成为华东师大教育学和心理学科教师队伍的主要力量。同时,这一批教师也成为后来中国当代教育学科建设和发展的中坚力量。

表1-2 1951年复旦教育学系调入华东师范大学教育系的教师名单

教　授	张耀翔、沈灌群、胡寄南、陈科美、谢循初、萧承慎、萧孝嵘、张文郁
副教授	曹孚、胡守棻
助　教	瞿葆奎、马骥雄、张昉

除调入华东师范大学教育系外,部分教师在调整中进入华东师大其他院系或其他高校,如汤利邦在1952年调入华师大其他院系工作[③],章益先于1951年秋在华东革大政治研究院学习半年,后于1952年调入山东师范学院,担任教育系心理学教授[④],等等;在不同岗位上为兄弟院校的学科建设作出贡献。更有不少人在后续生涯中

---

① 蒋纯焦、汪海萍:《综述:机构嬗变与学科发展——华东师范大学教育学科沿革史》,华东师范大学老教授协会教育分会组编:《传承——华东师范大学教育学科发展之卓越事迹》,华东师范大学出版社,2021年,第2—5页。
② 陈桂生:《华东师范大学初期教育学系纪事(1951—1965)》,《基础教育》2018年第1期。
③ 《复旦大学教育系》(2020年3月11日),华东师范大学名师库,https://lib.ecnu.edu.cn/msk/f8/d9/c38660a456921/page.htm,浏览日期:2024年3月16日。
④ 郑远新:《国立复旦校长章益》,黄山书社,2021年,第166页。

转战他方，参与其他学校创建，或主持重要教育事务，为新中国的教育事业奉献力量。

此外，复旦教育学系在中华人民共和国成立后培养的不少学生，在后来的教育战线上崭露头角，不仅自身满怀教育热忱，长期深耕教育，而且学识卓著，光照他人，激励着一代代教育学人不断前行。如"人民教育家"于漪（复旦大学教育学系1947级），就是这一时期复旦教育学系人才培养的杰出代表。

第二章　人才培养和课程

　　人才培养是学科发展的重要工作,而课程建设则是人才培养的重要载体。复旦教育学科的人才培养和课程结构因时而变,大致上可以分为四个阶段:不分方向的阶段(1920—1923),以通为主的阶段(1923—1928),以专为重的阶段(1929—1948),以及全面改造的阶段(1949—1951)。

第一节　不分方向的阶段

　　1913年1月,民国政府教育部颁行《大学规程》,确立文、理、法、商、医、农、工七科为基础的大学学科建制。文科包含哲学、文学、历史学、地理学四门,每一门下,又有详细课程修读规定[①]。其中文科修业年限为三年。复旦大学早期学科建制主要源于这一规程,但起步稍晚。按1920年《复旦大学章程》规定,大学分文、理、商三科,其中文科本科阶段学制为两年,比《大学规程》少一年。文科是"合文法心理学诸科而兼有之统名","专于文学及艺术上之增进"。与《大学规程》中的规定相比,复旦此时文科建设尚不完整,文科之下并无分门(系),仅规定大类及其修读课程。具体来看,课程共四大类,分别是"英文""政治、教育、经济、宗教""哲学""历

---

①　《教育部公布大学规程令》,《教育杂志》1913年第1期,"法令"。

史"。其中,"英文"之下,有文学、文学史、作文三门;"政治、教育、经济、宗教"之下,有政治学、教育学、经济学、宗教学四门;"哲学"之下,有心理学、哲学、天演学、性命学四门;"历史"之下,有近世进化史、东方诸国交涉史两门。部分课程会有进阶课程,合计共有17门次课程(参见表2-1)。

表2-1 1920年复旦大学文科课程结构

	英　　文	政治/教育/经济/宗教	哲　　学	历　　史
本科一年级	文学(3) 文学史(2) 作文(1)	政治学(3) 教育学(3) 经济学(3)	心理学(3)	近世进化史(3)
本科二年级	文学 作文	教育学(3) 经济学(3) 宗教学(3)	哲学(3) 天演学(3) 性命学(3)	东方诸国交涉史(3)

注:括号内数字为每周学时数

在这一规定之下,文科学生内部没有方向之分,所修课程基本相同。结构上,此时文科课程范围较广,包含不同知识类别。在这一课程规划中,教育学仅仅是文科下的一门课程(2门次)而已,并不能进行专门人才培养。不仅教育学如此,其他经济、历史、哲学等也仅有两门左右课程,并无专门培养目标。按章程规定,所有文科学生均须在本科一年级和二年级各修读一门教育学学程,每周3学时。《复旦大学章程》中虽然列举了教育学课程内容(如教育史、教育原理之类),但课程内部并未有进一步分化,且条件所限,这些课程也并未完全实施。此外,学校对讲授内容并无规范,课程常随师资变化而变化。而论其培养目标,教育学包括在文科总目标之内。

第二节　以通为主的阶段

一、文科的总体变化

　　1923 年郭任远启动学制改革,重定学校章程和课程体系,并学习国外经验,全面推行学分制和学系制,学制从两年拓至四年。同时积极延揽名师,扩充师资,增加课程。这一阶段,文科内部出现方向分化,教育学系首次出现,整体培养方案发生很大变化。具体来看,包含如下三大变化:

　　首先是学分制的出现。在郭任远改革之前,文科内部本科学制仅有两年,且以周学时数作为学习量计算单位。改制后,全校范围内首次确立学分制,并且把它和年级制进行挂钩。按照规定,学生本科须修满 168 学分方可毕业。学分制的实行,为科学计算学生学业工作量,乃至转系转校都提供了测算依据。不过,为平衡学习负担,保障学生学习质量,1924 年章程规定每学期修读课程以 21 学分为参照标准,不得少于 18 学分,也不得多于 24 学分。"以学生学分之多少定其班次之高下。凡未满四十二学分者,为一年级生。已满四十二学分者,为二年级生。满八十四学分者,为三年级生。满一百二十六学分者,为四年级生。"[①]虽有学分制,但由于每学期均有学分修读上限,不得高于 48 学分,故学制大都为三年半到四年。鉴于学校在学期学分修读方面的上下限规定,因此这里的学分制并非完全学分制,而是学分制和学年制的混合。

　　其次是学系制的出现。随着课程规模扩张、文科人数增多,兼彼

---

　　① 《复旦大学文科章程》,1924 年秋重订。

此旨趣相异。1924 年进行了大幅改革，明确文科下属分系，以确立专业发展方向，教育学即为八个分系之一。专业人才培养自此具有雏形。虽然如此，但官方文件对教育学系（包括其他分系）的培养目标并未进行专门陈述，而只是在章程中对教育学系课程进行了规定。不过，因教育学专修属性使然，其育人目标已自动蕴含在课程讲授和社会实践之中。教育学系师生时常赴中小学进行实践考察，以求得理论和实证之联系。这一阶段不少选修教育方向的学生，后来都从事基础教育事业，充分体现出教育学的专业特征。

其三，也是最重要的特征，这一阶段尽管存在分系，但大文科"通才教育"的特征非常明显，专系教育要素相对有限。在这一阶段，文科课程规模和结构出现重大变化。规模上迅速扩张，达到 40 多门。伴随学系制改革，课程出现进一步分化，包含大学必修课，文科各系必修学程，文科专系学程，以及文科选修学程四大类。各系均归文科管理，课程有很强的互通性。其中，大学必修课有 36 学分，文科各系必修学程有 32 学分，文科选修课程有 70 学分，各系（内）必修学程只有 30 学分。也就是说，在文科课程结构中，真正的专业方向课程只有 30 学分，占总学分的比例不到五分之一。五分之四以上的课程都属于"专系外"教育，涵盖文学、外文、历史、教育、经济、社会、图书馆学等各个知识领域，所涉内容非常广泛。必修课中含有多个方向的基础性课程，能为学生奠定广博的知识基础。选修课程范围更广，学生需要有三分之一的学分用于需要修读其他领域，方能满足毕业要求。由此，也可凸显复旦大学早年间的通才教育特征，虽有系科之分，但所学广博，并不局限于某一特定领域。这充分说明，这一阶段的专系教育具有相当的通才教育意味。

二、教育学系的要求

在这一阶段，教育学系学生毕业必须满足如下修课要求（见表 2-2）：

表2-2　复旦教育学系学生课程修读结构(1924 年)

各系必修学程	开课学期	学分	教育学系必修学程	开课学期	学分	选 修 学 程	开课学期	学分
文学通论	2	6	近世英文	2	6	辩论学	2	4
英文文学	2	6	教育法	1	3	德文	2	6
文学史	2	4	教育史	1	3	城市政府	2	6
英文文学	2	6	教育原理	1	3	中国民主及意义	2	6
英文文学	2	6	学校管理	1	3	外交学	2	4
修辞学	2	4	教育心理学	2	6	应用社会学	2	6
英文作文	6	6	欧洲史	2	6	欧洲史	2	6
论文	2	2				欧战史	1	3
论理学	2	4				亚洲史	2	4
法文	2	6				法国革命史	2	4
公民学	2	4				美国史	2	6
政治通论	2	6				民法	1	3
社会学概论	2	6				图书学概论	2	6
经济原理	2	6				商业原理	2	6
						银行原理		
						公司理财		
						商业管理		
						国际贸易		
						高等经济学		
						经济思想史		

① 大学必修课程：国文(16 学分)，普通心理学(6 学分)，社会学概论(6 学分)和体育(4 学分)，共 36 学分。

② 文科各系必修学程：共 14 门课 32 学分。

③ 教育学系必修学程：7 门课程 30 学分(其中近世英文和欧洲史为教育学系限定选修课)。

④ 文科选修课程：20 门课 70 学分。

学生要获得教育学系文凭，必须修毕教育学系的全部专修课程。否则只能授予普通文学士学位。就教育学领域课程而言，既囊括了一般意义上最重要、最基础的教育法、教育史、教育原理、教育心理学等课程，又包括了务实的、回应实际需求的学校管理课程。不过，教育学专修方向的课程比例并不高。如果把近世英文和欧洲史这两门限选课去掉，真正的教育学学科课程只有 5 门课 18 学分，在 168 学分的总学分要求中比例只占 10.71％，专业化程度较低。另外，从课程设计角度看，章程中并未将课程细化至学年，也并未就课程内容结构(如不同课程的地位和衔接问题)做出安排。这充分说明，这一阶段教育学系的专修课程规划尚处于起步阶段，远未形成规模化的结构性培养方案。加之受师资影响，部分课程规划事实上也未能完全实施。由此可见教育学系人才培养还不具备自足性，需要来自文学、历史、经济、政治等其他学科力量的支持。不过其优点在于，学生能够在通才教育氛围内汲取多个学科的营养，形成宽厚的基础。由于一门专系的课程学分要求并不高，因此学生能有足够精力兼修多个专系，如同时修读教育学和外语专系(或其他任一专系)，成就"复合型"人才。而这也成为后来辅系制度的雏形。

三、其他教育类课程

除文科下属教育学系外，复旦校内也有其他部门开设教育或心理类课程。例如郭任远建心理学院时，心理学院共拟开 27 门课程①,不少课程和教育学密切相关,如教育心理学、教育心理问题、小学教育心理问题、中学教育心理问题、发育心理学等。开设课程者如郭任远、蔡翘、唐钺均为当时归国的心理学新锐。在心理学科煌煌发展之数年中,教育学系学生亦可以修读心理学院课程以开阔视野,对辅弼教育学知识学习颇有助益。

此外,1924 年冬在中国文学科(与文科并列)下文艺教育系的课程方案中,有 7 门课与教育学相关,分别是:文艺教育原理附作文教授法、现代教育思潮、中国教育史、教育心理学、教育法、教育史和教育原理。一方面,教育学系课程对其他院系的人才培养发挥了重要支撑;另一方面,教育学系学生也可以修读其他院系的课程(含教育类课程),以拓宽视野。

第三节　以专为重的阶段

一、培养方案的完善

1929 年教育学系独立建制后,师资逐渐充实,课程大量增加,结构初步完善,形成了专门而系统的人才培养方案。通才教育色彩弱化,专业教育得以突出。这一阶段仍实行学年和学分混合制,学制均为四年,学分约在 150—160 之间。培养目标主要有三:培养中等学校师资;培养各级教育行政人才;养成教育学术专门研究者②。之后数年,教育学系培养方案臻于完善。其特征主要如下:

1. 从课程结构上看,分学年的培养方案和修课规定基本成型,成为教育学系人才培养方案的基本框架,直到教育学系停办。以 1936

---

① 《复旦大学心理学院章程》,1924 年秋订。
② 《教育学系课程已于上周拟定》,《复旦周刊》1929 年第 23 期。

年培养方案为例,学生需要修满154个学分方能毕业,为引导学生专心向学,合理平衡学习负担,除大四外,各学期学生修读学分要求大致均衡,均在20学分左右(见表2-3)。

表2-3 民国时期复旦大学教育系培养方案(1936年)

第一学年	第一学期	第二学期	第二学年	第一学期	第二学期
课程名称	学分	学分	课程名称	学分	学分
三民主义	1	1	二年级国文	3	3
一年级国文	3	3	二年级英文	3	3
一年级英文	3	3	普通生物学	4	4
普通心理学	4	4	中等教育	3	—
历史	3	3	普通教学法	—	3
教育通论	3	3	教育心理学	3	—
社会科学	3	3	心理与教育测验	—	3
军事教育	1	1	体育	1	1
总计	21	21	分组专修	3	3
			总计	20	20
第三学年	第一学期	第二学期	第四学年	第一学期	第二学期
课程名称	学分	学分	课程名称	学分	学分
教育行政	2	2	中国教育史	2	2
哲学大纲	2	2	教育社会学	3	—
西洋教育史	2	2	比较教育	—	3
乡村教育	—	2	教育实习	2	3
心理卫生	2	—	论文	—	2

第三学年	第一学期	第二学期	第四学年	第一学期	第二学期
课程名称	学分	学分	课程名称	学分	学分
统计学	2	2	分组专修	2	—
第二外国语	3	3	选修	8	7
分组专修	6	6	总计	17	17
总计	19	19			

2. 课程结构化程度加强且专业课程占绝对主导。在培养方案中，有各学院共同必修课（即校级必修课），文学院各学系共同必修课，教育学系专业课，以及选修课四大类。整体培养方案变得更为有序。各学院必修课包括三民主义、国文、英文、体育、军事教育等，学分合计为30，占学分总比例约19.48%。文学院各学系共同必修课包括历史、社会科学、哲学大纲等课程，学分为16，占比约10.34%。选修课学分为15，占总学分比例为9.74%。三者合计，占总学分比例接近40%。纯教育学专业课程占总学分比为60%。如果加上选修课的教育类课程，则教育学课程占比更高。相较于1924年的文科培养方案，这一阶段教育学专业课程在培养方案中占据主导地位，首次真正体现了人才培养的专业教育特征。同时这意味着1929年复旦大学组织变更后，专系地位彰显，原先的通才教育被专业化程度更高的专业教育体系取代。

3. 教育学课程数量不断增加，种类日益丰富，内部结构逐渐严密。这一阶段，在专业课程中，常设性课程包括教育概论、教育史、心理学、教学法、教育统计、教育实习等。随时代发展，专业课程种类不断增加。先后在教育学系开设过的课程包括：教育通论、青春心理学、师范教育、教育哲学、初等教育、教育行政、课程论、中等教育、职业指导、心理卫生、小学各科教学法、普通教学法、学校卫生、中国教育史、中学各科教学法、教育心理学、哲学大纲、教育社会学、特殊儿童心理学、心理与教育测验、学校组织、县市乡教育行政、现代教育思潮、教育统计、西洋教育史、大学行政、教学实习、教育指导、职业教育、比较教育、教学专题研究、儿童研究、乡村教育、学校调查等。

这里面既包括基础性课程如教育通论、教育史、教育心理等，也包括教育某一特定发展方向的专业性课程如普通教学法、课程论、小学各科教学法、中学各科教学法、教育社会学、比较教育之类，还包括不少拓展型课程如现代教育思潮、县市乡教育行政、教学专题研究、乡村教育等。在教育学系分组框架确立后，还设有专门的分组课程，如国文组课程、英文组课程、社科组课程等。不同课程类型的搭配意味着系统性的教育学课程结构基本形成，实现了章益优化培养方案的规划，"力谋学程得有相当联络，以收循序渐进之效"①。

4. 在成就专业人才之时外，教育学系还注重拓宽学生视野，发展学生多方面能力。主要依靠几方面措施推进：一是辅系和分组学程制度。教育学系学生可以以中文系、外文系及理、法、商学院中任一系为辅系，修满 20 学分即可毕业。以社会科学组为例，学生需要在政治学原理、社会学原理、经济学原理、欧洲外交史、世界经济史、合作主义、宪法原理、社会进化史等 16 门课程中选择 20 学分进行修读便可毕业。二是选修课制度。学生可在全校范围内进行选课，以发展个体兴趣和特长。三是丰富的教育调查和实践要素，兼顾理论和实践。这一系列措施使教育学系学生不囿于知识的习得，而有着实际的行动能力。不少教育学系毕业生能在多个领域和行业上

---

① 《各系消息：教育学系》，《复旦周刊》1930 年第 36 期。

发光发热(参见第三章的学生一节),实是受益于这一人才培养体系的结果。

5. 课程兼具国际化和本土性特征。教育学系独立建制前的早期教育类课程基本直接搬用国外教材。如汤松和陈定谟在教学中曾直接使用国外学者原作。教育学系独立建制后,随着课程充实,课程逐步转向引介国际理论和开发本土资源并举。一方面,国内教育学科发展历史较短,力量薄弱,这一阶段大量课程仍然离不开使用借鉴国外的教材和学习内容。这些教学研究的心得体会,不少都可以在《教育学期刊》上教育学系师生发表的论文中得窥一斑。另一方面,课程专题中对国内问题的关照日益增加,出现不少具有本土特色的课程如乡村教育、县市乡教育行政、中国教育史、中国教育问题研究等。而教育实习和社会实践环节,则使学生对本土问题有着更进一步的体察。国际和本土资源并重,既有利于学生能始终站在时代前沿,具有国际化视野,汲取最先进的理论和经验,同时也能关照本土实践,不忘家国,通过课程学习积极回应和解决国内社会发展的现实问题。

总体来看,经过努力经营,全面抗战之前,教育学系独立的专业教育培养体系已经成型,专业课程数量不断增加,种类逐步丰富。不过受课程改革和师资队伍等多种因素影响,课程结构在细节上会随教师变动而发生变化。1937年全面抗战爆发后,复旦大学教育教学秩序受到前所未有的破坏,后西迁重庆继续办学。在经济恶化、物质缺乏、师资欠缺的情况下,教育学系基本维持了战前相对系统的课程框架。从1939年部分课程设置状况来看(见表2-4、表2-5),主要必修课如教育通论、普通心理学、教育心理学、中国教育史和西洋教育史等,基本和战前保持一致。而在上海补习部的教育学系,大致也维持了完整的人才培养体系。

表 2-4 1939 年复旦大学教育学系第一学期开设科目

课程名称	学分	全年或半年	年级	必修或选修	课程名称	学分	全年或半年	年级	必修或选修
普通心理学	4	全	一	必	儿童心理	2	半	2—4	选
教育概论	3	全	一	必	中国教育史	3	全	三	必
中等教育	3	全	二	必	教育统计	4	半	四	必
师范教育	2	全	二	必	教学实习	2	全	四	必
教育心理学	3	全	二	必	社会教育	3	半	三	必
普通教育法	4	半	三	必	乡村教育	3	半	2—4	选
教育行政	3	全	四	必	英美教育名著选读	3	半	2—4	选
比较教育	3	半	四	必					

表 2-5 1939 年复旦大学教育学系第二学期开设科目

课程名称	学分	全年或半年	年级	必修或选修	课程名称	学分	全年或半年	年级	必修或选修
教育通论	3	全	一	必	初等教育	3	半	三	必
普通心理	4	全	一	必	乡村教育	3	半	三	必
中等教育	3	全	二	必	伦理学	3	半	二	必
教育心理	3	全	二	必	现代教育思潮	3	半	四	选
比较教育	三	全	四	必	教育调查	3	半	四	选
师范教育	三	半	四	必	实习及论文	3	半	四	必

　　　　　复旦大学教育学科发展史稿(1920—1951;1983—2019)〉

二、师范功能的强化

注重师范教育，贯穿了复旦大学教育学系人才培养变革的始终。民国时期对大学教育学系如何育人，社会上存在不少争论。有学者提出大学教育学系目标太多，"其结果必一无所长"[1]，意图使教育学系精简培养目标。也有学者否定教育学系的师范性，强调"大学教育学系是不能够改成师资训练的机关"[2]。此种观点，不无矮化师范教育之义。但在章益看来，师范教育具有更重要的价值，它不仅培养师资，更重要的是"领导人民参加地方自治工作，以期完成基层政治建设"[3]。在教育学系办学过程中，注重师范性始终是一大特色。在维持和推进师范性时，主要有以下措施：

首先，教育学系成立之后，把培养中小学教师作为培养目标的重中之重。此外更于 1929 年冬附设师范专修科，"以培养初级中学师资，及地方教育行政人员为宗旨"[4]。学制上大致遵循"壬戌学制"中二年之师范专修科开设在大学教育科或师范学校，以补充初级中学教员的规定[5]。同时教育学系分组形式由原来"普通""心理""行政"三组改为"国文""英文""社会科学""自然科学""商学"五组。课程设置中配套有分组专修课程，以体现师范培养要义。

其次，教育学系课程结构中，一直存在相当数量可观的以中小学教育教学改进为教研对象的学习内容。例如师范教育、普通教学法、分科教材教法、教育实习等课程。其余不少课程，也与中小学教育有一定程度关联，如小学教育、中学教育、儿童心理、学校行政、教育调查等。通过修读这些课程，能为学生锻炼师范技能，成为中小学教师

---

① 庄泽宣：《大学教育学系方针及设施问题》，《教育杂志》1934 年第 1 期。
② 李冕群：《关于大学教育学系的方针和设施》，《教育研究（广州）》1936 年第 68 期。
③ 章益：《推行师范教育运动之要义》，《教与学》1941 年第 5、6 合期。
④ 复旦大学编：《复旦大学一览（二十年春）》，复旦大学，1931 年。
⑤ 《学校系统改革案》，《教育公报》1922 年第 10 期。

奠定坚实基础。

抗战胜利后,随着复旦大学加强师范教育体系建设,教育学系为支撑校内师资培养发挥重要作用。1946 年后校内设置了农业师资组、商业师资组、职业教育指导人员组。师范功能进一步拓展,不再局限于中小学学科教师,而扩展到农科、商科、职教等多个领域。一方面,各师资组分组必须修读相应的专业课程,如农业师资组修习植物学、动物学、地质学、植物病理学、果树园艺学、花草园艺学、食用作物学、作物育种学等,商业师资组修读会计学、统计学、工商管理、财政学、国际贸易、成本会计、财产保险学、银行货币学等。另一方面,所有师资组必须修读共同必修课程中的系列教育学类课程,如:教育心理学、教育通论、中等教育、普通教学法、职业教育、教育实习等(参见表 2-6)。

表 2-6 三大师资组共同必修课

第一学年	第一学期	第二学期	第二学年	第一学期	第二学期
课程名称	学分	学分	课程名称	学分	学分
三民主义	2	2	伦理学	3	—
国文	3	3	西洋通史	3	3
英文	3	3	中等教育	2	2
社会科学	3	3	总计	8	5
自然科学	4	4			
中国通史	3	3			
教育心理学	3	3			
教育通论	2	2			
总计	23	23			

第三学年	第一学期	第二学期	第四学年	第一学期	第二学期
普通教学法	2	2	职业教育	3	—
总计	2	2	教育实习	—	3
			总计	3	3

　　此外，为进一步强化师范教育，复旦大学1948年秋在中文、外文、史地、数理、化学、生物六系招收师范生。教育学系在承担师范生共同必修课中发挥关键作用。所有师范生都有一组共同必修科目，绝大多数课程都与教育学基础理论和方法有关（见表2-7）。共同必修课共有19门科目，其中教育学系负责科目就有13门。分别为：普通教育学、普通心理学、教育心理、普通教学法、教学实习、心理及教育测验、分科教材教法、教育统计学、中国教育史、西洋教育史、教育行政、中等教育、教育哲学。学分总数达53学分。

表2-7　复旦大学师范生共同必修科目表

科　　目	学分规定	科　　目	学分规定	科　　目	学分规定
国文	8	教学实习	3	教育行政	4
外国文	8	中国通史	6	中等教育	4
普通教育学	6	心理及教育测验	3	教育哲学	4
普通心理学	6	分科教材教法	4	专家及专题研究	8
教育心理	4	教育统计学	3	中国哲学史或西洋哲学史	6
普通教学法	4	中国教育史	4		
哲学概论	6	西洋教育史	4		

总之，教育学系独立建制之后，从开办师范专修科培养教师，到设置专门课程锻炼学生师范技能，再到后来为全校师范教育提供课程和人才支撑，师范教育始终是贯通教育学系人才培养方案变化的重要线索。

三、增加心理学课程

心理学课程是教育学系课程结构的重要内容。由于心理学后来被划入教育学，随着时代发展，教育学系培养方案中的心理学课程数量逐渐增加。最初，课程体系中只有普通心理学和教育心理学。这两门课程也是教育学系的专业基础课。后来又增加了心理与教育测验、心理卫生，课程内容逐渐丰富。随着心理学教师的增加，心理学课程种类不断增加。1938—1939 年，又增加了儿童心理学、变态心理学等课程，不过均为选修课程。抗日战争胜利后，复旦迁回上海江湾办学。大批心理学背景教师加盟，心理学课程大幅增加。1948 年的课程中，心理学课程已经达至 6 门，新增课程均为选修课。在原有基础之上，又添加了青年心理学、人格心理学、儿童心理卫生问题。之后，心理学课程仍在继续增加，次年最多时达 22 门。这种势头直到 1950 年国家开始推行课程精简运动后方才停止。心理学任课教师中，不乏当时的知名心理学研究学人。心理学课程种类和内容的丰富，不仅壮大了复旦教育学科的力量，也为教育学科人才培养提供更好的学术支撑。

第四节　全面改造的阶段

1949 年之后，教育学系人才培养方向发生变化。从培养目标看，主要变化有二：一是指导思想变化，逐渐形成了以马克思列宁主义、毛泽东思想为指导，能体现新的时代需求，符合劳动人民价值观，服务工农兵的培养观念；二是学术性目标弱化，到 1951 年教育学系划分为师范师资组和中学师资组（分中文、外文、史地、生物、理化、数学六个副系）之后，师范性目标得到空前强化。

在课程方面，从学校、文学院，再到教育学系，其课程安排都进行了大幅调整。校级层面上，废除体现国民党时代意识形态的三民主义课程，同时加入能体现符合新民主主义理念的政治课程如辩证法发展史、社会发展史、新民主主义论、中国革命问题等，加强思想政治教育，作为全校必修课程。在文学院层面，加入体现新时代特征的课程，如政治经济学和辩证法选读。在教育学系专业课程层面，增加了马列主义与教育、苏联及新民主主义国家教育研究、资本主义国家教育研究与批判、苏联社会与教育、马列主义名著选读、美国心理学批判、新爱国主义教育等课程。此外，随着课程改造深入推进，教育学科的专业课调整也愈加深入。在 1949 年《各大学专科学校文法学院各系课程暂行规定》的影响下，教育哲学、教育社会学、比较教育等学科被取消，教育学系内部的相应课程也随之发生变动。例如，在 1951年的课程表上，已经没有这三类课程。

另外，为减轻学生学习负担，1950—1951 年在中央统一领导下，各高校开始了课程精简运动。课程精简包含削减学时（即每周不超过 50 小时），也包括课程数量的精简。在复旦大学教育学系，1949 年秋—1950 年夏，共开设 156 学分的专业课程，其中必修课达 98 学分（见表 2-8）。经过精简之后，1950 年秋—1951 年夏，开设专业课程降为 87 学分，其中必修课降为 63 学分（见表 2-9）。从课程门数来看，1949 年秋—1950 年夏，教育学系开课门数达 60 门。一方面这意味着教育学系师资实力雄厚，课程供给极为丰富；但另一方面也意味着学生学业负担过重。经过精简之后，课程开设门数降为 32 门，数量几乎减半。

表 2-8 复旦大学文学院教育学系 1949—1950 年开设课程(系科课程)

1949 年秋			1950 年春		
课 程 名 称	必修或选修	学分	课 程 名 称	必修或选修	学分
比较教育(上)	必修	2	比较教育(下)	必修	2
变态心理学	必修	2	发展心理学	必修	3
发展心理学(上)	必修	2	教育概论(下)	必修	3
世界教育史	必修	2	教育及学校行政	必修	2
世界教育思想史(上)	必修	2	教育心理学(下)	必修	3
教育概论(上)	必修	3	普通心理学	必修	3
教育实习(上)	必修	3	普通心理学(下)	必修	3
教育统计学	必修	3	世界近代教育史	必修	3
教育心理学(上)	必修	3	数学复习	必修	4
教育行政(上)	必修	2	小学各科教材及教法	必修	3
教育原理与技术	必修	3	小学教育	必修	3
教育哲学(上)	必修	2	心理及教育测验(下)	必修	3
马列主义与教育	必修	3	英文文法与修辞	必修	3
普通心理学(上)	必修	3	中等教育(下)	必修	2
生理学	必修	2	中国近代教育史	必修	2
实验心理学(上)	必修	3	成人心理学	选修	3
现代各家教育学说(上)	必修	2	教学实习(下)	选修	3
小学教育	必修	3	教育及职业指导	选修	2
应用心理学	必修	3	教育哲学(下)	选修	2
中等教育(上)	必修	2	社会教育	选修	3

1949 年秋			1950 年春		
课 程 名 称	必修或选修	学分	课 程 名 称	必修或选修	学分
中国教育史（上）	必修	2	社会心理学（下）	选修	2
中国教育思想史（上）	必修	2	生理心理学（下）	选修	2
资本主义国家教育研究与批判	必修	2	实验心理学（下）	选修	2
教育社会学	选修	3	苏联及新民主主义国家教育研究	选修	3
社会心理学（上）	选修	2	心理卫生	选修	2
生理心理学	选修	3	学前教育	选修	3
师范教育	选修	2	语文心理学	选修	3
苏联社会与教育	选修	3	中国教育问题	选修	3
小学各科教材与教法	选修	3			
心理测验问题	选修	3			
心理名家选读	选修	3			
学习心理学	选修	3			

表 2-9　复旦大学文学院教育学系 1950—1951 年开设课程（系科课程）

1950 秋			1951 春		
课 程 名 称	必修或选修	学分	课 程 名 称	必修或选修	学分
教育实习	必修	6	教育调查与统计	必修	3
教育行政	必修	2	教育实习	必修	6
教育学（二）	必修	2	教育行政	必修	2

1950 秋			1951 春		
课 程 名 称	必修或选修	学分	课 程 名 称	必修或选修	学分
教育学(一)	必修	3	教育学(二)	必修	2
群众教育研究	必修	3	教育学(一)	必修	3
世界教育史	必修	3	世界教育史	必修	3
苏联教育研究	必修	3	小学教材及教法	必修	3
小学教材及教法	必修	2	心理学(二)	必修	2
心理学(二)	必修	2	心理学(三)	必修	2
心理学(三)	必修	2	心理学(一)	必修	3
心理学(一)	必修	3	变态心理学	选修	2
中国教育史	必修	3	马列主义名著选读	选修	3
马列主义名著选读	选修	3	美国心理学批判	选修	2
普通心理学	选修	3	生理心理学	选修	2
幼稚教育研究	选修	3	师范教育	选修	2
			新爱国主义教育	选修	2
			教育测验	选修	2

以心理学课程为例,在精简之前,心理学课程名目繁多,共有普通心理学、发展心理学、学习心理学、教育心理学、实验心理学、变态心理学、生理心理学、社会心理学、语文心理学、成人心理学、应用心理学、心理及教育测验、心理测验问题等22门课程。仅必修的心理学课程就达11门。精简之后,除增加1门美国心理学批判外,心理学课程数量降为10门,包含心理学(一)、心理学(二)、心理学(三)各2门,普通心理学,生理心理学,变态心理学,美国心理学批判各1门。

其中,必修数量降至6门。

再如,教育史领域原有世界教育史、世界教育思想史(上)、世界近代教育史、中国近代教育史、中国教育史(上)、中国教育思想史(上)共6门课程13学分,经过精简后只剩下2门世界教育史和1门中国教育史,共9学分。

第三章　教师、学生和校友

在多年发展中,教育学系出了一批名师,培养出大批优秀毕业生。他们为教育事业发展和社会进步作出了贡献。

第一节　教 师 队 伍

一、总体概况

复旦大学教育学科从初创到教育学系调出 30 余年的发展中,据不完全统计,至少有 70 多名教师或长期或短期,或全职或兼职在教育学(系)开展教学研究工作。这些人包括:

曹孚、曹亨闻、曾作忠、陈定谟、陈高佣、陈科美、程沧波、杜定友、高觉敷、郭任远、郭泰锻、胡寄南、黄敬思、黄梁就明、黄天鹏、乐天、冷雪樵、李伯黍、李登辉、李英、廖茂如、林念庚、林仲达、刘佛年、刘光炎、刘天予、鲁继曾、陆铭德、骆遒、马骥雄、马师德、莫仲义、秦仲宝、邱正伦、瞿葆奎、瞿菊农、邵顾亭、沈灌群、沈有乾、沈子善、舒新城、舒宗侨、孙俍工、邵鹤亭、邰爽秋、汤利邦、汤松、滕仰支、汪丽和、王万钟、王一之、韦悫、邬志坚、吴南轩、夏剑痕、萧承慎、萧自强、谢循初、熊子容、许逢熙、许桂英、杨开道、姚蓬子、俞鹤鸣、袁哲、张昉、张瑞璠、张耀翔、章益、赵祥麟、郑若谷、郑西谷、周涛桂。

从教师队伍规模来看,在 1929 年教育学系独立建制之前,文科内教师整体数量很少，教育学只有 1—2 位教师授课，均为兼职。1927 年章益筹办教育学系后，情况有所改观，以章益、黄粱就明、陈科美等人为核心，加聘张耀翔、熊子容等人加盟复旦，逐步形成后续师资基本框架，但是总体上规模还是偏小。1929 年教育学系独立建制后，章益积极引进教师，如舒新城、曾作忠、郇爽秋、韦悫等，以兼职或全职身份来复旦任教，一度呈兴旺之势。从规模上看，抗战前教师数量常年维持在 5 人上下。虽然数量不是很多，但已初具规模。

　　全面抗战初期西迁之时，原有教师星散。在重庆北碚恢复办学后，教育学系积极引入教师，到 1940 年教师总数（含全职和兼职）达至 10 人，一度超越抗战前。全面抗战期间，大批新教师如吴南轩、萧承慎、沈子善、莫仲义、曹孚、邵鹤亭、李英等人加盟复旦。其间，受环境影响，教师队伍又有起伏。1943 年教育学系改为职业教育系时，教师数量最低曾跌至 2 人。但总体来看，全面抗战期间教育学系教师多数时间保持在专任教师 4—5 人的规模（兼任教师数量不定）。另外，全面抗战期间，上海补习部教育学系在陈科美等人主持下，也吸引不少学者从教。

　　抗战胜利后，教育学系教师规模迎来大发展。谢循初、萧孝嵘、沈灌群、赵祥麟、马骥雄、瞿葆奎、张昉、张瑞璠等大批知名学人加盟复旦教育学系。到 1948 年第二学期时，专任教师已达到 20 人[①]（教授 11 人，副教授 2 人，讲师 3 人，助教 4 人），兼任教师 2 人[②]，师资规模在复旦各院系中排名第四。其中，教授数量过半，师资实力强大。学科结构上看，以教育学和心理学为主，基本形成后来的教师格局。1949 年后，受时局变动和教师工作调动影响，教师数量略有下滑，如1950 年教育系共有教师 18 人。在院系调整前的 1951 年，教育学系

---

　　① 　分别为萧承慎、谢循初、萧孝嵘、陈科美、张耀翔、沈子善、袁哲、萧自强、沈灌群、赵祥麟、曹孚、莫仲义、郭泰椴、俞鹤鸣、马骥雄、瞿葆奎、张昉、张瑞璠、夏剑痕、吴南轩。
　　② 　分别为滕仰支、王万钟。

有教师 13 人。

二、变化特征

第一,兼职教师为主变为专职教师为主。复旦大学原为私立大学,经费短缺,因此大量聘用兼职教师不失为一个降低支出的策略。从教师角度讲,为改善生活计,也常常奔波于多所高校往来兼课。这也是民国前期高校教师职业生活的常态。例如张耀翔曾在暨南大学、沪江大学、复旦大学等多校兼职。按国民政府《大学组织法》规定,兼任教员不得超过全体教员三分之一,但复旦大学兼任教员比例远高于这一规定。在 1933 年,兼任教员高达八成[①]。教育学科发展之初,主要依靠兼职教师。教师均有在多所高校进行授课的记录。这直接导致教师队伍流动频繁,课程内容和结构不定,教育质量也因此备受影响。1929 年教育学系独立建制后,在章益主持下,虽然教师队伍主体保持了相对稳定,但教师多校兼职现象仍然存在。甚至包括章益本人,也曾一度兼任上海劳动大学教育系主任。因为在那个年代,教师多校兼职取薪,并不算违规。

民国后期,顺应政府规定,复旦逐步加大专任教师队伍的建设,扩大专任教师比例。而复旦改为国立后学校财务状况的好转也使这一切变得可能。从档案来看,直到 1941 年,才对教师究竟是专职还是兼职进行记录。同年,教育学系共有 7 位教师,其中 4 位专职,3 位兼职,二者比例接近 1∶1。此后,二者比重稍有变化。但总体来看,专任教师比重不断上升,兼职教师比重下降,逐步形成以专任教师为主的师资结构。例如 1945 年秋季,教育学系共有 11 名教师,其中 8人专职,3 人兼职。之后各年度,教师数量不断增长,兼职教师数量下降,维持在 1—2 位。到 1949 年春季,专职教师为 20 人,兼职教师

---

① 王蔚:《1937 年三所私立大学补助费之争》(2023 年 7 月 5 日),腾讯新闻,https://new.qq.com/rain/a/20230705A08EJ700,浏览日期:2024 年 3 月 16 日。

为 2 人,二者比重为 10∶1。总体来看,1949 年前,国民政府虽然对高校教师人事制度有一定规定,但院校在聘用教师方面有很大自由度,教师可以在不同院校间自由流动。尽管如此,兼职教师比重降低,以专职教师为主已经逐步成为教师人事制度的发展趋势。

1949 年中华人民共和国成立之初,教师的兼职现象还存在。例如曹孚在担任复旦大学副教务长期间,还兼任光华大学、沪江大学教授。在当时的《复旦大学校刊》中,还存有不少围绕教育学系师生兼职的讨论。随着计划经济体制的确立,院校自行聘任教师之举被认为"非特影响各校教学计划的进行,并且引起教师不能安心工作",由此,新的人事管理制度逐步推进,人事管理权逐步上移。按照中央教育部规定,"高等学校教员去就,须征得原校同意,并报(各大行政区)部核准"①。教师兼职和流动的审批加强。自此之后,教师在各大高校随意兼职的现象基本消除,形成了专职人员为主的人事制度。在这一背景下,教育学系自由雇佣教师、教师自由流动的人事制度也消失于历史长河之中。从历史发展来看,师资队伍由兼职为主转为专职队伍为主,有助于课程结构和内容的稳定,打造体系化的培养方案,为人才培养质量的提高奠定良好基础。

第二,教师学历背景国际化程度高。从任职教师教育背景看,最高学位多源于国外一流大学(或具有一流大学学习经历,见表 3-1)。这使复旦教育学学科在发展之初,便有着较高起点。在目前可以查到就读经历和学历的任教教师中(合计为 45 人),32 人有海外学习经历,约占 71%,且基本都获得了最高学位。在留学海外者中,又以美国最多,共有 27 人,占留学人数比例约 84%。其中以哥伦比亚大学(11 人)和芝加哥大学(8 人)最多。另有少数人曾留学英国、法国、德国和菲律宾等。在多数有留学经历的教师中,往往早年都曾接受完

---

① 《中央教育部发布延聘办法》,《复旦大学校刊》1950 年 9 月 20 日。

整的传统教育,或本科毕业于国内高校,到研究生阶段再赴国外深造,兼通中西学问之长。其好处在于:第一,在教学过程中,能直接将先进的研究成果,融入日常的教学之中。如郭任远本身就是著名心理学家,其心理思想在国际心理学界有相当影响,引入的都是当时最先进的心理学理论。第二,在当时国内相关学科发展起步不久且中文教材缺乏的情况下,不少教师选择学习材料时直接使用国外教材内容,带领学生接触原典,无须漫长的转译过程。例如汤松授课时直接使用孟禄的《教育史简编》原典作为学习材料。更有部分老师直接使用英语教学。第三,中西生活和教育背景结合使这些教师注重将外来经验和本土实践结合,两相对照生发思想,避免盲学盲信。

表 3-1　复旦大学教育学系部分教师教育背景

姓　　名	学　　　　历	国　别
曹　孚	复旦大学教育学学士,科罗拉多大学教育研究院硕士、博士	中国和美国
曹亨闻	伦敦大学新闻系硕士	英国
陈定谟	芝加哥大学文学士、硕士	美国
陈科美	伊利诺斯州立大学教育系学士,芝加哥大学教育学院硕士	美国
杜定友	菲律宾大学文学、图书馆学、教育学学士	菲律宾
高觉敷	香港大学文学院教育系学士	中国
郭任远	加利福尼亚州伯克利大学心理学学士,哲学博士	美国
胡寄南	复旦大学心理学学士,俄亥俄州立大学硕士,芝加哥大学心理学博士	中国和美国
胡守棻	暨南大学文学院教育系毕业	中国
黄梁就明	哥伦比亚大学教育学硕士	美国
黄天鹏	北京平民大学报学系就学	中国

姓　名	学　　　历	国　别
李伯黍	湖南蓝田国立师范学院教育系（五年制）学士	中国
李登辉	耶鲁大学文学博士	美国
刘佛年	伦敦大学、剑桥大学、巴黎大学研究生	英国和法国
刘光炎	复旦大学普通文学系学士	中国
鲁继曾	哥伦比亚大学理学学士及文学硕士	美国
骆　遴	复旦大学教育系学士，留校	中国
马骥雄	复旦大学教育学系学士，留校	中国
瞿葆奎	复旦大学教育学系，留校	中国
瞿菊农	哈佛大学哲学博士	美国
沈灌群	斯坦福大学教育学院硕士，后转哥伦比亚大学师范学院深造	美国
沈有乾	斯坦福大学哲学博士	美国
沈子善	东南大学教育科毕业	中国
舒新城	湖南高等师范学校毕业	中国
舒宗侨	复旦大学新闻系学士	中国
孙俍工	北京高师国文部，上智大学就学	中国和日本
邰爽秋	芝加哥大学教育硕士，哥伦比亚大学教育博士	美国
汤　松	密歇根大学经济学博士	美国
韦　悫	俄亥俄州奥柏林学院文学学士，芝加哥大学哲学博士	美国
吴南轩	复旦公学预科，加利福尼亚大学教育心理学学士，教育学博士	中国和美国
邬志坚	芝加哥大学文学士、硕士，哥伦比亚大学教育学院研究院硕士	美国

姓　名	学　　　历	国　别
萧承慎	哥伦比亚大学师范学院硕士	美国
萧孝嵘	加利福尼亚大学哲士博士	美国
谢循初	芝加哥大学心理学硕士	美国
熊子容	华盛顿大学毕业	美国
许桂英	哥伦比亚大学哲学博士	美国
杨开道	艾奥瓦农工学院和密歇根农学大学,农村社会学博士	美国
张瑞璠	复旦大学教育系,毕业留校	中国
张文郁	大夏大学教育学院高等师范科毕业	中国
张耀翔	哥伦比亚大学心理学硕士	美国
章　益	华盛顿州立大学专攻教育学和心理学,获华盛顿大学硕士、博士学位	美国
赵祥麟	哥伦比亚大学师范学院教育学硕士	美国
郑西谷 (郑通和)	斯坦福大学教育学士,哥伦比亚大学教育硕士	美国
左任侠	蒙彼利埃大学博士学位	法国

第三,学科背景以教育学和心理学为主。从学科结构看,教育学科早期任教教师的学科均无教育学背景,涵盖经济学、文学、哲学等多个方向。由于教师匮乏,因此常有跨学科讲授教育学之举。例如汤松为经济学,陈定谟为文学(讲授社会学、教育学、逻辑学、历史等课程),李登辉为文学(讲授哲学、心理学、英文和法文)等。1923年末郭任远改革之后,教育学系的教师(如黄梁就明)便多有教育学或心理学经历,其中不少人更是二者兼修。如章益在美学习期间,兼攻

教育学和心理学,在两个领域卓有成就。随着教育学科逐步发展,教育学细分方向的教师数量逐步增加,如教育行政、教育史、教育测量、课程设计等。

三、学术成就

教育学系名师荟萃,研究领域涉及高等教育、中等教育、师范教育、职业教育、初等教育、教育史、教育行政、教育测量、普通心理学、教育心理学、儿童心理学等各个领域。一方面,他们积极致力于引进西学,促进了现代教育和心理理论在国内的普及;另一方面,他们主动结合本土实践经验进行思考,关注时事和现实,在学术成果上中西融会。如章益本人专攻教育学和心理学,在高等教育、中等教育、师范教育、心理学、教学法、文学翻译等多方面均有著述。郭任远在心理学方面颇有建树,早年的著作便已引起西方学人关注。黄梁就明民国早期编撰的世界书局 ABC 丛书之《教育学 ABC》具有一定影响力。而张耀翔、萧孝嵘、谢循初、胡寄南、曹孚等人不仅在教育学系时期便已颇有声名,在中华人民共和国成立后更是成为国内教育学科和心理学科规模性建设、发展或复兴的领军人才。复旦教育学系教师的学术论文在中华人民共和国成立前时常见于《中华教育界》《教育杂志》《教育通讯》《教育学期刊》等教育类学术刊物中,关怀现实,见解深刻;学术专著则常被世界书局、中华书局、商务印书馆、上海开明书店等知名机构出版。此外,这些教师往往活跃于各种媒体,开展学术交流、传播先进教育思想、启迪学生和民众,在社会上有很高知名度,提升了复旦大学教育学系的影响力。下面略陈部分知名教师及其著述。

曹孚(1911—1968),1933 年考入复旦大学教育学系,1937 年毕业后留校任教。在校就读期间发文 9 篇,崭露头角。1947 年 3 月赴美入科罗拉多大学教育研究院,先后获硕士和博士学位。1949 年 9

月回国,即被复旦大学聘为教育学系教授。1951年起兼任复旦大学副教务长。同时还先后兼任光华大学、沪江大学教授。1951年9月随复旦大学教育学系调整并入华东师范大学,并担任华东师范大学教育系首任系主任。1956年后任中央教育科学研究所研究员。一生从事教育学、教育史的教学和研究工作,涉及甚广。1949年前著有《抢救大学教育》(1941年)、《教育与民主》(1944年)、《中国教育之前途》(1945年)、《论文化人》(1946年)、《文艺的教育》(1947年)、《杜威教育哲学中的个人与社会》(1949年,博士论文)、《青年要修养些什么》(1945年)、《思想自由》(1946年)、《学与用》(1946年)、《政治与道德》(1946年)等。

陈科美(1898—1998),1915年考入长沙市私立雅礼大学。1920年,前往美国州立伊利诺斯州立大学教育系留学,1923年毕业获学士学位。同年赴芝加哥大学教育学院继续深造,1924年毕业获教育硕士学位。后入哥伦比亚大学师范学院研究院进行教育哲学研究。1926年回国。1929年至1936年,在复旦大学教育学系任教,主要讲授中西方教育史和教育哲学等课程。全面抗战期间任复旦大学上海补习部教育学系系主任。1946年沪渝两校合并后继续在复旦大学教育学系任教。1951年院系调整后到华东师范大学任教,担任教育系教授兼实验小学主任。其代表作有:《新教育学纲要》(上海开明书店,1932),《教育社会学》(上海世界书局,1945),《新教育学》(上海龙门联合书局,1946)等。

杜定友(1898—1967),1918年赴菲律宾大学攻读图书馆学,1921年获文学、图书馆学、教育学三个学士学位和高中教师证书。1923年到1925年在复旦大学任教,担任教育学系主任兼图书馆主任,并讲授"教育心理学"。他在教育学领域的著述有:《心理学》(杜定友、王引民编著,中华书局,1924,1931年再版更名为《新师范心理学》),《学校教育指导法》(中华书局,1925)等。

高觉敷(1896—1993),1923 年毕业于香港大学文学院教育学系并获学士学位,主修心理学和教育学课程。1945 年至 1946 年,兼任复旦大学教授,主要讲授普通心理学、教育心理学。其主要著作有:《心理学论文集》(商务印书馆,1926),《教育心理学大意》(商务印书馆,1929),《一千种心理学概论》(王云五主编、高觉敷著,商务印书馆,1929),《教育大辞书》(唐铖、朱经农、高觉敷编,商务印书馆,1930),《教育心理学大意》(国难后第 1 版,商务印书馆,1933),《教育大辞书(缩本 3 版)》(唐铖、朱经农、高觉敷编,商务印书馆,1935),《心理学名人传》(商务印书馆,1935),《心理学名人传》全 1 册(商务印书馆,1936),《群众心理学(第 2 版)》(上海中华书局,1936),《教育大辞书(第 5 版)》(唐铖、朱经农、高觉敷主编,商务印书馆,1940),《青年心理与训育》(正中书局,1942),《青年心理》(军事委员会全国知识青年志愿从军编练总监部干部训练团,1945),《师范学校教育心理》(商务印书馆,1948),《师范学校教育心理 上》(正中书局,1948),《青年心理与训育(沪 2 版)》(正中书局,1948),《心理学概论》(商务印书馆,1981)。主要译著有:《儿童心理学新论》1—5 册(考夫卡著,商务印书馆,1929),《社会心理学》(杨琴巴尔著,商务印书馆,1930),《儿童心理学新论》(考夫卡著,商务印书馆,1933),《精神分析引论》(弗洛伊德著,商务印书馆,1933),《情绪之实验的研究》(瓦特生著,商务印书馆,1934),《格式心理学之片面观》(苛勒、考夫卡著,商务印书馆,1935),《实验心理学史》1—8 册(波林著,商务印书馆,1935),《精神分析引论新编》(弗洛伊德著,商务印书馆,1936),《社会科学史纲·第 4 册·社会心理学》(杨格著,商务印书馆,1940),《顽童心理与顽童教育》(爱哈杭著,正中书局,1940),《形势心理学原理》(列文著,正中书局,1944),《苏联心理学简史》(伦敦著,商务印书馆,1951)等。

　　胡寄南(1905—1989),1925 年毕业于复旦大学心理学系,后赴美留学,1931 年俄亥俄州立大学获硕士学位后转入芝加哥大学,1934 年获哲学博士学位。同年回国,任浙江大学心理学副教授,1936 年以后曾在暨南大学、复旦大学、中央大学任心理学教授,其间兼任复旦大学生物系主任、暨南大学教务长。1951 年任华东师范大学心理学教授,后到中央教育科学研究所任研究员,兼任北京师范大学心理学教授。主要著作有论文《大脑损伤对动物记忆力的影响》(美国《普通心理学》杂志,1938)等。

黄梁就明,美国哥伦比亚大学教育学硕士,1925 年任教复旦,是复旦教育学系早期的主要教师成员之一,也是复旦最早的、专门的教育学者。曾任上海女学校长。主要著作:《教育学 ABC》(世界书局,1928)。

鲁继曾(1892—1977),1919 年赴美国哥伦比亚大学进修心理学,先后获理学学士及文学硕士学位,1921 年回到上海。1930 年春在复旦大学任教,主要讲授教育测验。著有《中学教育实际问题》(大夏大学教育学院,1937);教育类译著有《教育社会学原理》(彼得斯著,商务印书馆,1937),《公民教育详解》(彼得斯著,商务印书馆,1939,1966 年重版),《瑞士公民教育》(布鲁克斯著,商务印书馆,1937)等。

马骥雄(1919—1991),1947 年毕业于复旦大学教育学系并留校任教,后调入华东师范大学任教,致力于比较教育和教育史研究,曾任华东师大教育系苏联专家翻译室主任、教科所西欧北美教育研究室副主任、比较所西欧北美研究室主任,以及中国比较教育研究会首届理事。代表作品有:《波德论民主与教育》(《教育通讯(汉口)》1948 年第 8 期),《教师与缺陷儿童》(《中华教育界》1949 年第 4 期)等。

莫仲义,复旦大学教育学系 1934 届毕业生。在教育学系就读期间关注教育政策问题,是《教育学期刊》主要撰稿人之一。曾加入中国民生教育学会(1936年5月3日由教育实业各界人士发起,在上海成立的学会组织)。20世纪40年代在复旦大学教育学系任教。代表作有:《劳动主义教育思潮》(《教育学期刊》1933年创刊号),《乡村师范的急需与其计划(附表)》(《教育学期刊》1933年第2期),《中国农村与成人教育》(《教育学期刊》1934年第1期),《中国生产教育之动向》(《教育学期刊》1934年第2期),《教部补助私校经费感言》(《时事新报(上海)》1934年6月27日),《职业运动》(《时事新报(上海)》1934年8月22日),《我国中等教育之使命的商榷》(《浙江教育》1937年第1期),《自由主义与教育统制》(《浙江教育》1937年第2期),《浙江省社会教育进展述略》(《浙江教育》1937年第8期),《设立全国性计划教育研究机构的拟议》(《教育通讯(汉口)》1947年第11期),《对"全国教育专业道德规约"的意见》(《教育杂志》1948年第6期),《为教育叫屈》(《申报》1948年2月28日,续同样载于《申报》1948年3月2日)等。

沈灌群(1908—1989),又名沈冠群,1928年肄业于江苏省立如皋师范,1932年毕业于中央大学教育学系。1944年考取公费留美,入斯坦福大学教育学院,攻读西方教育史和比较教育专业,获硕士学位。旋即转入哥伦比亚大学师范学院深造。1947年初回国,受聘为复旦大学教育学系教授,讲授中外教育思想史、教育学等课程。1951年院系调整中随复旦大学教育学系并入华东师范大学,任教育系教授,主讲中国教育史、教育学等课程。著作主要有:《教育社会学通论》(与吴同福合编,南京书店,1932)等。

沈子善(1899—1969),1921年就学于国立南京高等师范学校文科,1922年转入国立东南大学教育科,1925年毕业。1935—1969年历任河南大学、复旦大学、南京大学师范学院、南京师范学院教育系教授。主要著作有:《露天学校》(商务印书馆,1929),《新师范教育入门》(编者之一,中华书局,1932),《个性教育指导与调查》(编著,大东书局,1934)、《小学行政》(正中书局,1935)、《小学公民训练之理论与实际》(商务印书馆,1935)、《王羲之研究》(正中书局,1948)、《小学生活指导》(商务印书馆,1951)等。

韦悫(1896—1976),早年加入同盟会,曾担任孙中山秘书。1915年就读于美国俄亥俄州的奥柏林学院,1918年获文学学士学位,继入芝加哥大学研究院深造,1920年获哲学博士学位,1921年回国。1929年至1938年兼任复旦大学教授。全面抗战时期参与创办新四军江淮大学。1949年5月任上海市副市长,新中国成立后,历任教育部副部长、中国文字改革委员会副主任等职。主要著述有:《现代教育思潮》(高卓著、韦悫校,商务印书馆,1930)、《整顿教育的先决问题》(1932)、《我们应该怎么样?》(1933)、《中国问题的管见》(1936)、《目前维护中国统一的基本政策》(《文化建设》1937年第5期)、《波兰教育》(张怀、韦悫编著,商务印书馆,1937)、《比较教育》(凯德尔著,罗廷光、韦悫译,商务印书馆,1937)等。

吴南轩(1893—1980),1919年毕业于复旦大学预科,1920年赴美国加利福尼亚大学攻读教育心理学,1923年获得硕士学位,1929年获教育学博士学位。1931年4月—1931年6月出任国立清华大学校长。1936年至1940年任私立复旦大学副校长,1940年任复旦大学代理校长,1941年至1943年任国立复旦大学校长兼教育学系主任。1942年兼任国民政府监察院监察委员,后改任国民党中央监察委员。1950年受聘为美国麻省国际学院教授,后在伊利诺斯大学讲学10年。曾任中国台湾政治大学文学院院长。其主要著作有:《国际心理卫生运动》(国立中央大学教育学院,1934年)、《心理卫生与遗传》(国立中央大学,出版年份不详)、《儿童心理卫生》、《心理卫生及实施新趋向》、《证述心理学》(1935)、《战时精神病》(1945)等。

萧承慎(1905—1970),1930年毕业于中央大学教育学系,1932年获美国哥伦比亚大学师范学院硕士学位。1933年至1934年在英国伦敦大学皇家学院研究教育理论。1944 年至 1948 年任复旦大学教育学系教授兼主任。1949 年秋起,先后任复旦大学教育学系教授、华东师范大学教育学系教授。主要论著有:《教师之基本素养三讲》(湖北省教育厅,1940)、《师道征故》(文通书局,1944)等。

萧孝嵘(1897—1963),1919 年毕业于圣约翰大学(上海),1926 年入美国哥伦比亚大学研习心理学,1927 年获硕士学位,旋赴德国柏林大学研究格式塔心理学。1928 年入美国加利福尼亚大学伯克利分校继续深造,主攻教育心理学和儿童发展心理学,1930 年获哲学博士学位。后回国任教,曾任中央大学心理系教授、主任,1949 年任复旦大学心理学教授、教育学系主任,1951 年任华东师范大学心理学教授。主要致力于儿童心理学和教育心理学研究,同时进行西方心理学的介绍①。主要著作有:《实验儿童心理》(中华书局,1933),《学习定律分析》(钟山书局,1933),《怎样领导》(商务印书馆,1933),《格式塔心理学原理》(国立编译馆,1934),《变态心理学》(正中书局,1934),《儿童心理学及其应用》(商务印书馆,1936),《儿童心理学》(商务印书馆,1936),《萧孝嵘修订墨跋量表》(商务印书馆,1937),《普通应用心理》(商务印书馆,1937),《心理问题》(中华书局,1939),《心理建设之科学基础》(商务印书馆,1945),《人事心理问题》(商务印书馆,1945),《军事心理》(正中书局,1946),《教育心理学》(正中书局,1946)等。

谢循初(1895—1984),1918 年毕业于金陵大学,1919 年赴美国芝加哥大学攻读心理学。历任复旦大学、华东师范大学教授②。译有《吴伟士心理学》(R.S. Woodworth 著,中华书局,1925),《行为心理学大意》(J.B. Watson 著,译者自刊,1928),《一九二五年心理学》(J.

---

① 刘迪:《萧孝嵘:探索心理学研究中国化之路》,《文汇报》2021 年 8 月 9 日。
② 张德龙主编:《上海高等教育系统教授录》,华东师范大学出版社,1988 年,第 72 页。

B. Watson 等著,文化学社,1928),《心理学》(R.S. Woodworth 著,中华书局,1933),《现代心理学派别》(R.S. Woodworth 著,国立编译馆,1934)等。

熊子容(1896—1968),早年就读于省立湖南第一师范学校,后留学美国西雅图华盛顿大学,1928 年毕业。回国后任复旦大学教育学系教授,兼系主任(1938—1940)。讲授教育学、课程与设计、中学行政、西方资产阶级教育论著选等课程。后在四川省立教育学院、中央大学、南京大学等校任教。1952 年,任南京师范学院教育系主任、教授。主要著作有:《职业教育》(黎明书局,1931),《公民教育》(商务印书馆,1933),《课程编制原理》(商务印书馆,1934)等。译有:《教育学原理》(桑戴克等著,世界书局,1933),《课程编制》(John Franklin Bobbitt 著,商务印书馆,1943)等。

杨开道(1899—1981),1920 年 2 月进入沪江大学预科部学习,同年 9 月考入南京高等师范农科,1924 年 6 月毕业,8 月赴美留学,先后在艾奥瓦农工学院和密歇根农业大学学习农村社会学,分别于1925 年和 1927 年获得硕士和博士学位。1927 年秋任复旦大学教授,讲授"乡村社会学""教育社会学"。其教育学领域的著述有:《农业教育》(商务印书馆,1933)等。

张昉,1948 年毕业于复旦大学教育学系并留校任教。1951 年院校调整后转入华东师范大学教育系工作。代表性作品有译文:《父母态度与儿童行为》(L. Kanner 著,《中华教育界》1949 年第 4期)等。

张耀翔(1893—1964),1915 年毕业于清华并保送赴美留学,初入安麦斯大学,1916 年转入哥伦比亚大学学习心理学[1]。1920 年回国,1928 年应上海大夏大学校长欧元怀之约赴沪任教,先后任暨南

---

[1] 王申连:《汲异域之精华 振民族之睿智——记中华心理学会首任掌门张耀翔》,《心理技术与应用》2015 年第 11 期。

大学教务长、文学院长，沪江大学、复旦大学等校教授，1951 年后在华东师范大学任教①。主要作品有：（1）教育心理方面：《成人学习心理的研究》（《民众教育通讯》1931 年第 6 期、第 8 期），《根据交替反应原理讨论破除习惯的方法》（《教育通讯（汉口）》1940 年第 24、25期）等。（2）普通心理学方面：《心理学论文索引》（仁记印刷所，1931）；《心理杂志选存》（中华书局，1932），《心理学讲话》（世界书局，1946），《情绪心理》（商务印书馆，1947），《心理学》（世界书局，1947），《感觉心理》（商务印书馆，1947），《儿童之语言与思想》（中华书局，1948）等。（3）心理学史方面：《中国心理学的发展史略》（《学林》1940 年第 3 期）等②。

　　章益（1901—1986），1922 年毕业于复旦大学，1924 年赴美国华盛顿州立大学留学，专攻教育学和心理学，曾赴美国芝加哥大学交流学习。1927 年回国担任复旦大学文科教授兼预科主任；1929 年至1937 年，担任复旦大学教育学系主任。1938—1943 年间先后任教育部总务司司长、中等教育司司长。1943—1949 年任复旦大学校长。1951 年被分配到山东师范学院担任心理学教授。1951 年前主要著作有：《行为主义的幼稚教育》（华震著，章益等译，黎明书局，1932）。期刊文章有：《教部颁行高中普通科课程标准之商榷》（《湖南教育》1929 年第 14 期），《大学教育》（《劳大论丛》1929 年二周纪念刊物之二），《教育与国家》（《教育杂志》1930 年第 11 期），《分析教学上的功用》（《教育季刊（上海 1931）》1931 年第 1 期），《普通教育与职业教育：职业教育理论之建设》（《中华教育界》1932 年第 4 期），《教育与社会》（《教育学期刊》1933 年创刊号），《教育与法律》（《教育学期刊》1933 年第 2 期），《中国中等教育应负之使命》（《教育学期刊》1933 年

　　① 湖北省地方志编纂委员会编：《湖北省志·人物志稿》第二卷，光明日报出版社，1989 年，第 841—842 页。
　　② 彭松林：《张耀翔对中国心理科学的重要贡献探究》，《兰台世界》2014 年第 4 期。

第 2 期),《小学教科书之总检讨：一种初小国语读本的分析与批评》(《复兴月刊》1933 年第 10 期),《教育与文化》(《教育学期刊》1934 年第 1 期),《中国的教育思想及其制度》(《文化建设》1934 年第 1 期),《新生活运动与复兴民族教育》(《大学(上海)》1934 年第 4 期),《欧洲大学中之族国主义》(《教育杂志》1935 年第 1 期),《全国专家对于读经问题的意见·章益先生的意见》(《教育杂志》1935 年第 5 期),《新式考试与旧式考试之实验的研究》(《教育杂志》1935 年第 6 期),《中国新教育理论建设刍议》(《文化建设》1935 年第 9 期),《职业教育与中国：我国职业教育的出路》(《教育与职业》1935 年第 162 期),《中国的教育思想及其制度》(《集成》1936 年第 1 期),《世界著名教育杂志摘要：德国教育新趋势》(《教育杂志》1936 年第 1 期),《国难教育的几个基本问题》(《江苏教育(苏州 1932)》1936 年第 1/2 期),《非常时期教育之基本原则的检讨》(《政问周刊》1936 年第 14 期),《家庭问题讨论会：病从口入》(《家庭良友》1937 年创刊号),《推行师范教育运动之要义》(《教与学》1941 年第 5/6 期),《推行师范教育运动之意义》(《教育通讯(汉口)》1942 年第 10/11 期),《高等教育》(《活教育》1949 年第 7 期)等。

郑若谷(1902—?),即郑竹虚,曾任复旦大学、暨南大学、河南大学等校教育系教授。主要著作有:《明日之大学教育》(南华图书局,1929),《社会学概论及现代社会问题研究大纲》(1929),《大学教育的理想》(著者书店,1933)等。译有《大学教育新论》(E. W. Wilkins 著,著者书店,1932),《贤妇人》(裴斯泰洛齐著,著者书店,1933)等。

左任侠(1901—1997),1923 年毕业于武昌国立高等师范学校英语系,1925 年赴法国蒙彼利埃大学留学,师承福柯教授,专攻实验心理学,1931 年获博士学位。其博士论文选题为《中国教育中的测量方法》,1932 年回国,是中国儿童心理学的开拓者以及心理统计与测量的先驱①。新中国成立后,任复旦大学教授,1952 年调入华东师范大学。主要作品有:《中国教育中的测量方法》(法文版,1932),《法国心理测验略史》(《测验》1932 年创刊号),《最近中国科学测验之发展及其趋势》(《学林》1940 年第 1 期)等。

第二节　学　生　群　体

一、总体概况

从 1923 年夏正式设教育学系到 1951 年教育学系调出复旦大学止,可查记录显示,至少有 720 位学生曾经在复旦大学教育学系就读。由于资料不全,且不同材料统计口径不一,只能做粗略估算。在 1929 年秋季之前,根据历年《复旦年鉴》《复旦大学同学录》《复旦大学毕业纪念册》的记录,加上其他这一时期教育学系学生活动记录的旁证,有明确记录的毕业人数为 15 人(参见表 3-2)。1929 年教育学系独立建制后到 1931 年秋季之间的注册学生人数为 112 人②,这里面应包含 1929 年和 1930 年招收的所有教育学系学生(以及 1929 年之前已经进入复旦文科就读,但随后转入教育学系的学生)。1932 年之后的记载较为详细,在复旦大学学生资料学籍袋中,1932—1949 级共有 471 位学生的详细资料。1949 年之后的记录较为简单,只有两年的招生记录,共 115 人。这些学生中,多数在教育学系接受了完整的本科教育,但也有少数学生因种种原因未能完成全部学业。另有部分学生由它系或它校转学而来,或转入其他系或外校。例如,1948—1950 级教育学系的学生受院系调整影响,部分学业转至华东师大开展。

---

① 黄琦茜、陈巍:《左任侠:中国心理学事业的先行者》,《大众心理学》2014 年第 2 期。
② 根据学校原始学生档案记录计算而得。

表 3-2　1923—1929 年复旦大学教育学系毕业学生

毕业年份	毕业生名单
1924	张国华
1925	王庆肇、吴寿堂、林际会、唐文椒
1926	—
1927	袁伦仁、齐云、蒋载华、严济宽、孙祥治等
1928	倪承楹
1929	姜祖恺、施承统、黄廷材、杨冠雄

二、成长发展

1923—1929 年为复旦分科设系阶段，文科学生在大一大二阶段不分方向，统归文科大类，直至大三始分方向。学生可以选择一个或两个方向就读。据《复旦年鉴(1925)》载，1923 年建立教育学系。同年便有学生选读教育学系方向，1924 年夏便有教育学系的学生张国华毕业[①]，是教育学系建系后的首个毕业生。1925 年，教育学系有 4 名学生毕业，分别为王庆肇、吴寿堂、林际会、唐文椒(当年文科四系毕业人数总数合计为 15 人)[②]。1926 年数目暂缺。1927 年，教育学系有袁伦仁、齐云、蒋载华、严济宽、孙祥治等人毕业(当年文科共毕业 29 人)，在文科各系中为一时之盛。1928 年，教育学系有倪承楹等人毕业[③](文科当年共有 38 人毕业[④])。同年度，严济宽、袁伦仁、蒋

---

① 《复旦大学甲子年鉴(1924 年)》。
② 《复旦年鉴(1925 年)》。
③ 1927 年和 1928 年度的官方记录未明确写明每个学生的专修方向，故这两年的学生记录可能有所遗漏。
④ 《复旦大学同学录》，1931 年春。

载华 3 人①考取大学院研究生,为教育学系有记录可查的首批研究生。1929 年夏,教育学系又有 4 名毕业生,分别为姜祖恺、施承统、黄廷材、杨冠雄②。此外,1925 年《申报》中复旦教育学系学生活动的资料中显示还有其他人如陆景曾和刘公武等人在复旦大学教育学系就读③。其中,陆景曾担任教育学会委员长,孙祥治担任中文书记,刘公武担任干事,这些人不在教育学系毕业学生名单中。推测其原因,可能是记载错误,或者后来转入其他系或其他学校。在这一时期,由于实施学分制,学生转系较为自由。常有学生从外系(或外校)转入教育学系,也有学生自教育学系转入他系就读。例如,1925 年,原教育学系的学生吕宰转入经济方向④。

　　总体来看,在 1929 年秋改科为院之前,教育学系毕业生至少已有 15 人,并已有培养研究生之举。另外陆景曾、刘公武、吕宰等人也曾在教育学系就读。两者相加,在教育学系就读者至少 18 人。这一阶段,由于文科内部结构变动频繁,加之总体规模不大,因此教育学系的学生规模总体也有限(多数年份不到 5 人)。然而"本系同学虽少,然互助之精神极大,是以凡有所举措,无不成者。"⑤另外,由于此时教育学系归属文科,因此学生除教育学系外,也可兼修其他专系。例如唐文枨修读教育学和经济两个方向,严济宽同时修读教育学系和英文系方向;袁伦仁兼修教育学系和新闻系;等等。

　　1929 年教育学系独立建制后,发展进入快车道,学生规模迅速扩大。加之师范专修科的设立,使得教育学系一度成为文学院规模

---

①　《复旦大学同学录》,1927 年秋。
②　《复旦一九二九级毕业纪念册》,1929 年冬。
③　《复旦大学学生组织教育学会》,《申报·本埠增刊》1925 年 11 月 20 日。
④　《复旦年鉴(1925 年)》。
⑤　《复旦丙寅年鉴(1926 年)》。

最大的专系。到 1931 年春,教育学系学生规模在文学院六系中高居榜首。当年春,文学院学生在校总数 319 人,其中中文系 66 人,外文系 50 人,史学系 10 人,社会学系 10 人,教育学系 77 人(含师范专修方向 20 人),新闻系 45 人①。1933 年冬统计中,教育学系学生规模依然位居文学院各系之首。1934 年师范专修科停办之后,教育学系学生规模一度有所下滑,但依然在文学院名列前茅。全面抗战前的 1936 年冬,文学院中文系学生人数为 49 人,外文系为 51 人,史学 1 人,社会学 34 人,教育学 77 人,新闻 76 人②。教育学系学生规模依然为文学院之最。

全面抗战爆发后,受战争爆发影响,教育学系学生规模一度下跌,但迁至重庆恢复办学不久后便告恢复。之后数年在大后方坚持办学,除 1943 年末改职业教育系并短暂停办的一段时间外,教育学系一度是文学院规模最大的系。抗战胜利后,渝校和沪校合并使教育学系学生规模进一步扩张。经过数年发展,1948 年第二学期(即 1949 年春季),教育学系在校生共 123 人,在文学院五系中略低于新闻学系的 134 人,远高于中文、外文和史地系③,规模已超越抗战前最高水平。全校范围内,学生规模排在教育学系之前的,均为当时复旦的传统应用强系,包括新闻学系、土木工程系、法律学系、经济学系、政治学系、经济学系、银行学系、会计学系。在全校 27 个系(组)中,教育学系学生规模居全校第九,是名副其实的大系,在全校学科中的地位极为重要。

中华人民共和国成立后,教育学系继续发展。1949 年录取新生 40 人,1950 年录取新生 40 人,接收转学生 35 人(推测可能由暨南大学合并而来)。

---

① 《复旦大学同学录》,1931 年春。
② 《复旦大学同学录》,1936 年秋。
③ 《国立复旦大学三十七年度第二学期全校注册学生名册》,1949 年 6 月。

复旦大学教育学科发展史稿(1920—1951;1983—2019)〉

第三节　毕 业 校 友

一、总体概况

秉承为社会服务之精神，复旦大学教育学系早期毕业生多以教育为志业，如教育学系的首届毕业生张国华担任上海南光中学英文教员。第二届(1925 届)毕业生王庆肇任宁波民强中学教员，吴寿堂在江阴南菁中学任英文和西史教员，唐文棪则参与办学①。1929 年前，教育学系毕业生如倪承楹、严济宽、刘公武、蒋载华等人后来均活跃于教育领域。教育学系 1929 年独立建制后，明确教师、教育行政人员以及教育学术人才三大培养目标。因此毕业生校友也多以这三者为前途。除此之外，亦有不少人跨越不同领域，或脱离教育学科转入其他行业，大致可分 4 类。

第一类，长期躬耕于基础教育实践。有不少人成为中小学名校长，为地方教育事业的发展作出了巨大贡献。如刘公武、蒋载华、倪承楹、严济宽、杨冠雄、陈履贞、刘询牧、桑灿南、郭泰瑕、朱祖舜、樊伯平(即樊侃如)、经竹如、骆遴、周世辅、马产宁、殷绥来、梁荫源、苏灵扬、陈夏珍、余洁生、郑壁如、于漪。

第二类，在高等学校从教或从事管理。如曹孚、张瑞璠、瞿葆奎、马骥雄、莫仲义、张昉等人，成为复旦大学教育学科栋梁。另有多人因工作调动转任其他高校教职，对所在高校相关学科的建设和发展作出了杰出贡献。如金梅先、魏关松、甘葆露。

第三类，在其他专业领域大放异彩。如桑灿南在心理科学、航空

① 《复旦大学同学录》，1927 年秋季。

教育方面建树颇丰,是中国航空心理学先驱。杨岂深(即杨起森)是著名翻译家,长期研究英美文学。樊伯平(即樊侃如)20世纪30年代曾在上海中国防痨协会任干事,致力于痨病防治和宣传。潘逖书专长世界语研究,是上海世界语协会副会长。陈适长期从事地方戏剧研究,小有名气。吴绍烈除教育者身份外,还是知名诗词家和书画家。朱建长期在国立上海音乐、上海人民广播电台、上海音乐学院工作,是中国著名音乐理论家。

第四类,积极投身革命或进步事业。有的在恶劣环境下献出宝贵生命的,如邹泽沛、黄天、吕励之、艾文宣等革命烈士。有的成长为新中国的干部,如刘公武、苏灵扬、经竹如、王嘉遂、陈祥元。

二、知名校友

教育学系毕业生中人才辈出,代表性人物列举如下。由于新中国成立前教育学系学生有时按入学年份记录,有时按毕业年份记录,且常有转学和退学之举,记录并不统一,因此下文按学生入学或毕业时间大致进行排序:

张国华(1900—?),字福庭,山东荣成人,1924年毕业于复旦大学文科教育学系,曾担任上海南光中学英文教员。

王庆肇(1901—?),浙江镇海人,1923年秋由沪江大学转入复旦大学文科教育学系,1925年毕业,曾任宁波民强中学教员。

吴寿堂(1898—?),安徽黟县人,1925年毕业于复旦大学文科教育学系,曾在江阴南菁中学任英文和西史教员。

唐文棪(1901—?),字昂飞,江苏武进人,1925年毕业于复旦大学教育学系。

刘公武(1903—1988),1923年考入沪江大学,次年冬(1924年)转入复旦大学文科教育学系,担任复旦大学学生会执行委员长。1931年出任新加坡南洋华侨中学校长,抗战胜利后任湖南省政府委员兼秘书长、民政厅厅长等职，新中国成立后历任湖南省政府参事、政协湖南省委常委、民革中央委员、民革湖南省委副主委、湖南省人民政府参事室副主任、全国政协第六届委员会委员等职①。

蒋载华，浙江诸暨人，1927 年毕业于复旦大学教育学系，后获教育学硕士学位，是复旦最早的研究生之一。全面抗战期间曾任复旦大学上海补习部教育学系教师。1947 年曾参与创办私立新中国法商学院，1949 年后曾任上海市私立爱国第二小学校长。

齐云（1893—1991），字景贤，湖南湘潭人。1927 年毕业于复旦大学教育学系，后留校任庶务主任②。1932 年"一·二八"事变中，日军三次占领复旦校园。齐云冒着生命危险，抢救学校财产，后被奖银盾一座③。1948 年赴台，任礼雅补习学校董事长 20 余年④。

严济宽（1902—1995），1927 年毕业于复旦大学教育学系（兼修英文系），1936—1943 年曾担任严州初级中学校长。

倪承楹，1928 年毕业于复旦大学教育学系，曾担任江苏苏州吴江中学校长。1948 年解放战争期间，曾筹划组建民众服务处。

杨冠雄，字仙僧，原系大夏大学高师科第一届毕业生，后转至复旦大学教育学系，1929 年毕业。在校期间完成《性教育法》（1930 年由黎明书局出版）。曾任广来惠来中学代校长、梅县中学校长⑤、民众学校校长等职。又任国民革命军陆军第三军司令部中校咨议兼少校团训练员，陆丰县立第一中学校教务长⑥。

① 《刘公武》（2011 年 3 月 16 日），湖南省文史研究馆，http://css.hunan.gov.cn/gyjs/csjj/ygrmcs/201406/t20140626_3267715.html，浏览日期：2024 年 3 月 16 日。

② 张国伟：《复旦教授的"拉丁区"时代》，《文汇读书周报》2019 年 6 月 26 日。

③ 复旦大学：《如果文物会说话！这些珍贵馆藏，诉说复旦百年校史 | 国际档案日》（2022 年 6 月 9 日），https://mp.weixin.qq.com/s/PdxWdJXXcM57CWumOEb4fg。

④ 彭裕文、许有成主编：《台湾复旦校友忆母校》，复旦大学出版社，2003 年，第 482 页。

⑤ 《毕业同学消息》，《大夏周报》1930 年第 97 期。

⑥ 《毕业同学消息》，《大夏周报》1934 年第 23 期。

刘询牧,1930 年毕业于复旦大学教育学系。在校时曾任义务小学主任,复旦旬刊编辑,复旦教育学会临时主席,文科学会研究部部长,学生会秘书主任,上海学联军事训练委员等职。全面抗战期间曾在沪新中学任国文教员,抗战胜利后曾任上海市教育局国民教育处私校科科长,私立上海女子小学代理校长等。在《中华教育界》《时代与教育》《教育学期刊》等知名期刊上发表多篇文章。

黄天(1908—1945),原名黄廷材,字廷权。1923—1926 年,就读于私立复旦大学附属中学。1931 年毕业于复旦大学教育学系。1937 年全面抗战爆发后,前往延安入陕北公学学习。1939 年加入中国共产党。1941 年,调任华北军区政治部文艺科科长,兼任中共中央北方分局文委委员、晋察冀边区文化界抗日救国联合会会长。1945 年 7 月 4 日在河北杨家峪壮烈牺牲。

潘逊书(1910—1989),1931 年毕业于复旦大学教育学系,后到安徽省立八中任英语教师。1933—1941 年任上海商务印书馆函授学校英语教师。1963—1964 年任上海师范学院英语教师。1964—1989 年任华东师范大学世界语、英语教师。1979 年任中华全国世界语协会理事,后改任名誉理事。1982 年任上海世界语协会副会长。

陈履贞,字定爻,江苏启东人,复旦大学教育学系 1931 届毕业生。曾任江苏启东县立初级中学校长,浙江行政学会会员,1948 年曾于嘉善县训练所工作①。

杨岂深(1909—1996),又名杨起森,1931 年毕业于复旦大学教育学系。曾任安庆高级中学教师,国立编译馆编译,民国教育部中学教科书编委会编辑,复旦《文摘》旬刊编辑,《现代英语研究》顾问编辑。1939 年起在复旦大学任教,曾任复旦大学外文系教授兼系主

---

① 《会员动态·嘉善:陈履贞在县训练所工作》,《浙江行政学会会员通讯》1948 年第 66 期。

任、全国外国文学学会常务理事、中国美国文学学会副会长、上海外国文学学会副会长、修订版《辞海》编委及外国文学分册主编等职。

桑灿南(1909—1970),江苏常熟人,1931年复旦大学教育学系毕业,后留校任助教,教心理学。1932年任常熟县立初级中学校校长。1936年任航空委员会杭州笕桥中央航空学校教官,讲授航空心理学。1941年赴美国南加州大学研究所研究航空心理学。1944年赴重庆在航空委员会直属军校任教官。1948年回复旦大学任教。1952年院系调整后到北京大学哲学系任心理学专业教授。

吕国英(1907—1930),字励之。1929年考取复旦大学教育学系,同年加入中国共产党,并积极参加中共地下工作。1930年被国民党逮捕,就义于雨花台。

郭泰碬,广东潮阳人。1925年被复旦大学心理学院实验学校中学部(初中部)录取,20世纪30年代初就读于复旦大学教育学系。曾任复旦大学图书馆馆员、重庆市北碚北泉小学校长、四川育才学校老师。

范道菜,四川永川人,20世纪30年代初就读于复旦大学教育学系。1945年作为民盟成员被川北地下党派遣出任江北县私立育仁中学(现重庆市育仁中学)第一任校长(陶行知介绍)①,1949年8月成为四川师范大学民盟组织盟员②。

朱祖舜,浙江慈溪人,20世纪30年代初就读于复旦大学教育学系。在校期间积极参与抗日活动。1931年12月出席学生抗日救国联合会第二十一次代表大会③,后赴京示威,同月返沪,作为复

---

① 中国人民政治协商会议江北县委员会文史资料研究委员会编:《江北县文史资料》,1987年。

② 《民盟四川师范大学委员会历史沿革》(2023年3月13日),四川师范大学党委统战部,https://tzb.sicnu.edu.cn/_wx/_wx_home_news_i.aspx? iid=638143011638564707,浏览日期:2024年3月16日。

③ 《各大学抗日会昨开代表会议》,《民国日报》1931年12月10日。

旦代表参与报告晋京示威情形①。毕业后曾任复旦实验中学主任和副校长②。1946 年,上海复旦实验中学改名私立复旦实验中学后,继续担任主任,并被推定为复旦中学校董会秘书③。

范同璋(1908—2001),别名孟令,浙江鄞县人。20 世纪 30 年代初就读于复旦大学教育学系。曾任复旦大学西洋文学系助教,兼任洪深④私人秘书,从事电影戏剧研究,在《晨报》等报刊上发表多篇文章。新中国成立后任上海市静安区张家宅地段妇联主任、澄衷中学语文教师⑤、上海市文史研究馆馆员。

陈适(1908—1969),浙江温州人,原名陈燮清、陈燮柽。1929 年 8 月就读于复旦大学中文系,1930 年 8 月转复旦大学教育学系师范专修科,1932 年 1 月毕业。曾在上海私立人文中学、滨海中学、民光中学、青年中学、乐成初级中学、乐清县立初级中学、温州一中等多所中学任教。长期致力于文学和地方戏曲研究。

马产宁(1908—1998),谱名涵祥,又名粲宁,浙江诸暨人,1932 年毕业于复旦大学教育学系师范专修科。曾在上海湖风书店工作,全面抗战时在诸暨县抗日自卫委员会主办的小学教师训练班任教。1949 年 4 月任诸暨县解放委员会副主任。后又先后任诸暨县文教科科长、诸暨县副县长、诸暨中学副校长、诸暨市(县)政协副主席、绍兴市政协委员、浙江省政协委员等职。

经竹如(1909—1970),又名经雪友、经哲松,字听涛,江苏溧水人。1933 年从复旦大学教育学系师范专修科毕业后,从事小学教

---

① 《各大学返沪代表报告晋京示威情形》,《时事新报(上海)》1931 年 12 月 19 日。
② 《教职员:副校长:吴南轩博士,朱祖舜先生,马地泰先生,徐华舫先生》,《上海复旦实验中学民国二十七年毕业纪念刊》,1938 年。
③ 《本校两附中仍保持私立》,《复旦》1946 年第 18 期。
④ 洪深(1894—1955),中国男导演、戏剧批评家、教育家、社会活动家、剧作家、导演艺术家、文艺理论家,中国电影、话剧的开拓者、抗战文艺先锋战士。
⑤ 《馆员名录:范同璋》,上海市文史研究馆,https://wsyjg.sh.gov.cn/detailpage/gyml-1985.html,浏览日期:2024 年 3 月 16 日。

育,先后在溧水县开泰小学和广严寺小学任教。1934—1935 年在洪蓝任县立第二高等小学校校长。1938 年 6 月参加革命,同年加入中国共产党。新中国成立后历任昆明市人民法院院长,昆明市人民委员会办公室主任、秘书长,昆明市副市长等职。

樊伯平(1913—1987),原名樊侃如,江苏南通人。1934 年毕业于复旦大学教育学系。1934—1936 年,在上海中国防痨协会任干事,担任《防痨月刊》编辑。1937 年—1941 年,先后担任复旦大学职员、助教、讲师,兼任复旦高中部、复旦实验中学教员。全面抗战期间先后参与创办通州中学、私立海门中学上校、南通简易师范等学校。1947—1948 年,在复旦大学教务处和新中国法商学院任讲师、副教授。后先后任江苏省崇明中学校长、崇明县政协副主席、南通市第二中学校长、南通市第三中学校长等职。

殷绥来(1910—1995),1933 年毕业于复旦大学教育学系,先后在复旦实验中学、吴县县立中学等学校执教。全面抗战爆发后曾供职于上海太平洋保险公司。1945 年回甪直,应邀任鲁望中学校长。1957 年 9 月调任吴县中学校长,任职期间创办吴县第一所完中。1958 年 9 月调任吴县陆墓中学校长。1964 年调木渎中学工作。1975 年退休后,创办东吴科技进修学校,并在复旦大学函授班、苏州市八中、苏州市十一中等学校任兼职教师和做校务工作[1]。

莫仲义,广东新会人,复旦大学教育学系 1934 届毕业生(参见"教师队伍"一节)。

余书麟,安徽望江人,复旦大学教育学系 1932 级学生,知名学者和教育家[2]。早年留学于日本东京文理科大学,专攻教育。历任四川省立教育学院、国立女子师范学院、台湾省立师范学院、新加坡南洋大学等校教授,研究方向为教育史和国民教育。主要作品有:《中国

---

① 李建荣:《甪直掌故》,苏州大学出版社,2022 年,第 170 页。
② 刘富强:《余书麟著作及国民教育思想初探》,《图书馆工作》2002 年第 1 期。

教育史》上、中、下册(台湾师范大学出版组,1949)、《国民教育原理》(台湾文景出版社,1963)、《先秦教育思想》(中华文化出版事业委员会,1957)、《国民教育与宪法》、《教学原理》(上、下册)、《国民教育与人口问题》、《国文教学法》、《中国教学法史绪论》、《中国教学法史》、《老子的教育观》、《国民教育权》(台湾省立新竹师范专科学校,1978)、《中国儒家心理思想史》(上、下册)(心理出版社,1994)以及译著《教育行政学》《完人的教育》等。

章树钦,湖南长沙人,复旦大学教育学系 1932 级学生。全面抗战爆发后任青年座谈会干事[①],组成战时训练班[②]。曾任社会运动指导委员会江苏省分会副主任委员。在校时担任《教育学期刊》总编辑,关心教育问题,在教育期刊上多次发表文章。代表作有:《论述:战争与中国教育》(《借读同学会纪念刊》1932 年纪念刊),《中国教育失败的原因》(《教育学期刊》1933 年创刊号),《七种儿童游戏学说述评》(《教育学期刊》1933 年第 2 期),《课外作业计划:在浦东中学实施的一学期》(《教育学期刊》1934 年第 1 期),《部颁初等教育问题研究的结果》(章树钦、孙怀琮汇编,《金山县教育年报》1935 年第 1 期)。

黄昌年,江西九江人,复旦大学教育学系 1932 级学生。在校时曾任教育学系系友会执委会成员,发表多篇教育学文章。代表作品有:《荀子教育学说》(《教育学期刊》1933 年第 2 期),《四年来南京之小学教育(附图表)》(《教育学期刊》1933 年第 2 期),《意大利新教育的思潮和实施》(《教育学期刊》1934 年第 1 期),《复兴民族运动中中等教育的特殊目标》(《时事新报(上海)》1934 年 7 月 25 日)。

沈崇教,湖北武昌人,祖籍江苏江宁,复旦大学教育学系 1933 级学生。父亲是国民政府司法院大法官沈家彝,也是抗日英雄沈崇诲

---

① 《青年座谈会成立》,《新闻报》1937 年 8 月 2 日。
② 《中国青年座谈会昨开成立会》,《神州日报》1937 年 8 月 2 日;《青年座谈会组战时训练班》,《神州日报》1937 年 8 月 9 日。

的弟弟,是我国著名表演艺术家秦怡的表哥①。就读期间加入复旦大学足球队和篮球队,并多次代表学校参加足球比赛②和篮球比赛③;曾加入复旦戏社,1935 年 9 月参演欧阳予倩导演的复旦戏社《雷雨》④,1937 年参演《日出》⑤。1939 年赴重庆工作⑥,1943 年当选贝育富潞校友会首任主席⑦。

邹泽沛(1916—1941),复旦大学教育学系 1933 级学生。历任共青团沪东区委委员、沪西区委组织部部长,共青团江苏省委宣传部部长。1936 年 4 月在上海租界被捕,囚禁于华德路监狱。1941 年 7 月在狱中病亡。

梁荫源(1906—1987),复旦大学教育学系 1934 级学生,毕业后回乡从事教育工作。1940—1941 年,受陆丰县县长张化如之聘,担任陆丰县立第一中学(即龙山中学)校长。1946 年担任紫金中学教导主任⑧。

苏灵扬(1914—1989),原名苏美玉,江苏常熟人。1932 年考入上海光华大学教育系,1935 年底转入复旦大学教育学系。曾任北师大女附中校长、中国教育学会中学语文教学研究会副会长、教育行政学院副院长、北京艺术师范学院副院长、中宣部文艺处副处长等职。

曹孚(1911—1968),1937 年毕业于复旦大学教育学系(参见"教师队伍"一节)。

① 虞明:《秦怡远走西康沈崇教伴同旅行》,《大锡报》1946 年 10 月 23 日。
② 《复旦足球队又和军校结果二比二》,《大公报(上海)》1937 年 4 月 6 日。
③ 《复旦篮球队十五日晋京》,《时事新报(上海)》1935 年 3 月 13 日。
④ 《复旦剧社将演〈雷雨〉》,《时事新报(上海)》1935 年 9 月 30 日。
⑤ 《"戏剧工作社"的工作人员及其他》,《民报》1937 年 1 月 30 日。
⑥ 《重庆零讯:上海之篮球健将近在重庆工作者、计有沈崇教》,《时报》1939 年 4 月 16 日。
⑦ 《四公理会中学联谊,组成贝育富潞校友会,沈崇教当选首任主席》,《燕京新闻》1943 年第 29 期。
⑧ 郑丰:《梁荫源任龙山中学校长琐录》(2017 年 1 月 19 日),陆丰政协网,http://www.lfszx.gov.cn/history/729.html,浏览日期:2024 年 3 月 16 日。

李凤书,1939 年毕业于复旦大学教育学系,毕业后曾任复旦大学上海补习部教育学系教师。

骆遴(1913—1966),1940 年毕业于四川北碚复旦大学教育学系,后留校任教,1947 年回家乡私立博文中学任校长,1949 年秋后,先后任江苏武进初级师范副校长、前黄中学校长、溧阳县中校长。

汪通祺(？—1968),原就读于重庆教育学院,后转入四川北碚复旦大学教育学系,1942 年毕业。就读期间曾创立黄桷树小学并担任首任校长。1952 年获得美国华盛顿大学教育博士学位。历任北京大学教育系副主任、教授,北京市教育局副局长等职。20 世纪 40 年代在《教育通讯(汉口)》《中华教育界》《民治周刊》《中央周刊》等刊物发表数十篇教育研究和评论性文章,并著有《新县制下之国民教育》(中华书局,1944)等。

王嘉遂(1921—2010),江苏省吴县人,复旦大学上海补习部教育学系 1941 级学生。1938 年 10 月参加革命工作,1940 年 12 月加入中国共产党。曾先后在渤海军区后勤部、上海警备部队干训团、上海市卫生局、北京公安部队政治部、第二机械工业部、第一机械工业部、农业机械部、内蒙古哲里木盟文教委员会、哲里木盟卫生局工作。历任国家农业机械部副处长、内蒙古哲里木盟文教委员会副主任、哲里木盟卫生局副局长等职务。[①]

陈夏珍,1944 年毕业于复旦大学上海补习部教育学系。就读期间,参加了王嘉遂等进步学生组织的读书会,并被后者推选成为教育学系工会负责人。1943 年在越旦实验小学担任总务,同年与同学一起成立爱弥儿联谊会。1945 年 9 月担任新成立的复夏中学校长。

---

① 丁健:《痛失嘉遂》,《新四军江淮大学纪念文集》,2011 年,第 229—222 页;刘路、刘明、刘燕、刘屏、刘联:《怀念母亲王嘉遂》,《新四军江淮大学纪念文集》,2011 年,第 224—226 页;《王嘉遂同志简介》,烽火数据库,http://www.wphoto.net/qianbei/show/82733/,浏览日期:2024 年 3 月 16 日。

1959 年被选为卢湾区政协委员①。

褚应洪，复旦大学教育学系上海补习部 1942 级学生。就读期间积极参与进步组织，参与成立爱弥儿联谊会②。全面抗战爆发时曾任复旦大学上海补习部教育学系主任兼管教务、训育工作。新中国成立后任教于上海第一工农速成中学（即今上海交通大学附属中学），并担任工会主席③。

马骥雄（1919—1991），1947 年毕业于复旦大学教育学系并留校任教（参见"教师队伍"一节）。1951 年，随教育学系调入华东师范大学，致力于比较教育和教育史研究。

瞿葆奎（1923—2012），1948 年毕业于复旦大学教育学系，留校任教。1951 年随教育学系调入华东师范大学，1949 年后先后担任中国教育学会副会长兼学术委员会副主任委员，全国教育学研究会副理事长，教育理论刊物研究会理事长；全国教育科学规划领导小组教育基本理论学科规划组组长；国家教委教育学教材委员会副主任委员；上海市教育学会副会长，上海市教育学研究会名誉理事长；等等。

张瑞璠（1919—2007），1948 年毕业于复旦大学教育学系，留校任教。1951—1952 年任沪江大学教务处注册主任。1953 年 10 月调入华东师范大学教育系。先后兼任国务院学位委员会第二届教育学心理学评议组成员、全国教育科学规划领导小组教育史学科规划组成员、全国教育史研究会常务理事等职。1989 年获"全国优秀教师"称号。

吴绍烈（1921—2002），字静康，安徽望江人。1948 年毕业于复旦大学教育学系。长期从事古籍整理与研究工作。曾于 1956 年至

---

① 许人良：《母亲陈夏珍与上海贫民教育》，《世纪》2021 年第 5 期。
② 许人良：《母亲陈夏珍与上海贫民教育》，《世纪》2021 年第 5 期。
③ 王通钦：《怀念老校长钱君洪》，上海交通大学附属中学网站，https://fz.sjtu.edu.cn/info/1362/33715.htm。

1958年赴越南河内外文学校(河内师范大学前身)中文系讲学两年。历任上海师范大学文学研究所副研究员、中国历史文献研究会学术委员、上海诗词学会理事兼《上海诗词》编委会执行编委。

嵇德隆(1923—2023),1948年毕业于复旦大学教育系。曾任南汇县简易师范学校、南汇县中学教导主任,南汇县教育局教学研究室副主任,1985年2月调入原南汇教师进修学院担任协理员一职。1988年4月被评为中学高级教师。他是目前可供查证的复旦大学教育学系最高寿的毕业生校友。

朱建(1924—2008),复旦大学教育学系1945级学生。毕业后曾任教于国立上海音专并担任图书室主任。新中国成立后,沈知白主持创建新中国第一所音乐研究机构,朱建被任命为研究员并兼任研究室秘书。1953年奉调到上海人民广播电台,负责广播音乐宣传工作。1958年偕妻子与孩子赴青海西宁,在青海民族歌舞团担任驻团作曲兼指挥。1979年被调回上海音乐学院,在作曲指挥系任教并兼任学院图书馆馆长。20世纪80年代末担任上海音乐学院《现代音乐学会创作丛书》主编。2000年至2005年任《钢琴艺术》月刊"国际琴坛"专栏特约撰稿人。其妻为复旦大学教育学系1945级学生姚蕙若①。

张昉,1948年毕业于复旦大学教育学系(见教师一节的相关介绍)。

艾文宣(1913—1949),1945年入复旦大学教育学系就读,后转入四川大学文学系学习。1948年参加中共地下党组织发动的武装起义,不幸失败被捕。在狱中,集合了二十多位爱好诗歌的难友,秘密组织了"铁窗诗社"。1949年11月27日,在重庆解放前夕,在渣滓洞英勇就义。

余洁生,复旦大学教育学系1945级学生。1961年起任上海市培

---

① 戎月莉:《未完成的使命(上)(下)——忆音乐理论家朱建先生》,《音乐爱好者》2012年第9期、第10期。

进中学(今上海戏剧学院附属高级中学)副校长,1979—1980 年任校长。后赴上海师范大学教育科学研究所任教,参与筹建教育管理系,1986—1990 年担任上海市陶行知纪念馆首任馆长①。

沈家英(1925—2016),江苏扬州人,复旦大学教育学系 1945 级学生,中国著名特殊教育专家。曾先后在上海盲童学校、教育部盲聋哑教育处和北京第四聋哑学校工作,退休后被中央教科所特教研究室聘任,是国内少有既懂盲童教育又懂聋童教育的专家。1974 年与著名语言学家周有光合作改革聋哑教学法,设计出一套"手指音节"。

于漪,1929 年生,复旦大学教育学系 1947 级学生,1951 年毕业,为复旦大学教育学系完整培养的最后一届本科毕业生。长期躬耕于中学语文教学事业,形成独特的教学风格。撰写数百万字教育著述,为推动全国基础教育改革发展作出突出贡献。历任上海市第二师范学校教师、校长、名誉校长,上海市杨浦高级中学名誉校长,上海市教师学研究会会长;曾任全国语言学会理事,全国中学语文教学研究会副会长,全国中学语文教学研究会副理事长,上海市第七、八、九届人大常务委员会委员等职。1978 年被评为全国首批特级教师,先后荣获"上海市三八红旗手""上海市劳动模范""全国先进工作者""全国三八红旗手""全国教书育人楷模""最美奋斗者"等荣誉称号。2018年获上海市教育事业杰出贡献奖,被中共中央、国务院授予"改革先锋"荣誉称号。2019 年 9 月 17 日被授予"人民教育家"国家荣誉称号。

冯之锐(1930—2017),复旦大学教育学系 1949 级学生,研究生毕业后赴贵州师范大学,任教于历史与政治学院②,主要研究领域为

---

① 《知行合一,薪火相传》(2023 年 2 月 13 日),上海戏剧学院附属高级中学,http://www.sxfz.edu.sh.cn/P/C/159734.htm。

② 霞光一缕:《悼念恩师冯之锐》(2017 年 3 月 19 日),https://mp.weixin.qq.com/s/x8a_WrfUWRqqi4Jw7hBZVA。

中国近现代史。

金梅先,1929 年生,复旦大学教育学系 1949 级学生,院系调整后进入华东师范大学教育系就读,1952 年华东师范大学心理学研究生毕业,分配到枣庄荣军学校。1958 年调入菏泽师范专科学校(现菏泽学院),在菏泽师范专科学校工作至退休。

甘葆露(1932—2018),上海人,复旦大学教育学系 1950 级学生,中国著名伦理学家。1951 年院系调整后进入华东师范大学教育系就读,1952 年毕业,后到北京师范大学马列主义基础研究班学习,1955 年 7 月毕业。曾任华东师范大学教授,北京师范大学哲学系教授,北京东方道德研究所研究员、名誉所长,北京青年政治学院教授、学术委员会副主任;兼任中国伦理学会理事、北京伦理学会副会长、《道德与文明》杂志编委等职务。

魏关松,1929 年生,浙江余姚人,复旦大学教育学系 1950 级学生。历任河南师范大学政治教育系副主任、主任,该校政治理论教学研究部主任等职。

陈祥元,1932 年生,复旦大学教育学系 1950 级学生。1951 年院系调整后转入华东师范大学教育系就读,1953 年本科毕业后,到东北师范大学中国革命史第一届研究班学习,1954 年毕业。之后到上海师范专科学校(现上海师范大学)任教,先后任学校宣传部副部长、政教系系主任、副校长等职务。1987 年从上海师范大学调至上海市台湾事务(市委对台)办公室任副主任,负责沪台文化、教育、科技、体育、卫生等领域的交流与接待活动。

第四章　出版、社团和服务

　　良好的校园文化生态是学科成长的土壤。复旦教育学系的文化是十分丰富的,它滋养了师生的精神,陶冶了师生的性情,锤炼了师生的本领。

第一节　学　术　出　版

　　复旦大学的师生常通过各种媒体传送教育声音、讨论教育议题。文科时期便创办《文科周报》,每期专题不同,由各系次第负责。其中第二期即为教育专号①,由教育学系学生负责。此外,在《复旦旬刊》等校级媒体上,也常有教育学文章刊登。1929 年秋教育学系独立建制后不久,为传播知识,引发讨论,发展教育学术,师生即开始谋划创办专门刊物。全面抗战前数年中,社会环境相对安定,教育学系发展迅速,1932 年,教育学系系友会成立出版委员会专门负责学术出版。1933 年—1937 年,教育学系先后创办《教育学期刊》《教育讨论专号》《教育论文摘要》刊物或专栏。三种出版物定位不同。《教育学期刊》以刊登正规学术文章为主,兼报道教育学系新闻动态。《教育讨论专号》属媒体热点专栏,刊载教育评论,可读性和传播性极强。《教育论文摘要》不刊发原创文章,而是荟萃各大媒体已发文章之精华或要

---

　　①　《文科学会消息》,《复旦旬刊》1927 年第 4 期。

点,以便利"索引"。三大刊物或专栏风格各异,在当时颇有社会声名。然而由于经费、政策、战争等客观条件限制,创办时间都不长。其发展历史,依照创办时序大致叙述如下。

一、《教育学期刊》

《教育学期刊》于 1932 年酝酿,1933 年初正式创刊,由复旦大学教育学系系友会出版。其时国家动荡,时局艰危。教育常被寄予改造社会重任,但发展却不尽如人意,因而屡遭社会各界批评。"学生程度低落,学生没有出路,学生没有贡献,今日的教育事业,不过是造成了高等游民和住亭子间的人,造成了'人浮于事'的社会!"[①]《教育学期刊》办刊初衷不是钻研书斋中的学问,而是直面当时的严峻现实。创刊号提出"今日的教育园地,是布满了荆棘,我们愿以公正的态度,作真实的批评,秉着自我研究的精神,来开发这个可怜的园地,我们自惭浅陋,我们希望社会人士能给予指正"[②]。根据相关记载,教育学系在 1932 年 10 月 21 日召开该学期首次大会,议程中包括成立出版委员会,成员有章树钦、陆宗龙、陶永详、樊侃如、黄妙灵、徐梅、杨云翘,专门负责教育学系出版工作,如教材和学术刊物的编辑和发行[③]。章树钦担任总编辑,下设编辑 2 人,校对 2 人,发行 2 人。出版委员会成员均为在校学生。同时聘请李登辉、金通尹、余楠秋、章益、陈科美、曾作忠、黄敬思几人为顾问。11 月 4 日召开会议正式决定出版刊物《教育学期刊》,规划每期篇幅约 10 万字,200 页左右,发行量为 500 册[④]。1933 年 1 月,《教育学期刊》正式问世。

《教育学期刊》采用内外部征稿相结合的方法。一方面,期刊充

---

① 《发刊词》,《教育学期刊》1933 年创刊号。
② 《发刊词》,《教育学期刊》1933 年创刊号。
③ 《本会会务:教育学系首次大会》,《教育学期刊》1933 年创刊号。
④ 《本会会务:教育学系近讯》,《教育学期刊》1933 年创刊号。

分发动教育学系师生撰写学术文章，交流学术体验。在期刊上，时常能见到教育学系教师的作品，如章益、陈科美、黄敬思、曾作忠等皆有文字见刊。教育学系学生表现更为活跃，章树钦、黄昌年、杨起森、王腾波、萧自强、徐剑龙、莫仲义、郭泰嘏、赵国基、刘询牧、朱祖舜、杨吉甫、曹孚等人的文章常见诸此刊。《教育学期刊》为教育学系学生发表学术见解提供了良好的平台。另外，《教育学期刊》还积极向社会上的知名人士约稿。熊子容、邰爽秋、韦悫、李石岑等知名学人，都曾在期刊上发表了大量文字。

从选题上看，《教育学期刊》选稿具有明显的社会关切。在救亡图存、兴教强国的背景下，当时各种教育试验层出不穷，教育理论争鸣活跃。来自国外的种种教育思潮对国内的教育理论探讨和实践改进更有催化之效。《教育学期刊》载文主要类型是理论探究，在这些文章中，可以看到复旦教育学系师生以及当时其他学者关心国事、积极参与热点话题的热情。刊物虽未对所载文章进行专题分类，但纵观已发文章，刊文中最多的主题就是对当时流行的形形色色的教育运动如生活教育、劳作教育、生产教育、乡村教育、公民教育、救亡教育、改造教育等开展的详细讨论。这些分析中，既有对现存教育思潮毫不留情的批判[1]，也有对如何进一步深化国内教育改造运动的实践建议。例如邰爽秋对当时的民众教育和乡村教育运动进行了批评，认为它们是加重民众经济负担、"推销外国货物"、"养成新士大夫"的教育[2]。章益、黄敬思、陈科美等人都认为，各种教育运动和改革的目的不应是保守和回归传统，而应进取积极和谋图发展。对中小学教育、师范教育和国民教育的讨论，也往往受到当时教育改革运动的影响。例如莫仲义提出，乡村师范学校既要培养教师，还要培养领袖，

---

①　曹孚：《谈谈中国教育改造问题》，《教育学期刊》1934年第2期。
②　邰爽秋：《死路上的民众教育和乡村教育》，《教育学期刊》1934年第1期。

负责改造乡村①。此外,《教育学期刊》还刊文系统研究著名哲学家或教育家的理论,其中既有对本土荀子和王阳明等教育思想家的发掘,也包括对西方杜威、克伯屈、凯兴斯坦纳、卢梭、洛克等人的引介和评述。结合当时的历史现实和社会需求,杜威的"教育即生活""教育即改造"以及凯兴斯坦纳的国家主义教育思想的讨论引起了较多作者的兴趣。值得一提的是,对国外的思潮,作者们并未全盘接受,而是表现出深刻的批判性思考意识。

在这些核心热点话题之外,刊物的发文主题非常广泛,涉及教育基本理论、比较教育、乡村教育、教育思想、心理学、学科教学、教育史、家庭教育、高等教育、基础教育、职业教育、儿童教育、特殊教育、地区教育、伦理和道德教育、性别教育等多个主题。其中甚至包括当时较为前沿的神经科学、认知发展以及阅读教学的研究。在理论研究之外,《教育学期刊》还刊登了不少实证文章,其中既包括对国内外学校的宏观调研报告,也包括基于教育实验和统计的严谨实证分析。例如分析中学生修学成绩与其大学选科及修学成绩之关系②,汉字和标点排列方式对阅读效率的影响③,等等。这些文章既给读者带来了新信息,扩展了读者的教育视野,同时也给读者带来更多方法和思维上的启发。

另外,《教育学期刊》还开设"本会会务"专栏,刊登复旦教育学系、教育学系系友会、《教育学期刊》的重要事件或会议,甚至是师生的重要活动记录。例如第1期中,刊登了6则重要的会议和活动记录。包括1932年9月初的首次教育学系大会,1932年11月的

---

① 莫仲义:《乡村师范的急需与其计划》,《教育学期刊》1933年第2期。
② 杨起森:《中学生修学成绩与其升入大学后选科及修学成绩之关系》,《教育学期刊》1933年创刊号。
③ 章益:《横直排列及新旧标点对于阅读效率之影响》,《教育学期刊》1934年第2期。

教育执教会,教育学系参观南市小学的新闻记录,出版委员会会议实录,李石岑来校演讲的新闻,系友会的学期末次大会。其中包括大量关于当时教育学系各种组织、成员、事件的细节。另外,1934年刊物第 1 期和第 2 期还登载了 2 篇关于教育学系系友会的详细发展介绍。这使《教育学期刊》某种程度上发挥了教育学系"系刊"的功能,不仅对当时公众了解这一段时间内复旦教育学系的组织活动情况以及最新变化具有重要意义,对后世而言也有相当的史料价值。

《教育学期刊》一经推出,便因其直陈教育积弊、关注时代前沿、题材广泛、内容丰富而引发了社会关注,"颇受社会之赞誉,全国各文化教育机关均纷纷来函索阅或交换"[①]。1933—1934 年,《教育学期刊》共出版 4 期,每期登载文章约 15—16 篇,合计共刊登学术文章 61篇(不含教育学系的新闻动态类文章)。版面多数也超过规划中的每期200 页,各期页数分别为:199、209、232、234,具体目录如表 4-1 所示。后因校务会议决定集中开办全校出版事业,《教育学期刊》于 1934 年 7月遗憾停刊。

表 4-1 《教育学期刊》总目录

出版时间	篇 名	作 者	篇 名	作 者
第一卷 第一期 (1933 年 1 月出版)	教育与社会	章 益	中学生修学成绩与其升入大学后选科及修学成绩之关系	杨起森
	救亡教育的根本方针	陈科美	伦理观念底变迁——一个实验的报告	张淑婉
	小学劳作教育之哲学的基础	黄敬思	读法教学的分析作用	王腾波

---

① 《教育学系期刊将出版》,《复旦大学校刊》1933 年第 150 期。

出版时间	篇 名	作 者	篇 名	作 者
第一卷 第一期 （1933年 1月出版）	劳动主义教育思潮	莫仲义	中国近代各大学发展史略	萧自强
	中国教育失败的原因	章树钦	三十年来小学教科书目录	刘 欣
	德国教育思潮述评	曾猷宪 （曾宪猷）	以学校作中心施设社会 教育之实例报告	魏天望
	杜威对于外国教育的影响	杨起森译	睡眠新诠	曾作忠
	未来的哲学	李石岑	本会会务	
第一卷 第二期 （1933年 6月出版）	教育与法律	章 益	由训练而自由	王腾波译
	救亡教育与中华民族性	陈科美	Franz 和 Lashley 研究学 习上脑的职能	曾作忠
	改革中国教育意见概观	王腾波	七种儿童游戏学说述评	章树钦
	中国中等教育应负之使命	章 益	关于哲学与教育的对话	李石岑
	中国乡村教育应取途径 之商榷	黄敬思	荀子教育学说	黄昌年
	乡村师范的急需与其计划	莫仲义	镇江民众教育之实施意见	郭泰叚
	现代社会组织下之生产 教育问题	郭一岑	四年来南京之小学教育	黄昌年
	实践家庭与学校联络之 重要	徐剑龙	本会会务	
第二卷 第一期 （1934年 1月出版）	教育与文化	章 益	意大利新教育的思潮和 实施	黄昌年
	中国民族教育与中国民 族文化	陈科美	近代中国女子教育之 演进	徐剑龙
	目前的中国究竟需要什 么教育	江问渔	西北教育建设方针	萧自强

出版时间	篇　名	作　者	篇　名	作　者
第二卷 第一期 （1934年 1月出版）	死路上的民众教育和乡村教育	邰爽秋	关于国文教学的意见	刘询牧
	中国农村与成人教育	莫仲义	课外作业计划	章树钦
	中国两种教育——生产教育公民教育实施的原则	熊子容	中国历代教育大事纪	朱祖舜
	经验论与理性论之争	李石岑	青年修养	章益等
	克柏屈克的动的教育观（书评）	曹　孚	教育学系系友会底回顾与企望	赵国基
	意大利新教育	曾作忠		
第二卷 第二期 （1934年 6月出版）	谈谈中国教育改造问题	曹　孚	浙江省社会教育的困难问题和今后发展的管见	洪漱琅
	中国生活与教育	陈科美	上海市之盲哑教育	杨吉甫
	中国生产教育之动向	莫仲义	上海日本高等女学校参观记	杨吉甫
	教育目标的分析	韦　愨	王阳明学说述要	陈育真
	家庭教育与儿童	董文灵	卢梭及洛克二氏教育学说之研究与比较	管中敬
	横直排列及新旧标点对于阅读效率之影响	章　益	部定中学教员资格的矛盾	周　钰
	现行小学社会教科书的分析和批评	陶永祥	时间概念的性质和发展（论文介绍）	黄励予
	法西斯统治下之意大利中等教育	曾作忠	半年来之教育学系友会	赵国基

二、《教育讨论专号》

《教育学期刊》停办后，教育学系师生想办法开拓新的出版渠道。

恰逢当时《时事新报·学灯》扩版,于是借此机会在上面开设《教育讨论专号》。《时事新报》是民国时代的知名媒体,《学灯》是《时事新报》的综合性学术副刊,创办于 1918 年,常刊登书报评介、世界文艺思潮介绍、读书随笔、国内文化消息、教育评论和随笔等内容,颇有社会声誉。该《教育讨论专号》开办于 1934 年 7—8 月,属《时事新报》副刊《学灯》的专栏,主要刊登教育时事或热点评论,作者多为复旦教育学系教师和学生。以 1934 年 8 月 22 日《教育讨论专号》第三号为例,便有莫仲义发表《职业运动》,黄昌年发表《复兴民族运动中中等教育的特殊目标(续)》,宁裕详发表《国难声中教育所亟须走的路》,霏(笔名)发表《关于中学毕业会考的几点小意见(续)》等。这些教育评论文章涵盖职业教育、中小学教育、国难教育等话题,文辞无华,可读性强,直击现实积弊,在社会上具有一定影响力。据不完全统计,《教育讨论专号》共出版六次,每期文章 2—4 篇不等。后由于《时事新报》内部经费紧缩,且《学灯》亦于 1935 年 9 月停刊,专号遂告终止。

三、《教育论文摘要》

《教育论文摘要》创刊于 1937 年 1 月 5 日,由复旦大学教育学系教育论文摘要社编,上海黎明书局经售。在《教育讨论专号》停办后,复旦教育学系便谋划创办新刊。其时国内出版业发展迅猛,民间办报热情高涨,办学术期刊蔚然成风。在教育类刊物中,以《教育杂志》《中华教育界》最为知名。此外还有三联、商务、黎明等出版社发行教育学类刊物,登载学者原创文章。据不完全统计,知名教育类专门刊物不下百余种[①]。在普通刊物中,也常登载教育类文章或见解。随着出版物的丰富,人们很难遍览所有学术文章,因而一种新的刊物形式应运而生。

---

① 在上海师范大学的图书馆中,仅民国年间的教育类专门期刊就有 144 种。

《教育论文摘要》创刊号的《编后余谈》直陈其办刊理念:"(杂志——引者注)数量之多,真有汗牛充栋之观。普通人要想对一切杂志论文,涉览无遗,经济时间,皆不许可。于是论文摘要工作,成为必要。……教育学术,日新月异一日千里;教育工作人员……惟有求之于各种教育刊物。但下层教育工作人员——小学教师、民校教师——的经济时间,均不容许他们订阅一二种以上之教育刊物。这种缺憾,本刊也许可以弥补一二。我们希望本刊可以成为一种下层教育工作人员之良好的进修读物。"①

《教育论文摘要》把不同教育主题分门别类,缩编其他刊物已发文章之精华,最大限度保留或忠实于作者的原文或原意。在每一篇摘要中,均注明原文章的题目、作者、发表来源、发表时间,以及原文字数,以方便读者查阅。例如,《教育论文摘要》在创刊号中设计思潮及通论、历史与概况、哲学与心理、组织与行政、管理与训育、教材与教学法、师资教育、儿童教育、学校教育、社会教育、公民教育、高等教育、职业教育、卫生教育、性教育、体育及其训练、编后 17 个专题,共包括 101 篇文章(含编后),共 60 页。主题多者有 20 多篇,主题少者只有 1 篇。对每一篇文章,《教育论文摘要》均以精炼文字介绍其核心观点。

除了提供论文摘要外,该杂志也会根据实际状况为特定文章补充一些相关信息(如统计图表),以方便读者更全面地理解文章。这种编撰方式颇为不易,在当时颇具创新性,有助于读者在最短时间把握一篇文章的大意,且能快速大量了解一个专题领域的最新研究进展。而注明原文字数这一举措,在当时的出版界极为罕见。

即使有论文摘要式编撰,但仍然不能满足一线教师和学者对学术资源的广度需求。因而纯索引编撰模式同样重要。民国时期,邰

---

① 《编后余谈》,《教育论文摘要》1937 年第 1 期。

爽秋主编"教育论文索引"以及《中华教育界》1930—1937年的"教育论文索引"栏目颇受社会欢迎。效法先进经验,在极为紧张的人力物力条件下,为纳入更多学术资源,复旦大学《教育论文摘要》还做了两次文章索引,分别刊登在第4期和第6期。这一栏目编排方式与正文有所不同,仅分专题刊登作者、文章名、刊名、期数和出版商,不提供具体内容和摘要。读者通过查阅索引,大致能了解各个教育专题下的代表性文章及其出版信息,按图索骥寻找原文。这一栏目覆盖的文献数量更多,范围更广。第四期索引部分覆盖301篇文献,涉及50余家出版单位。第六期索引中涉及80家出版社的437篇文章。在电子出版技术尚未出现之时,这一编撰方式无疑能在最大限度上提供索引功能,方便一线的学者和教师们进行查阅。

《教育论文摘要》在选择文章时,特别看重文章质量,以避免遗漏品质虽佳但只是刊登在不知名刊物上的学界遗珠。杂志特别提出"本刊摘录论文,取材标准,将不问杂志之地位大小,作家之有名无名。又普通杂志中,亦时有教育论文之发表。本刊对此将尽量搜求,择优介绍:借此可以扩大读者之观野,使他们能看见树木,也看见森林"[1]。正因为此,《教育论文摘要》不仅涵盖杂志范围颇广,同时也能兼顾发表品质。此外,刊物有时也会登载读者来信,与读者进行互动,其间不乏对刊物自身的批评和改进意见,以反映更多的读者视角。

在结合已有办刊经验的基础上,复旦大学教育学系组织部分师生成立了《教育论文摘要》社,负责杂志编撰工作。为鼓励学生参与,校方还规定凡参与编撰之学生,酌量给予学分。

《教育论文摘要》问世之初便大受市场欢迎,销量达2 000册。《大公报》《民报》等媒体对其多有宣介。《民报》称其"摘笔简洁,洵为

---

① 《编后余谈》,《教育论文摘要》1937年第1期。

中小学教师、乡村工作者之最良好读物"①。《大公报(上海)》刊文对《教育论文摘要》办刊特点进行了详细分析,并称该刊为"教育界的福音"②。当时复旦编辑的文摘类刊物除《教育论文摘要》外,另有时任复旦大学副校长吴南轩发行、文学院教授孙寒冰1937年1月创办的《文摘》③。《文摘》专门刊登国内外各种杂志、文章的精华摘录和翻译,帮助人们快速了解各家学说,纵览世界大势,是"一本杂志的杂志"。《教育论文摘要》和《文摘》二者办刊风格同美国《读者文摘》(1926年创刊)类似,但时间仅比后者晚了10年。二本刊物的办刊观念在当时独树一帜,复旦大学校刊评论"(《教育论文摘要》)与本校出版之《文摘》月刊,可称并美也"④。二本刊物协力扩展了复旦大学的学术和社会影响。《教育论文摘要》共出版6期,合计收录文章(不包括编后)摘要380篇⑤,另外为730多篇文章提供了索引。1937年8月,淞沪会战爆发,上海高校开始准备西迁,刊物遂告终止。

第二节　社团和社会服务

一、总体概况

复旦学生素有服务社会之传统。在教育学系正式诞生之前,复旦便有公民服务会建起义务学校,通过教育形式救助贫苦失学子弟,

---

① 《教育论文摘要月刊出版》,《民报》1937年1月9日。
② 荷生:《介绍〈教育论文摘要〉》,《大公报(上海)》1937年3月20日。
③ 孙寒冰任《文摘》杂志主编和黎明书局总编辑。1931年,他创办黎明书局并担任总编辑,1937年1月又创办中国的第一本《文摘》并任主编。
④ 《〈教育论文摘要〉扩充篇幅增加索引》,《复旦大学校刊》1937年第247期。
⑤ 6期收录文章摘要数量(不含编后)分别为100篇、77篇、74篇、50篇、32篇、47篇。

其服务社会精神为当时各校首倡。之后历年服务群体不断扩展，声誉日隆。1923 年文科教育学系建立以后，学生便成立教育学会、教育考察团等组织，积极参与教育实践。1929 年教育学系独立建制后，以系友会为主的各种学生组织和社会实践形式一度兴盛，学生自治、弘扬学术精神、积极参与社会的精神更是不断通过多样化组织得以彰显。全面抗战后，西迁重庆和留守上海的教育学系学生分别组织教育学会，积极开展调研和社会实践。重庆渝校的师生办理黄桷小学和黄桷民众学校，服务平民；而留守上海的教育学系师生在极为艰苦的条件下继续通过不同形式兴办义校、服务贫苦和失学子弟。不少人接受了进步思想，在组织和行动上不断前行，通过实际行动响应新时代的号召。在兴办学校过程中，逐渐萌生了爱弥儿联谊会一类的进步组织。

这一时代的学生组织和社会实践服务形式可以分为两大类：一是以救助贫苦失学子弟为主要特征的义校，免收学费，既包括 20 世纪二三十年代即已蜚声国内的义务学校，以及全面抗战后上海补习部教育学系师生成立的多个义校；二是自治性质，旨在服务师生和推进系里事务的教育学会、系友会、爱弥儿联谊会，形式多样，活动丰富，推进了教育学系事业发展，为时人称道。其中，义务学校诞生于教育学系建立之前，成员广泛，不独为教育学系专有，但教育学系学生亦积极参与活动，乃至把它作为教育实习场所。其他组织均为教育学系师生建立，但受时局影响，其组织形式和活动宗旨不尽相同。这些组织和活动主要由学生主持，体现学生自治，但也常常接受教师们的指导，不少活动亦有教师参与。

1949 年之后，随着政治形势的变化，学生组织和社会服务形式也发生巨变。民国时代零散的、民间驱动的义校逐步被新的工农学校系统取代。在复旦大学，1950 年成立工农学校，强调为人民服务的宗旨，面向广大工农群众提供教育。其中，教育学系发挥了重要作用,张瑞璠担任工农学校校长和主席①。其他教师如萧承慎和萧孝嵘等积极参与工农学校活动②,为新的时代作出贡献。教师取代学生成为领导和组织工农学校的主力,为学校运行提供更为专业化的指导。教育学系学生则在教师影响和引领下积极学习为工农服务③。此外,自上而下对学生工作的统一领导和组织,逐步取代了民国时期自发自治的各种学生团体。在各个院系中,通过学生会和各种学习小组的动员,学生在教育学术和政治时事方面的学习不断加强。教育学系学生在相关领域的活动,常常被复旦大学校刊登载,呈现出新的时代特征。下文主要依照发展时序对复旦大学教育学科(系)的知名学生组织、社会实践和服务活动进行论述。

二、义务学校

相关记载中,最早出现的组织是公民服务会,成立于 1918 年春。该会有三大宗旨:一是教育贫苦失学之人,二是传播卫生与道德知识,三是捐募款项辅助慈善事业。为实现教育贫苦失学者的宗旨,公民服务会设立教育部,并分公民教育和实业教育两部。公民服务会设正副主任,其中正主任为戴维斯教授,副主任为郭任远。在公民服务会组织的各种活动中,教育活动最盛。公民服务会设义务小学一所,最初由卞燕侯负责,吴南轩和冷鉴辅助,教师则由 20 多名复旦学生来担任。1918 年 4 月 18 日,义务小学正式开学,其时学生人数达 40 多人。学生半日做工,半日读书,任其自给。不久又开设夫役晚校,旨在教育失学之夫役,学生人数达 30 多人④。1918 年秋季,改归复旦学生分会教育科办理,更名为复旦学生分会义务国民学校。此

---

① 《教育系业务总结》,《复旦大学校刊》1950 年 7 月 7 日。
② 《工农学校开学》,《复旦大学校刊》1950 年 9 月 1 日。
③ 《国立复旦大学毕业纪念刊》,1950 年。
④ 余厚阶:《公民服务会略史》,《复旦年鉴(1919)》。

后,学校课程设计与普通国民学校基本接近。与享受国家拨款的公立学校和依靠学费为生的私立学校不同,义务学校完全靠自身运营支持,因而经费不免拮据。早期记录中,时常见到教职工节衣缩食或慷慨捐赠以资助学校运行之报道。1921 年春,学校扩充,添设高小班,名称遂改为复旦义务学校。同年李登辉校长赞助,提出允许成绩优良和品行优良的高等毕业生,升入复旦中学部免费肄业。人数虽然不多,但教育机会也可惠及部分贫寒子弟。后因复旦于江湾新设校区,义务学校于 1924 年夏设第一学校和第二学校(分徐汇、江湾两校)。规模进一步扩大。据统计,1925 年学生人数已达 200 多人[①]。1929 年增设商业专修班,程度与初中相当。复旦义务学校在国内具有相当声名,被誉为"国内义务学校之巨擘"[②]。在 20 世纪 30 年代初期,义务学校设商业专修班、后期小学、前期小学、幼稚园四种。在义务学校规划中,曾有添设农业专修班、开设农场、组织消费合作社、设立合作银行、设立职业介绍部等考虑[③]。截至全面抗战爆发前,义务学校发展蒸蒸日上,呈兴旺之势。

义务学校虽非教育学系专有,但却浸润复旦教育学的深厚传统,彰显了复旦服务社会之精神,为世人称赞。其中不少参与者如郭任远、吴南轩之后走上教育行政职位[④],为复旦教育学和心理学科的奠基和壮大,乃至复旦整体发展作出了杰出贡献。文科教育学系时期的学生如严济宽、刘询牧(曾任教育学系教育学会临时主席)等人,都曾担任义务学校主任,积极组织参与义校各种活动[⑤]。更重要的是,1929 年教育学系独立建制之后,义务小学即成为学生实习场所,为

---

① 《复旦义务学校小史》,《复旦年鉴(1925)》。
② 顾乃等编述:《复旦义务学校之过去近况与将来之计划》,《复旦大学毕业纪念刊》,1930 年。
③ 顾乃等编述:《复旦义务学校之过去近况与将来之计划》,《复旦大学毕业纪念刊》,1930 年。
④ 郭任远曾担任复旦大学校长,吴南轩曾担任复旦大学校长兼教育学系主任。
⑤ 《义务学校消息》,《复旦周刊》1926 年第 4 期。

教育学系学生联通教育理论和实践,培养教育实践能力作出了直接贡献。

三、学生社团

教育学会和系友会由在校学生组成,主要目的是发展系务,服务在校师生。1929年之前,教育学系隶属文科,虽有学生,但人数很少,并无专门的系友会。虽然如此,但按照历年《复旦年鉴》及相关资料记载,每一年级均有"级史",这一阶段同学亲密无间,师生合作精神,蔚然可观。这一阶段最为活跃的组织是教育学会和教育考察团。根据《申报》和《时事新报》的相关记载,1925年教育学系学生成立了教育学会①,1926年组建了教育考察团②,积极开展学生活动,组织教育考察,邀请名人演讲等。

教育学系独立建制后,人数渐多,于是1929年重建教育学会,并在1930年正式改为教育学系系友会。系友会是全体学生大会,选举产生执委会和监委会,其中执委会(执行委员会)负责日常事务运行,监委会负责监察工作。在1933年初,系友会共有80多位成员。其中执委会有7人,分别是杨吉甫、陈友群、章树钦、金咸玠、曾宪猷、黄昌年和殷绥来。监委会共有5人,分别为徐剑龙、王奎珍、王腾波、李汉文、胡佩环。这些学生负责教育学系多项事务的开展,其中不少人同时也是《教育学期刊》的出版委员会成员。他们不仅积极组稿运行刊物,而且也是期刊的重要撰稿人。按照系友会会章,系友会须在每学期初和末各召开全体大会一次③。每次开全体大会时,例行会有系主任训话,重要事项讨论,以及茶点供给。根据1933年相关记载,系友会的主要工作包括:(1)出版,主要

---

① 《复旦大学学生组织教育学会》,《申报·本埠增刊》1925年11月20日。
② 《时事新报·学灯》1925年(报纸未印刷完整)。
③ 《本会会务》,《教育学期刊》1933年第2期。

是出版《教育学期刊》并运营之；（2）图书，购置图书和刊物，运营图书馆，与外界出版机构保持联系；（3）演讲，请名人进行演讲，组织系里学生进行中英文演讲练习；（4）体育，组织体育比赛；（5）参观，组织学生外出参观实习；（6）其他①。另外还可根据实际情况产生其他组织，负责专门事务。例如：为了出版《教育学期刊》，选举产生出版委员会负责具体事项。其余活动如迎新送往，日常师生联络工作等，更是不一而足。虽然系友会工作主要靠学生自主运作，但在完成各项工作时，系友会亦会接受教师的指导和建议。作为一个学生自治组织，系友会为推进教育学系的各项工作，繁荣系内文化，促进师生交流，辅助学生学业成长，锻炼学生自治能力作出了贡献。教育学系系友会的活动驰名校内，常被校刊登载，以致有人说"复旦系友会中，教育学系是最出风头的一个"②。

全面抗战期间，教育学系师生克服种种不利条件，继续组织教育学会，开展学生活动。在重庆复旦渝校，教育学系学生成立教育学会，积极进行社会调研，组织学术活动，邀请学人演讲，办理黄桷小学和黄桷民众学校，主编《教育学报》和壁报③，在艰难环境中服务师生。其中，黄桷民众学校经费由北碚实验区署负担，教育学系学生负责，并由汪太仪（1938级学生）担任校长，骆遴（1938级学生）担任训导主任，余泽芳担任教务主任，学校分为妇孺班和成人班。黄桷小学由北碚实验区署办理，教育学系担任指导④。此外，渝校教育学系还于1942年冬成立职业教育学会，秉承"砥砺学行，研究教育"宗旨，积极开展学术活动和调研。而在上海，据《复旦大学校刊》载，1938年秋上海补习部教育学系也开始筹建教育学会。由沈杏微、支才庸（1935

---

① 赵国基：《教育学系系友会底回顾与企望》，《教育学期刊》1934年第1期。
② 赵国基：《教育学系系友会底回顾与企望》，《教育学期刊》1934年第1期。
③ 《一年来各系动态·教育系》，《复旦大学校刊（复刊号）》1938年第1期。
④ 《一年来各系动态·教育系》，《复旦大学校刊（复刊号）》1938年第1期。

级学生)、邵根基（1935 级学生）、李凤书（1936 级学生）、李妙玲（1938 级学生）、赵钟（1938 级学生）、常廷献（1936 级学生）担任筹备委员[①]，积极开展各种教育学术和调研实践活动。

四、战时义校

全面抗战不久，上海沦为孤岛。受战乱影响，学校数量骤减，收费昂贵，失学人数高企。1941 年 12 月珍珠港事件后，上海全境为日军占领，形势进一步恶化。在日军占领上海期间，复旦教育学系师生克服艰难，连续举办多所救助贫苦和失学子弟的义校，如培明夜校（1941）、越旦实验小学（1943—1944）、志成义务中学（1944）、复夏中学（1945—1949）等，教育薪火始终不绝。

其中，培明夜校成立于 1941 年，由当时教育学系学生贾成华、胡国恩、沈素贞等人从培明中学借到两间教室兴办而成，免收学杂费，招收失学青年和小学程度的成年人。珍珠港事变后日军开进租界，复旦大学暂停授课一学期，学校被迫停办。1942 年，教育学系王嘉遂、胡国恩、陈夏珍、都恒如等学生再次酝酿建校，向社会募款，建立面向贫困和失学儿童的半日制小学。最终于 1943 年成立越旦实验小学，由教育学系学生租用武定路稽山中学部分校舍建立，陈科美任校长，汤利邦（教育学系学生）任主任，陈夏珍（教育学系学生）为总务。1944 年下学期由于稽山中学扩充班数，收回借出教室，因此越旦实验小学又告夭折。志成义务中学成立于 1944 年夏（在当时的同孚路大中里），教师义务上课，学生不收学费，学校办得很出色，一度超过了培明义校和越旦实验小学。1945 年 9 月，由于经济困窘，越旦实验小学、志成义务中学，最后与大夏大学校友殷云芳、许海涛等人所办的远东工业学校合并，成立复夏中学，由 1944 年毕业的陈夏珍

---

① 《在青年会教育系聚餐》，《复旦大学校刊（复刊号）》1939 年 3 月 15 日。

担任校长,校舍设在建国西路的勇义小学内,利用傍晚与晚间上课,坚持办学[①]。

全面抗战期间义校办学颇为不易。受战乱、经济和政治环境影响,学校硬软件条件严重不足,往往没有固定校舍,不得不四处租用已有学校之教室,受限颇多,不断搬迁漂泊,教无定所。由于学校不收学费,师生们不得不四处筹资,以维持学校运营。在不少回忆录中,常常见到教师们或社会人士通过义卖义演解决学校经费的文字[②]。学生们的活动离不开爱国教师们的热情参与和支持。其中教育学系主任陈科美对各种义校的办学都进行了指导,更担任越旦实验小学的主任。另外,抗战后期,随着进步思想的传播,部分义校如复夏中学的发展和壮大都离不开地下党的组织和推动,为传播革命思想培养革命力量作出了一定贡献[③]。

五、爱弥儿联谊会

爱弥尔联谊会成立于 1944 年。其建立离不开上海补习部教育学系学生 20 世纪 40 年代集体兴办义学的催化。为了办学,"同学们除了上课外,经常在一起,教学在一起,募捐在一起,排戏演戏在一起。通过共同的工作、共同的期望、共同的苦恼挫折,共同的成功和欣慰,同学间的友谊加深了"。在敌伪高压统治下,"(同学们)都感到要有一个组织,让大家团结在它的周围,使教育系同学经常联系,在一个共同的目标下,一起演戏,办教育,交流对时事的看法,共同展望胜利的到来"[④]。根据当事人褚应洪[⑤]的回忆,名称得名于卢梭的《爱

---

① 新中国成立前夕,复夏中学与华模二校合并,称为华东模范中学,新中国成立后不久停办。到 1983 年恢复办学。
② 许人良:《母亲陈夏珍与上海贫民教育》,《世纪》2021 年第 5 期。
③ 许人良:《母亲陈夏珍与上海贫民教育》,《世纪》2021 年第 5 期。
④ 褚应洪:《复旦爱弥儿联谊会的产生及其活动》,1985 年 8 月 28 日。
⑤ 全面抗战爆发时任复旦大学上海补习部教育学系主任兼管教务、训育工作。

弥儿》一书,由当时的学生倪江松提出①。由学生陈夏珍担任会长,教育学系主任陈科美担任名誉会长。最初的主要成员有刘仁慧、沈家英、潘菊莲,以及倪江松、褚应洪等人②,在共同目标指引下,一起演戏、办学、交流。由于参与者不少人都是地下党员,因此其性质兼具学术性和政治性。爱弥儿联谊会活动随着当时国内局势的变化而变化。抗战胜利前,主要活动是举办各种义务性教育、筹集经费、开展义演。会员们的身份一方面是做义务教师,另一方面则是做义务演员,通过演出进行筹资。抗战胜利后,由于多数学生已经毕业,因而爱弥儿联谊会的活动也暂告停止。之后随着解放战争爆发,在地下党领导下,1947年初联谊会又开始重建,并组织系列活动,政治性和革命性更强。这一阶段的活动内容超越之前的义演义卖,范围更广。主要包括:组织文娱团体宣传政治主张;成立图书阅览室;出版教育类刊物,如《教育与生活》《爱弥儿丛刊》,宣传陶行知教育思想;义演办学,募集捐款;定期聚会,漫谈国事。这使爱弥儿联谊会影响力逐步扩大。上海解放后,爱弥儿联谊会的历史使命宣告完成,于1949年夏宣告解散③。

---

①　褚应洪:《复旦爱弥儿联谊会的产生及其活动》,1985年8月28日。
②　陈夏珍:《难忘的岁月》(1985年12月29日),中共上海市委党史资料征集委员会主编:《上海市中学教师运动史料选(1945—1949)》,上海教育出版社,1997年,第218—219页。
③　褚应洪:《复旦爱弥儿联谊会的产生及其活动》,1985年8月28日。

下 编

高等教育研究所
的发展
(1983—2019)

第五章　历史沿革

1976 年 10 月，十年"文革"结束，中国进入了新的历史发展时期。1978 年中国共产党十一届三中全会的召开，拉开了改革开放的序幕。"教育应优先发展"方针的确立，使得教育改革和发展大潮奔涌。高等学校纷纷建立高等教育研究机构，以应改革发展的迫切需要。复旦大学的教育学科在中断了 32 年之后，以设立高等教育研究机构的形式得到恢复，这是改革开放东风劲吹的结果。

第一节　学科重建（1983—1998）

一、有组织的教育研究萌芽

早期高校高等教育研究机构的诞生，起于现实的迫切需求。当改革的号角吹响之后，"高等教育怎么发展，这是大问题。所以要研究教育到底怎么搞"①。这些研究机构最初多从高校教学管理部门衍生，因为人才培养模式改革是首先面临的问题。1978 年 5 月 17 日，厦门大学设立高等教育问题研究室②。1979 年 10 月 26 日，清华大学决定成立理工科教育研究室③。1979 年，华中科技大学成立

---

① 强连庆访谈录，录音整理稿。
② 张亚群主编：《厦门大学教育研究院院史》，厦门大学出版社，2021 年，第 119 页。
③ 王孙禹、李越、李珍编著：《清华时间简史——教育研究院》，清华大学出版社，2017 年，第 99 页。

了高教研究组①。1980 年 3 月 7 日,北京大学决定成立高等教育研究室②。1982 年,华东师范大学成立高等教育研究室③。

差不多在同一时期,复旦大学也开始了有组织的教育改革研究。1980 年起担任复旦大学党委常委、副教务长的强连庆,上任碰到的第一个大问题就是:"十一届三中全会以后,改革开放,以经济建设为中心进行改革,那么大学怎么改革?""复旦认为就应该从教育改革开始,因为大学是培养人的,十几年荒废掉了,人才稀缺,教师不是被批斗就是靠边站,应该让他们有用武之地,这个是根本。""以教育改革为中心,应该从教学开始,因为根本问题是培养人的问题。"④强连庆组织教务处的工作人员着手校内调查。据杜作润回忆,在教务处成立研究室之前,他和同事们就展开了工作。"调查前查教学档案,开展师生面对面访问。参考友校的经验,了解国外的文献资料。""在这之前我们在教务处,还试图进行教学质量评估的学习和准备。""我们还接受当时教育部下达的指令,由我参与(与校图书馆的万毅嫣)在复旦筹建外国教材中心。改革开放促进了我们教务工作思路的多元化(据说这个思路是我校苏步青等专家首先提出的),我们当然很起劲。""总之改革之初,怎么管教学,怎么实施大学教育,是教务处(面临的)很实际的问题,对过去的方法、制度、经验都有一个重新的审视,这很需要研究。"⑤

在强连庆的推动下,1983 年在教务处成立了高教研究室,开展更加系统而深入的研究工作。研究室由杜作润和郑礼负责⑥。1978

---

① 朱九思口述,陈运超整理:《谋与敢——朱九思口述史》,华中科技大学出版社,2019 年,第 303 页。
② 陈洪捷、李春萍主编:《学术之道——北京大学教育学科 40 年》,北京大学出版社,2020 年,第 4 页。
③ 《华东师范大学高等教育研究所简介》,http://www.ihe.ecnu.edu.cn/bsjj/list.htm。
④ 强连庆访谈录,录音整理稿。
⑤ 杜作润在复旦大学高等教育研究所早期的工作手稿。
⑥ 杜作润在复旦大学高等教育研究所早期的工作手稿。

年,杜作润"被学校调到教务处(初,仍称为教育革命组)工作,始为见习员工,继而任教材科副科长、科长等职。除继续上课、继续承担708(一个力学计算项目)的研究工作之外,开始思考教育改革以至教育科学的诸多问题,开始关注高等教育研究,并于1983年开始担任在教务处设立的高教研究室主任,从编写校内发送的《教学情况交流》开始,学习撰写高教研究论文。其中,建议复旦进行大规模毕业生调查;建议组织复旦高等教育兼职研究队伍;建议复旦与上海高教学会等校外机构联系等,在得到学校领导肯定之后,即开始积极参与甚至为主推动这些方面的工作。"

除了大规模的调查以外,研究室还做了一些其他的研究工作。杜作润记得他牵头做了两件事,"一是参与组织审查全国统编教材;二是试探收费教育,搞了7个收费教育的大专班"①。

1983年,已经任复旦大学教务长的强连庆,在《高教战线》上发表文章,提出:"根据在培养目标上的实际变化所考虑的专业设置改革,既要打破综合性大学仅含文理科的模式,又应该根据学校原有的基础,结合地方特点和历史情况逐步进行,使我们综合性大学办得各有特色。"②

二、教育学科组织独立建制

研究室人手少,研究工作面不易打开,便积极借助外力来开拓。复旦大学管理科学系为满足改进与完善高等教育管理的需要,举办了高等教育管理大专班。研究室通过参与大专班的教学,来结交高等教育管理研究的同仁,协同开展研究活动,扩大研究队伍。尽管如此,仍然不能满足改革的需求。成立一个更加专业化、工作幅面更宽

---

① 杜作润在复旦大学高等教育研究所早期的工作手稿。
② 强连庆:《从培养目标问题看综合性大学专业设置的改革》,《高教战线》1983年第5期。

的研究机构便提上了学校领导班子的议事日程。1984 年 12 月 17日,复旦大学向教育部科技司提交了《关于成立高等教育管理研究所的报告》。报告提出:"复旦大学在管理科学、信息科学、运筹学与数理统计以及政治、经济、法律等学科都有很强的力量,与国外大学也有较广泛的联系,有利于开展高等教育管理这一综合性很强的领域的研究工作。为了发挥这方面的潜力与优势,经校长会议研究决定,将原有的高等教育研究室扩充为高等教育管理研究所。"①报告对高等教育管理研究所的主要研究方向与任务做出了五项设想:(1)根据我国社会经济发展的方针,在理论与实践的结合上研究我国高等教育的合理结构、最优布局、专业规范等问题,为主管部门的决策提供信息;(2)根据"三个面向"与"两个中心"的要求,研究我国高等教育管理体制的改革与高等学校内部的某些重要问题;(3)高等学校的一般发展过程的研究,包括探索高等学校质量与水平的评价原则与评价程序及其可行性问题;(4)高等教育管理研究的方法论问题,如比较研究法、统计研究法、实验研究法等;(5)人才预测及预测方法的研究。

报告没有得到教育部科技司的回复。"1985 年,我校党委办公室前主任黄祥豫同志为筹建复旦高教研究所,向党委草拟了一个报告(已得到当时党委的原则同意)。"②这个关于筹建高等教育研究所的报告从教育在"四化"建设中的战略地位、有利于学校领导决策的科学化、教育部领导的提倡、兄弟学校的经验四个方面论述了建所的必要性,并就研究所的机构设置、研究方向和任务提出了具体的方案,特地强调这个研究所直属校长领导,相当于系、处级单位,研究人

---

① 复旦大学:《关于成立高等教育管理研究所的报告》(84)教字第 96 号,复旦大学文件,1984 年。

② 杜作润:《复旦大学高等教育研究所概况简述》,《复旦高教研究信息》1988 年 1 月20 日。

员大部分兼职,少部分专职。对于筹建步骤,报告也有具体而详细的建议。

1985 年,强连庆担任了副校长。1986 年 1 月 22 日,经校长办公会议讨论决定:成立高等教育研究所,强连庆任所长,杜作润、朱剑良任副所长[①]。朱剑良为当时的学校党办主任,因工作繁忙,无暇顾及高等教育研究所的工作,实际由杜作润负责日常管理。独立建制的复旦大学高等教育研究所的成立,标志着复旦大学教育学科的正式恢复。据学校文科科研处的档案记载,从 1978 年到 1988 年 10 月,由学校批准并主管的研究机构增设了 10 个,高等教育研究所便是其一。这反映了学校领导班子对教育研究的高度重视和对教育学科重要性的认知。

按杜作润 1988 年 1 月《高等教育研究所概况简述》中的陈述,高等教育研究所的性质和任务是:"在校长直接领导下的、肩负高等教育科学研究与咨询服务等多种职能和使命的机构。她以中国和世界高等教育的发展和改革为背景,以复旦本身的丰富实践为基础,研究高等教育的教育思想、教育内容、教育方法及管理体制的理论和实践问题;研究和宣传新时期党和国家的教育方针政策;侧重从宏观与长远的方面,对学校的改革与发展提供调查与研究的成果,提供咨询意见;积极开展对内、对外的学术交流等等。通过这些工作和研究活动,为复旦事业(包括高等教育学科)的发展作贡献。"当时确立的长远发展目标包括两个方面,一是服务复旦大学创一流。"作为咨询服务工作机构的我校高等教育研究所,她又不可能不直接依赖整个复旦事业的发展,而提出自己完全独立的发展目标,她的战略,就是复旦创一流的战略,只不过她的工作内容不能完全视同各行政机构的日常工作内容罢了。"二是建设有特色的高等教育学科。"在高等教

---

① 复旦大学:《关于成立高教研究所及干部任命决定》校发(86)8 号,复旦大学文件,1986 年 1 月 22 日。

育学科(特别是高教管理)方面做出建设性的成果,并反映复旦的特色,在和全国众多的同类研究机构和组织的友好竞争中,应该不落人后,稳扎稳打,力争上游,并且要考虑有关本学科专业人才培养的问题。"①从这个陈述中可以看到,高等教育研究所从起步,就有明确的定位,即具有服务学校改革和开展学术研究的双重性质,不光有短中期的考虑,更有长远的愿景。

然而,高等教育研究所的独立存在,很容易受到学校领导层变动的影响。1992年,强连庆卸任副校长,在这之前,党委书记和校长也已经先后易人。高等教育研究所与学校领导高层的关联客观上减弱,也不时会听到一些批评和质疑。1992年7月,国家教委办公厅发出通知,下达全国教育科学"八五"规划各级各类研究课题。10月5日,华中一校长阅后发现"复旦高教所无课题",遂请党委书记钱冬生阅,钱冬生又转施岳群副校长阅处。施批:"1. 请高教所告我,该规划课题何时下达?我校知道与否?我校为什么没有一个项目?2. 建议高教所与教务处各作申报:'我国高校教学工作状态数据设计'(大意)在国家教委项目中申报。"这件事情引起了领导班子的注意,估计也引发了对高等教育研究所定位的讨论。1993年3月25日,钱冬生书记要求高等教育研究所报告基本情况和发展的考虑。常务副所长杜作润于3月30日向学校提交了《关于高教研究所基本情况的报告及今后发展的几点建议》。在介绍基本情况时指出,"乘改革开放之风建立的研究所,其使命是研究我国高等教育改革和发展中的问题,但具体任务并不十分明确,只有一点很清楚,为学校的教职员工探索和研究复旦各方面的改革开路,提供成果发表园地。对于机关干部来说,有利于他们安心本职工作,结合本职工作进行研究提高水平,并为解决职称问题铺路。"在关于今后改革的建议中,"首先建议学校

---

① 杜作润:《复旦大学高等教育研究所概况简述》,《复旦高教研究信息》1988年第35期。

领导充分审查高教所的全部历史和全部工作，对成绩和问题进行实事求是的、公正的判断和评价。对成绩可以少说或不说，但对问题却要提得具体深入一些。'没有对学校工作进行研究'的问题，就提得太笼统，不利于调动积极性。"杜作润强调，"这是新学科，学校要给予适当的支持和宽容"。在发展的建议中，他具体提出了四种改革的方案。其一，"专事发展学科的职能"；其二，"以约三分之一的精力用于参与对复旦大学自身具体问题的调查研究，其余部分用于学科发展。即认可高教所的双重职能"；其三，"专事复旦改革与发展问题的调查研究"，"改名为政策研究室或调查研究室或秘书室"；其四，"完全撤销"。在高等教育研究所同仁们的讨论中，第二种方案最受欢迎。学校领导层最终也是同意了第二种方案。显而易见，批评和质疑促进了高等教育研究所对组织定位和功能的深入思考，坚定了发展高等教育学科和服务学校改革的"双重职能"定位，也越来越明确了争取纵向课题、提高学科发展水平和服务质量的思路。

高等教育研究所虽然建制独立，但是由于历史原因，仍与教务处有各种关联。一是经费由教务处划拨，"1992 年之前常年行政经费2.5 万元，由教务处教学行政费中划出。1992—1993 财政年度开始，直接到财务处支出，经费增至每年 3 万元"。二是中共党员组织关系，除副校长兼所长党组织关系在校办外，其余在教务处党支部。实际上人员也享受大机关待遇。

三、教育研究共同体的创成

高等教育研究所成立时，计划设置 4 个专业研究室：高等教育管理研究室、比较高等教育研究室、高等教育情报研究室、大学后勤管理研究室。另设有资料室、《复旦教育》编辑室、办公室。为了调配人力资源，先后通过从外校招聘毕业硕士研究生、从校内其他院系调入的办法，充实研究队伍。到 1988 年初，已经有在编专职人员 8 人，在校内借调 1 人。所有人员中，有高级职称 1 人，中级职称 2 人，初级职称 3 人，未定职称 3 人。据 1992 年 3 月填报的上海市哲学社会科学机构调查表，专职研究人员增加到了 11 人。据 1993 年 3 月杜作润《关于高教研究所基本情况的报告及今后发展的几点建议》中所列，"所内专职人员包括强连庆所长在内共 12 人。其中有高级职称的研究人员 3 名（强连庆、杜作润、周洪林）。中级职称研究人员共 5 名（郑礼、王留栓、张晓鹏、林荣日、施穆）、初级职称研究人员两名（曹珍芬、鲍怡军），另外还有办公室资料室两名人员（季寅照、邬雪帆）。"之后因各种原因人员有进有出，到 1998 年底，高等教育研究所实有专职研究人员 7 人（强连庆、杜作润、周洪林、王留栓、张晓鹏、林荣日、熊庆年），行政人员 2 人。

特别可贵的是，高等教育研究所还建立了一支兼职研究员队伍。首批聘任了兼职研究人员 46 人。据杜作润回忆，"我们在校内物色了一批经常肯发表意见的教师和干部，做我们的兼职研究员。还非常正式地给他们发聘书，大约搞了三四届，中间是大约每两年一次重聘。只不过没有章程，只是要大家尽义务。兼职研究员多的时候有 40—50 多人，少的时候也有 30 多人。一般一年也有 1—2 次研讨会，有的同志对我们的工作支持很踊跃。物理系的陈振新、倪光炯，化学系的范康年，计算机系的李大学，数学系的欧阳光中，管理学院的唐之教，机关里的秦绍德，哲学系的胡景钟，图书馆的秦邦廉，机关里的……许多人都是后来我们办的《复旦教育》的积极投稿人"[①]。

据 1991 年 1 月 24 日《复旦高教研究信息》第 56 期记载，因 1988 年聘任的第二届兼职人员任期届满，1991 年 1 月 20 日举行了兼职研究人员第三届聘任会议。第二届聘任 40 人中有 20 人继续应聘，总共聘任了 30 名兼职人员。除个别特许例外，兼职人员事先都从《复

---

①　杜作润在复旦大学高等教育研究所早期的工作手稿。

旦高教研究信息》第53期上的参考选题中选出一至二个题目（或自己另外感兴趣的题目），并提出自己的书面研究计划和设想。从兼职研究员申报的课题可以看出，兼职研究员的研究内容比较丰富。具体照列如下：

团委董雅华：① 思想政治教育心理学原则研究；② 高校思想政治教育研究。

数学系李道亭：① 教书育人工作研究；② 系科"八五"规划制定。

计算机系李大学：① 高校教师心理研究；② 高校学生心理研究。

经济系张绍煜：中国教育对中国经济发展作用的定量研究。

哲学系胡景钟：论文科在高校中的地位及有关问题。

档案馆周永忠：① 校风和校园文化调查；② 校史专题研究。

宣传部丁荣生：改革开放条件下的学生心理塑造。

图书馆秦邦廉：论高校图书馆在教育和科研中的地位和作用。

国政系邱柏生：大学教育方法和方法论问题研究。

党办张德明：高校学生思想政治工作研究。

人事处张一华：① 教师以外其他各系列的队伍分析、调查和对策研究；② 高等学校教师的自我心理调节。

劳动综合服务公司邵则信：① 高校劳动服务公司内部管理工作研究；② 如何发挥高校后勤公司作用为学校各部门服务。

学生工作部吴山弟：① 学生学习积极性与动态调查；② 一年级大学生思想修养课教学分析。

物理二系陈建新：大学教师心理研究。

计算机系朱洪：我国高级人才培养的国际战略研究。

电工系陈振新：理科课程教学方法质量调查。

法律系周洪林：现代大学论：目的论、教学论。

教务处孙莱祥：全国理科专业结构调查、对策研究。

科技处胡爱本：教学和科研关系处理问题研究。

人口所朱国宏：中国教育对中国经济发展作用的定量研究。

经济学院陈庆基：社会主义初级阶段高教的适应发展问题。

经管系许晓明：① "理论联系实际"型教学方法探讨;② 加强教研室建设的若干思考。

校办王增藩：试论苏步青高等教育思想与实践。

人事处周没我：① 干部考核、选拔及提升的研究;② 复旦面临挑战及对策研究。

研究生院廖文武：立足于国内培养及专门人才探讨。

新闻系秦绍德：分析我校新闻学科教学、科研的现状、发展前景,以及在全国新闻教育界的地位变化。

监察处曹惠民：高等教育与中国现代化关系问题。

研究生院叶绍梁：探讨我国研究生教育管理体制的微观运行机制。

党委王荣华：大学生素质调查研究。

从 1986 年开始,先后聘任了 3 期兼职研究人员,共 91 人。他们的研究课题绝大部分是自选课题,在没有经费或经费很少的情况下出版发表了一大批科研成果,难能可贵。实际上,高等教育研究所还挂靠有兼职研究机构:大学后勤管理研究室、高校保卫学研究室等,总体构成了一支可观的研究队伍。1996 年起,开始在校外聘请兼职研究员,先后聘请了在美国国际科学社团的郭玉贵博士、在日本广岛大学的黄福涛博士和在东京大学的黄梅英博士,在加拿大约克大学的查强博士,在瑞典斯德哥尔摩大学的沈幼琴博士,以及华中科技大学的别敦荣博士等。他们或来复旦大学访学、做讲座,或为复旦大学高等教育研究所与他们所在大学的高等教育研究机构建立联系。

四、教育研究经费渠道拓宽

　　高等教育研究所初创时期,教务处划拨的经费只够用于日常开支和编印《复旦教育》《复旦高教研究信息》。"1992 年以前的国内各种课题费、科研经费也很少,外来的总收入估计不到万元。教务处下达的青年科研基金项目约 0.5 万元。"[①]1993 年 3 月向学校领导班子提交基本情况和发展建议时,高等教育研究所清楚地意识到,发展高等教育学科,加大资源的投入是必要条件。但是当时即使申请到纵向课题,经费也是十分有限的。1993 年争取到的教委课题,仅有经费 1.5 万元。所以,必须开拓其他经费渠道。

　　幸得天佑,1989 年 1 月,杜作润偶然发现一封知照教育捐赠事宜的英文函件。来函者为香港孔安道纪念金有限公司的代理,向内地大学征求接受捐赠。基金会从一个 100—150 万港币的信托基金中,每年拨出 10—15 万港币用于教育资助计划。捐赠的目标指向为:① 使中国学生和教师能到西方国家学习,并保证他们能够回国服务;② 使西方学者到中国教学、研究访问;③ 使中国的大学、教育学院能够购置国外图书、杂志和其他出版物;④ 以及用于从事有助于从西方和日本获取知识和思想的研究。这些领域包括:教育学、商业管理学、经济学、公共管理学、政治学、伦理学、心理学、法学、语言学和环境研究等。捐赠是选择性的,要求候选机构提出接受捐赠的具体计划。捐赠计划执行 6 年,在这个过程中将不断考察执行情况,以决定继续捐赠或中止,或者考虑是否将受捐人的其他新计划纳入捐赠。

　　经了解,孔安道(1888—1968),原名孔昭奎,是孔子第七十一代孙,南海和顺孔村西社人,后移居香港,从事置业按揭经营;在取得商

---

　　① 杜作润:《关于高教研究所基本情况的报告及今后发展的几点建议》,1993 年 3 月30 日。

业成功后,积极参与慈善和教育事业。孔安道先生过世后,其后人遵遗嘱将遗产150万港币作为基金,延续慈善捐赠,施惠教育事业。资助内地大学即其捐赠项目之一。强连庆所长、杜作润副所长认真研究了孔安道基金会捐赠计划的目标和要求,认为与复旦大学高等教育研究所发展高等教育学科的目标高度契合,在请示学校主要领导并得到上级教育行政主管部门同意后,向香港孔安道纪念金有限公司提交了接受捐赠意向书和具体实施计划。计划主要包括四项:

(1) 增订《教育文摘》等10种左右外文教育书刊,5年后再增订一批;

(2) 扩充高等教育数据库,拟搜集美国、加拿大、墨西哥、巴西、日本、印度、印度尼西亚、埃及、英国、法国、德国、苏联、意大利等国家第二次世界大战以来的高等教育基本状况的数据;

(3) 派人员出国进修和考察。① 1990年拟派一名学者去加拿大,参加第33届亚洲和北非国际学术会议,并考察加拿大高等教育。② 1991年拟派一名研究人员去日本广岛大学高等教育研究中心进修半年。③ 1992年拟派一名研究人员去美国研究和考察。④ 1994年拟派两名学者去西欧和埃及学习考察。⑤ 1995年拟派一名研究人员去澳大利亚学习和考察。

(4) 邀请国外学者来华讲学。初步拟定分年邀请哈佛大学、加州大学伯克利分校、加拿大多伦多大学、日本广岛大学、英国剑桥大学、美国纽约州立大学等校教育学、高等教育学、比较教育学的知名教授。

1991年10月,香港孔安道纪念金有限公司通过专家评审,确认复旦大学高等教育研究所为受捐机构。计划每年赠款10—13.5万港元不等,到1996年总计拨款73.5万港元。这些经费给了高等教育研究所学科建设以极大的支持,可以说,当时如果没有捐赠款的资助,学科建设的主要目标难以很快实现。

1998 年,杜作润副所长过香港,顺道拜访了孔安道纪念金有限公司主席孔宪明先生,向基金会致以谢忱。孔先生对复旦大学高等教育研究认真按计划高质量地开展研究工作表示了赞赏。他展示了所有基金会申请捐赠的材料,杜作润才知道,实际被批准的项目只是少数。可见复旦大学高等教育研究所的研究水平和诚信品质得到了基金会的充分肯定。当杜作润向孔先生表示希望继续得到支持时,孔先生慨然允诺。后来提交的新的四年"迎百年校庆研究计划",再一次得到基金会的批准,总计获得捐赠款人民币 50 万元。2003 年计划执行完成后,杜作润和熊庆年又获得个人研究资助 6 万元人民币。令人特别感动的是,孔安道基金会的捐赠善举,不求任何形式的宣传和回馈。

五、为开展研究生教育奠基

高等教育研究所成为独立建制的研究机构后不久,就意识到没有人才培养就难以建设教育学科。"这是又一具有战略意义的工作。争取、写报告、申报,反复了至少三次。大约是第 4 次才成功。争取工作从 20 世纪 80 年代末到 90 年代初就开始。"[①]1993 年高等教育研究所受到质询时,更强化了建研究生学位点的想法。

在《关于高教研究所基本情况的报告及今后发展的几点建议》中,可以看到,为了参与人才培养,高等教育研究所曾经借壳孵蛋。"曾参加管理学院招生的高校管理大专班的教学工作,为上海高校培养了一批初级行政人员。本校至今还有一批该班学生在服务。本所为该班开了高等教育管理教育学等课程。曾为政治系思想教育专业的本科生和第二学位学生开过高等教育管理、教育学、教育心理学专题等。曾为学校本科生开设选修课,包括美国名牌大学介绍、教育经

---

① 杜作润在复旦大学高等教育研究所早期的工作手稿。

济学、英语教育文献选读等。曾经为本校以及上海工业大学、第二军医大学等举办的干部培训班上过高等教育管理等课。现在还在为管理学院行政管理研究生班指导两名教育行政管理研究生的毕业论文。"可是，这些都是在别人的地里种庄稼，不足以构成主业。所以，在建议的改革方案二中，就提出："发展目标之一：要争取在最近的两年内与管理学院共同招收教育管理的研究生，以比较教育为基础，以高教管理为专业方向，量力而行，培养人才。"为此，高等教育研究所积极准备，等待时机。

1995 年 8 月 23 日，《上海市学位委员会一九九五年审批硕士学位授予单位增列、调整硕士点的实施办法》发布，"上海市本次新增和调整硕士点的基本原则是'三有利、三优先和三从严'"，其中第一个有利，就是"有利于上海高校'211 工程'建设"。复旦大学作为首批进入 211 工程建设的高校，高等教育研究所申请自然符合第一个"有利于"的原则。

高等教育研究所关于建立高等教育学硕士学位授权点的论证报告，写得非常丰满。关于申请的目的和必要性，是这样写的："重视高等教育学科的高层次人才的培养，是我国发展高等教育事业的重要环节之一。现在教育行政部门，特别是在高校工作的教职工中，许多人也迫切感到要提高自己的理论水平和业务工作能力，基于这一基本认识和基本估计，复旦大学设立高等教育学学科的硕士学位专业点，为社会培养通晓教育和高等教育科学的专门人才，从社会需求即学生来源和毕业生去向等角度看是很必要的。"

报告追溯了复旦大学教育学科的历史和恢复教育学科后所做的各种努力。"复旦大学的教育学科，在新中国成立前是很有基础的，经 1952 年院系调整完全取消。重建教育学科的努力，自八十年代国家实行改革开放政策后才开始。1986 年成立了高等教育研究所。自那以来，本所人员独立编、译、著了 7 本著作(其中，九十年代以后出版了 4 部），另有一部将于今年（1995 年）10 月底出版；参与上海市高等教育研究所、华东师大等兄弟单位出版的多部论著；九十年代以来完成论文近 200 篇。特别在大学为社会经济服务和高等教育功能扩展方面，在为建立有中国特色的学位制度方面，在高等教育比较研究方面，特别是世界著名大学包括著名私立大学的比较研究方面，在高等教育管理的比较研究方面，都已经取得了较多研究成果和经验，并获得过多项奖励，逐步形成了自己的特色。”“在教学实践上，除每年向全校本科生开设‘教育学’‘英文教育文献选读’‘教育心理学’‘高等教育史’‘教育经济学’等选修课程外，在社会学系，开设‘教育评价’的讲座，与管理学院共同办了一届‘高等教育行政管理’的全日制大专班，培养了一名‘教育行政管理’专业的硕士研究生。”

报告陈述了已有的基础：第一，“由于复旦大学具有完整的文理科的学科基础，近年来又逐步发展应用和技术等科学，实施高等教育的学科专业覆盖面很大，教师从整体上说，积累了丰富的经验。教和学的理论研究很有基础，并且也取得了一定的成绩”。第二，“复旦大学是国家和上海市共同建设的全国重点大学之一，并已通过了 211 工程的部门预审。在 211 工程的建设规划中，已明确指出，复旦要充分利用基础优势，发展教育学科，为与兄弟院校共同繁荣我国的教育科学事业作出贡献。这为本专业硕士学位授权点的建立提供了基本保证。由于得国家、学校与热心人士的支持，九十年代以来，年均科研经费超过 10 万元。因此国内外教育和高等教育方面的期刊文献丰富，中外高等教育数据库也将初步建成，其他设备条件也较好，为研究工作提供了充分的资源保证”。第三，“本所人员高级学术职务所占比例为 55％，其中 35 岁以下的高级职称人员两名，50 岁以下四名，年龄构成较合理，梯度分布均匀，既能承先启后，又具发展潜力。建立高等教育学硕士学位授权专业点的力量是充分的”。第四，“目前，本所除即将完成的国家教委重点课题‘中、美、日三国比较研究’

外,还将深入进行'大学与社会经济关系的比较研究'、'民办高等教育研究'、'大学的起源与变革的比较研究'、'高等教育哲学研究'等,经过 3—5 年的努力,其基础理论水平将会有进一步的提高,个性特色将更加明显"。

报告强调:"综上所述,复旦高等教育研究所有自己的独特的研究成果和研究特点,注重学术积累和学术水平的提高,注重充分利用复旦大学的整体学术基础条件,资源充足,人员结构合理,是一个建立高等教育学硕士学位专业点的理想单位。"

最终,学位点申请以全票通过了上海市学位委员会组织的专家评审,获得批准。在上海,除师范院校外,复旦大学成为第一所设立高等教育学硕士学位授权点的大学。服务、研究、教育,大学的三大功能都齐备了,复旦大学的教育学科发展由此上了一个新台阶。

复旦大学教育学科的重建,得益于改革开放的大环境,得益于复旦大学教育改革的推进,同样也得益于高瞻远瞩、有教育理念的学校领导,以及一批有教育理想的研究者。2013 年中国高等教育学会组织评选"从事高教工作逾 30 年、高教研究有重要贡献学者","共有 55 个单位在 204 位申报学者中向学会推荐了 161 位候选人"。复旦大学高等教育研究所推荐了杜作润。中国高等教育学会 6 月 15 日发布《关于表彰"从事高教工作逾 30 年、高教研究有重要贡献学者"的决定》:"对王孙禺等 30 位'从事高教工作逾 30 年、高教研究有重要贡献学者'予以表彰。"杜作润教授在列,当之无愧。

十多年的努力和曲折,也留下了不少值得深思的东西。杜作润后来在对研究生进行入学教育时,回忆过这段历史,他说:"高教所(初创)期间,发展还是缓慢的。在我看来有两个主要原因:一个是复旦的固有传统:很多人(包括领导)都不认为教育学科有什么发展前景,它在复旦至少不如文学、历史、哲学、经济学、数学、物理、生物,化学等学科的发展那么有基础,因为它们有许多年的积累,还有许多重量级的领军人物。虽然院系调整前,复旦教育学系和心理学很强盛,但是现在根本不可能由我这个只有力气和干劲儿的人把教育学科搞起来,至少其他许多学科都不是很看重高教所这支力量。因为他们太强大了⋯⋯"这段话从某种程度上道出了部分真实的现实。

第二节　开疆拓土(1999—2008)

1999 年,随着复旦大学主要领导的换届,以及高等教育研究所负责人的更替,复旦大学教育学科的发展进入了一个新的阶段。在前十几年教育学科恢复的基础之上,高等教育研究所继续在各个方面深度拓展。

一、组织机能和队伍优化

1999 年,杜作润年届 60 岁,到了退休年龄。所长强连庆在 1992 年卸任副校长后,参与了上海杉达学院的创办,主要精力逐渐转向了民办大学办学和相关研究,1997 年卸去了复旦大学高等教育研究所所长之职。1999 年 1 月 4 日,杨福家校长签署了副校长孙莱祥兼任高等教育研究所所长的任命。3 月 4 日,孙莱祥所长正式到任,决定继续返聘杜作润为研究员。在征求所内教职工意见之后,分别聘请张晓鹏、熊庆年作为所长助理,以保证高等教育研究所日常正常运转。张晓鹏负责科研事务,熊庆年负责培养事务。林荣日担任了研究生秘书,熊庆年担任了研究生辅导员。2000 年 12 月 25 日,学校任命熊庆年为高等教育研究所副所长。

2001 年,高等教育研究所积极争取学校对建设教育学科的支持,发展高等教育学科写入了学校"十五"规划。"优化结构,提升水平,构建研究型大学学科体系",举措之一就是:"扶植补缺,完善学科体系。重点扶植对学科整体布局具有重要影响的薄弱学科,努力使之成为博士点或一级学科博士点,逐步跨入国内同学科先进行列。创造条件,高起点建设高等教育学、心理学、艺术学和人类学等学科。"

实际上,这也是抓住了外部环境的有利条件。1999 年 6 月,教育部高等教育研究司、全国高等学校教学研究会、全国高等学校教学研究中心联合发出《关于调查了解高教教育科研机构和学术团体函》,意在加强高等教育研究机构和团队的建设,推动研究协作、合作。2001 年 12 月,中国高等教育学会在京召开了全国高等教育科学研究机构工作座谈会。会议认为,在 21 世纪新的历史条件下,我们要从新的高度来认识教育,要从新的高度来开展教育研究。卸任不久的教育部原副部长、中国高等教育学会会长周远清特别指出,没有高水平的研究,就没有高水平的高等教育;不重视高教研究的校长,很难说是一个成熟的校长;必须高度重视高等教育科学研究机构的建设。熊庆年出席了座谈会,并把会议要点刊登在本所的《高教探索快报》第 43 期上,供校领导和机关职能部门参考。2004 年教育部办公厅发出 1 号文《关于进一步加强高等教育研究机构建设的意见》。教育部和大学领导层的高度重视,为高等教育研究所的发展提供了有利的外部条件。

当然,发展更需要组织内在的动力和制度机制保障。为了使学术活动规范有序,2002 年 1 月 11 日,高等教育研究所向校学术委员会发出关于高等教育研究所学术委员会组成的函,"决定本所学术委员会由孙莱祥、叶绍梁、熊庆年三位同志组成,孙莱祥教授为学术委员会主任。特此函报,以为备案"。叶绍梁为学校学科办公室主任,多年来一直是高等教育研究所的兼职研究员。引入本所编制外学者担任学术委员会成员,可算是一种制度创新,后来也就相沿为例。

经费保障是学科发展的基本条件。高等教育研究所建制独立后，日常经费改由财务处直接支给，但是实际经费切块时还是在本科教学经费的大盘中。2002年2月，王生洪校长主动问熊庆年："还需要什么支持？"于是，高等教育研究所向学校提交了《关于经费预算单列的请示》，强调："高教所作为一个半研究和教学、半服务的机构，有其特殊性，不能期望高教所像一般研究机构一样，完全靠科研项目经费来维持'生存'。近一二年来，校领导越来越多地要求高教所为学校改革发展服务，我们有一大半精力用在配合学校工作上，需要有起码的工作条件。学校'十五'规划决定发展高等教育学科，我们也急需改善基础设施。因此希望有稳定的业务经费来源，以保障工作的正常开展，更好地为学校服务。"王生洪校长在请示上批示："近年来，高教所除原定的高教研究任务以外，也积极为学校教育改革发展服务，做了不少工作。请祖康同志在经费上给予必要支持。同时，高教所要进一步为学校发展改革多作贡献。"主管财务的郑祖康副校长批："同意经费预算单列。"孙莱祥副校长批："按王校长、郑副校长批的意见，请财务处能拨款10万元经费，给高教所单列。"从此以后，高等教育研究所像所有二级单位一样，经费独立编制预算，经学校审核批准后执行。有了经费的基本保障，发展也有了更多底气。

党组织是高校基层组织治理结构中最重要的组成部分。高等教育研究所的中共党员最初都是教师，隶属教务处党支部。1998年起有了一名研究生党员。教务处党支部考虑到支部生活中有学生参与多有不便，未接受学生党员组织关系的转入。为此，经过研究生院学生工作处协调，将该生组织关系挂在哲学系研究生党支部。由于行政关系与党组织关系两属，高等教育研究所研究生党建工作受到很大影响。2000年新招研究生中有两名党员，合并老生共有三名，按党章规定可以成立支部。辅导员曾请示机关党总支并呈党委组织部,提出单独成立高等教育研究所研究生党支部,以落实研究生党建工作。后来经党委组织部和机关党委商议,决定高等教育研究所成立师生联合党支部。2001 年 3 月,中共高等教育研究所党支部成立,支部委员会由熊庆年、张晓鹏、林丽(硕士研究生)组成,熊庆年任书记,林丽任副书记。党支部的建立,不只是解决了研究生党建工作问题,更是解决了党组织在高等教育研究所发展中的核心作用问题。

健全管理制度之外,更重要的是壮大学术队伍,提升队伍能力水平。2000 年,在人事处支持下,面向社会公开招聘研究人员。2001 年 10 月,接收了浙江大学教育系比较教育专业 2001 届毕业博士刘凡丰。这是自 1998 年 8 月接收华东师范大学中国古代教育史专业毕业博士熊庆年之后的第二位毕业博士。自此之后,高等教育研究所招聘教师皆具有博士学历和学位。2003 年 8 月招聘了厦门大学高等教育研究中心毕业博士张慧洁,2004 年 4 月招聘了复旦大学经济学院毕业博士宋京,2004 年 5 月招聘了日本名古屋大学毕业博士丁妍。为了落实 2004 年 9 月 25 日党政联席会议关于恢复教育系的决定,组建教师队伍,高等教育研究所 2005 年 3 月请示主管副校长批准,改变以往人事管理归属公共服务体系系列的旧例,划入院系人事管理系列。当年 7 月招聘了华东师范大学毕业博士田凌晖、徐冬青、乐毅。新生力量的到来,大大提升了高等教育研究所师资专业化水平。同时,也鼓励原有中青年教师参加进修,有条件的在职攻读博士学位。熊庆年于 2000 年 8 月参加了教育部教育评估理论中青年骨干教师培训班。林荣日于 2002 年 9 月考上本校国际关系学院政治学理论专业博士研究生,在职攻读,2007 年 1 月获得法学博士学位。

除此之外,高等教育研究所还通过兼职方式聘请高端人才,加强队伍的学术引领。2000 年 6 月,聘请了复旦大学校友、上海市教育科学研究院院长胡瑞文为特约研究员。2002 年 3 月,学校批准聘请华东师范大学教育系袁振国教授为兼职教授。2002 年 10 月,学校批准聘请日本东京大学教育学部学部长金子元久教授为顾问教授。2005年3月,学校批准聘请香港中文大学香港教育研究所所长卢乃桂教授为顾问教授。高等教育研究所延续了过去的做法,继续建设兼职研究员队伍。

2001年2月,高等教育研究所吸收了新的兼职研究员或顾问。他们包括校内物理系倪光炯,化学系刘旦初,哲学系俞吾金,社会学系胡守钧、孙时进,经济系袁志刚,校办陈谦余,人事处沈兰芳,教务处万素珍、方家驹、郑方贤,研工部周志成,文科科研处周斌、周桂发,财务处林学雷,校史室龚向群等。并且在兼职研究员中吸收了数名担任硕士研究生兼职导师,如校内学科办的叶绍梁、研究生院的廖文武,校外上海市教育科学研究院的陈国良、张珏、沈百福、谢仁业等。

2003年3月,孙莱祥卸任副校长,但继续担任高等教育研究所所长。蔡达峰继任主管教学的副校长,分管高等教育研究所。他们协力推动高等教育研究所的发展,为教育学科的发展把舵。2006年2月24日,学校决定,孙莱祥不再担任高等教育研究所所长,由蔡达峰兼任高等教育研究所所长。

二、提高服务学校的能级

这一时期的发展,除高等教育研究所所长更替因素外,另外的重要因素便是复旦大学领导层的变动。1999年1月5日,教育部任命王生洪同志为复旦大学校长;中共教育部党组决定,秦绍德同志任中共复旦大学委员会书记。2000年4月,复旦大学与上海医科大学合并成立新的复旦大学。其时"211工程"一期已近尾声,"985工程"一期启动不久,改革和发展的任务特别繁重。王生洪校长到任当年,两次来到高等教育研究所,希望把服务学校的改革和发展放在重要的位置。高等教育研究所本来就是在服务学校改革和发展中诞生的,不过早期主要是服务于教育教学改革。王生洪校长期望更上一层,为学校领导在战略管理层面提供服务。这对高等教育研究所而言，是一个不小的挑战，又是一次难得的机遇。大家深知，有为才能有位，必须迎难而上。

服务提升从协助校领导重要文稿起草开始起步。1999 年 3 月，王生洪校长应邀参加教育部有关高教法实施的工作会议。熊庆年参加了校长发言稿起草会，和多位法学院教授共同讨论，在此基础上起草文稿，提出复旦大学关于实施高教法的建议。1999 年 5 月 25 日，《教育部关于实施〈中华人民共和国高等教育法〉若干问题的意见》正式出台，其中也有复旦大学的贡献。教育部直属高校工作咨询委员会每次会议都要求各校领导提供咨询意见，秦绍德书记和王生洪校长多次请高等教育研究所参与材料的准备或起草。

为学校重大改革助攻，也是提升服务能级、锻炼队伍的重要途径。1999 年下半年，学校领导班子决定进一步实施体制改革。高等教育研究所参加了体制改革调研小组，在调研小组会上，徐明稚副校长"希望高教所从更大范围来考虑，更加超脱一些"。在调查了国外大学相关规制和国内部分大学改革动向的基础上，高等教育研究所提出了体制改革的建议，供学校决策参考。2001 年初，两校合并后，培养模式如何确立，教学体系如何构建，创新人才培养如何上新台阶，成为学校改革的重要议题。学校决定组织一次全校性的教育思想大讨论。孙莱祥副校长兼所长多次部署，请老师们从教育学科的角度提出思路和方略。在这之后 8 年，每当学校有重大改革出台，都能看到高等教育研究所服务的影子。

在改革的助攻中，大家主动服务的意识在加强，前瞻能力在提升，专业水准在提高。2001 年 12 月 11 日，中国正式成为世界贸易组织（WTO）的第 143 个成员国，"入世"对各行各业的影响一时成为舆论的中心话题。高等教育研究所及时搜集有关 WTO 资料，深入分析了教育服务贸易发展的趋势以及对中国高等教育的影响。2002

年1月30日,学校党委中心组学习,熊庆年作了《与狼共舞——WTO与中国高等教育》的专题发言。2005年,社会上各种大学排行榜受到关注,高等教育研究所专门向校领导提供了大学排行榜的分析报告。12月21日,学校召开院长系主任会,王生洪校长指定熊庆年作《大学排行和我们的任务》的报告,使大家能够理性看排行。2006年3月,经教育部批准,复旦大学和上海交通大学率先在全国高校进行自主招生录取试点,被舆论认为是高校招生改革的"破冰之旅"。熊庆年、张晓鹏、乐毅主动在报纸上发表文章,阐释自主招生改革的意义,为人们释疑解惑,受到秦绍德书记的表扬。

为学校领导和管理部门提供教育改革发展的信息,这是高等教育研究所在初创时期就在做的。1999年,高等教育研究所开始编辑《高教探索快报》,更加注重发掘有战略价值的信息。2001年2月20日,王生洪校长与孙莱祥副校长兼所长商量,高等教育研究所要抓一流大学的信息追踪。这后来成为《高教探索快报》的重要内容。秦绍德书记曾经对熊庆年说,学校各部门的简报很多,看不过来,现在我只看三种:《高教探索快报》是其中之一。《复旦学报(社会科学版)》主编黄颂杰也夸奖说:"《高教探索快报》编得好,我很喜欢看。"在这个基础上,再发展为学校决策服务。学校的"十五""十一五"规划制定,高等教育研究所都参与其中。尤其是从2003年起,暑假和寒假的学校领导班子务虚会筹备都请高等教育研究所负责人参加,并列席务虚会。每次为务虚会准备专题材料,也使得高等教育研究所更加了解校领导的思考和意图,清楚学校改革的思路,服务更到位。

为职能部门提供专业支持,也是提升服务能力的一个方面。为学科规划部门提供学科数据分析,为教务部门提供教育改革的理论分析和优秀案例,为人事部门提供人力资源专题研究报告和新教师培训支持,为组织部门提供干部培训支持,为学生工作部门提供学生发展活动支持,为机关党委提供机关青年职员素养提升支持,等等。

可以说,扩大服务面是全方位的。这就形成了良性循环,学校领导和管理部门给高等教育研究所创造需求,高等教育研究所服务学校发展,也得到了自身发展的机会,得到了服务对象的各方面支持。高等教育研究所教师专业职称属于"高等教育管理"系列,2006 年以前,专业职务晋升和机关以及院系管理人员在一起。由于做教育研究与行政管理性质不同,专业标准不一,放在一起评审往往导致高等教育研究所职称晋升踏空。2006 年起,学校决定,高等教育研究所职务晋升计划单列,按学术标准衡量。此举大大缓解了晋升通道压力,激发了研究人员的积极性。与此相应的是,高等教育研究所也在 2006 年不再享受大机关待遇,岗位津贴和福利均与普通院系相同。

提升服务学校的覆盖面,教师们也不是没有顾虑。最核心的问题是如何处理好服务与学术研究的关系,如何把两者统一起来。实践证明,只要处理得当,服务学校的研究可以转换为高等教育的学术研究。另一个纠结便是,参与文稿起草如何避免成为领导秘书。2002 年,高等教育研究所曾两次向校领导建议,成立学校政策研究室。理由有二:其一,高等教育研究是一个专业,专业人员做专业的事,一般性的文稿应当由秘书部门处理,重要的、涉及高等教育理论和专业知识的文稿,高等教育研究人员可以参与起草;其二,高等教育研究所非机要部门,也非管理中枢部门,平时很难看到重要的政策文件,也不能参加正式的决策会议。学校领导接受了这个建议,2003年,成立了政策研究室。

三、提升学术研究的水准

世纪之交,中国高等教育正进入发展的快车道。一方面,1999年开始的连续扩招,使得高等教育规模快速扩张;另一方面,"211 工程""985 工程"先后启动。这给高等教育学科的发展带来了难得的机遇与挑战。

1999 年 6 月,在填报高校教育科研机构和学术团体调查表时,各位老师在研究方向栏中分别填了:大学与社会经济、高等教育管理、比较高等教育、学位与研究生教育、课程论、教育哲学、中国教育史、高等教育与社会经济发展、知识结构与创新、马克思主义关于人的全面发展的理论研究等。总的来看,不在一个层面上,而且比较散,多基于个人的兴趣和经验。这与全国的高等教育学学科处于初始的摸索阶段有关,也与研究队伍的构成有关。就复旦大学高等教育研究所而言,教师大多是非教育学科出身,即使有两名教育学门类研究生毕业,但也不是高等教育学学科的。如何凝练学科方向,显得尤为迫切。

1999 年 11 月,学校学科建设办公室发出了《关于做好三年行动计划学科建设计划专家论证工作的通知》。抓住这个时机,高等教育研究所做了认真的分析。对当时学科前沿的基本判断是:在我国,高等教育学作为一门独立学科,历史很短,虽然形成了较为完整的学科体系,但就整体而言,大体还处于前科学状态。不过经过十多年的努力,已经蓄积了相当大的研究力量,正在酝酿理论的突破。就高等教育管理研究方面来说,解决理论和实践"两张皮"的矛盾,是最突出的问题。怎样将实践经验上升到理论,理论研究怎样结合实践,引起了教师们的思考。

自我评估的结论是:"高等教育管理研究经过多年积累,有些方面处于国内先进水平。如高等教育教学评估,孙莱祥教授作为国家教委综合大学本科教学工作评价课题组组长,一直领导并参与了综合大学本科教学工作评价方案的制订,并作为专家组成员参加了教育部组织的综合性大学教学工作评估,形成了自己的理论思路,组织构建了具有本国特色的评价指标体系,得到了学术界的肯定,并为国家高等教育行政管理部门所接受,推行采用。杜作润教授在高等教育学和高等教育管理系方面已发表不少论文,从理论和实践方面提出了一些独到的见解,引起了同行的瞩目,论文经常被研究者引用,并连续两届被选为全国高等教育管理学会的理事。兼职研究员陈建新,作为教育部教学评估专家组牵头人,长期参与教学评估的应用实践,积累了丰富的经验,在研究生专业课程教学中,起到了良好的实践指导作用。在高等教育宏观管理、学校管理研究方面,我们也具有了一定的实力。强连庆教授、杜作润教授曾在国内外发表了不少有关论文和著作,产生了一定的影响。杜作润教授的专著《大学论》即将由四川人民出版社出版,由该书衍生的各篇论文发表后,已被人大复印报刊资料转载。周洪林副教授对研究型大学如何开展创新教育,进行了长期专题研究。他在国内第一个提出知识老化与创新界定理论,其文章发表后,被报刊广为转载。他的一系列论文和著作,都产生了一定的社会影响。当然从高等教育管理研究的总体水平讲,我们的特色还不明显,理论水准还不很高,在同行中影响力还不很大,处于二流行列。"

在对内外环境扫描的基础上,高等教育研究所学科建设实施计划书提出:"争取三年内把我所的高等教育学科建设成为有鲜明特色的、在上海乃至国内高等教育研究学术界有一定影响的、接近或达到国内高校高教研究机构一流研究水准的学科。争取申请成功高等教育学专业博士点。"具体建设内容提出了 11 项,主要包括:适当集中力量,加强主攻方向,突出比较高等教育和高等教育管理两个研究方向,形成优势,强化特色;以研究生教学为基点,争取三年内编写出三至四部高等教育学专业硕士专业课程教科书或教学参考书,把我们的研究生教育提高到一个新的水平;三年内组织撰写二至三部有一定理论深度的专论著作,在高等教育理论建设方面发挥更大的作用;对若干所世界著名大学的教学管理、课程建设进行实证性研究,力求在这方面达到国内领先水平,并对国内特别是本校教学改革的实践产生实际影响;加大国际学术交流的力度,建立起交流的网络,开展更多的国际合作研究,提高本所的国际知名度;争取一至二项部级以上科研项目,积极参与地方项目和学校项目,使研究工作紧密联系实际,发挥更好的社会效益。预期通过三年的建设,基础设施大体完备,研究人员学历和知识结构趋于合理,队伍形成梯队,信息化工作环境初具规模,科研经费渠道多元,资源基本满足需求,学术影响力提高,出版一批有较高质量的学术著作和教材。

这个计划不只影响了三年,实际上之后近十年大致都是往主攻方向走的,主要聚焦高等教育管理方向。这也与提高服务学校能级密切相关,把服务学校的研究与学术研究结合起来。高等教育学学科究竟应当理论导向还是问题导向,在国内学术界有过讨论。几个走在前端的大学高等教育研究机构也在两个导向之间摇摆,现实改革的迫切需求决定了更多地偏向了问题导向。复旦大学高等教育研究所也不例外,主要力量还是集中在改革实践中的前沿问题研究上,如人才培养模式改革、课程改革、高考招生改革、推进通识教育、扩大高校办学自主权、教育服务贸易、教育教学评价等。

凝练了学科发展方向,鼓励争取纵向课题便成了不言而喻的方略。高等教育研究所积极派员参加年度的全国教育科学规划工作会议,支持教师参加各种学术会议,了解学术前沿动态,把握纵向课题申请的走向。另一方面,学校也给予了各方面的激励政策。从2000年到2009年,高等教育研究所共申请到国家社会科学基金项目、教育部规划课题、上海市教育规划课题以及其他省部级项目共31项。同时,横向课题也获得7项。这些项目的申报、立项和实施,客观上促进了学术研究质量的提升。出版的成果最能显示研究的状况。据统计,2000—2009十年间出版专著、译著、编著、合著15部,发表中文学术论文245篇,其中发表在CSSCI期刊论文108篇,北大核心期刊136篇,被人大复印报刊资料全文转载40篇。另外,还发表外文期刊论文8篇。与1999年以前的情况相比,在学术研究质量方面可以说是有一个飞跃。

四、扩大人才培养覆盖面

高等教育研究所1996年申请高等教育学硕士点获批后,1997年即开始招生,因为来不及进行招生宣传,便从报考社会学的学生中调剂了一名。这位学生名叫韩敏,原本报考社会学系朱国宏教授,因名额有限未能录取。朱国宏是高等教育研究所的兼职研究员,他知晓高等教育学硕士点开始招生,便推荐其来高等教育研究所申请。经面试得到批准后,他成为了高等教育研究所第一位硕士研究生。

高等教育学硕士点建立后,招生名额一直是3名。1998年和2000年根据实际情况,分别招收了5名和7名。之后报考的学生越来越多,连续几年超过40名,达到分数线的有10多名。而且社会需求非常旺盛,就业情况很好。上海市一些高校来联系,希望给他们输送研究生。2000年,复旦大学高等教育研究所与上海教育科学院高等教育研究所建立了协作关系,其中一项内容便是共同培养研究生。同时,高等教育学专业研究生的研究方向之一是研究生教育,本校的研究生教育研究中心也期望与高等教育研究所共同培养。在这种情况下,高等教育研究所2001年向研究生院提出增加招生名额的申请,获得批准,名额增加到每年6名。2005年后年度招生增加到10名以上,2009年更达到了20名。

增加名额这只是从招生和社会需求考虑,而从学科发展的角度来看,学位授权点的增加更有必要。从学位等级上,一级学科硕士学位授予权的获得,要求至少有三个二级学科的学位授权点。如果只有高等教育学一个二级学位授权点,就难以提升学位授予权的等级。而学位授予权等级的提升意味着人才培养的幅面、能力和水平的提升。这对一个学术机构的学科发展来说,是十分重要的。2002年,考虑到教育学科的未来发展,高等教育研究所把新学位点的争取作为学科发展新布局来抓。2003 年,申请成功增列教育经济与管理专业的硕士学位授权点;2005 年,申请成功增列课程与教学论硕士学位授权点,从而学位点形成了三足鼎立的格局。2005 年,复旦大学医学院设立医学教育研究硕士专业,培养挂靠在高等教育研究所的高等教育学专业之下,实现了跨学科合作培养。

人们常说,学术研究要反哺人才培养,其实人才培养也可以反哺学术研究。它们相互作用,相互促进。学位授权点的增加使高等教育研究所人才培养规模扩大、类型多样,满足社会需求的能力增强。同样也使学术研究不断延展、产出丰富。研究生本身也是学术生产力的重要组成部分,规模扩大使导师的一些项目得到人力的支持。教学相长,高等教育研究所在这一时期学术研究水准的提升,不能不说与研究生教育规模扩大有关。

除了增加硕士授权点,高等教育研究所还抓住各种机会来满足社会需求。2008 年 6 月,国务院学位办发出《关于 2008 年招收在职人员攻读硕士学位工作的通知》,招生类别包括教育硕士(Ed.M),招生对象包括高等学校教师。这类硕士研究生学成之后只获得学位证,俗称单证在职研究生。高等教育研究所获得批准招生,办了一个单证班,共招收了 12 名各地高等学校在职专业教师和行政管理人员。遗憾的是,国务院学位办 2009 年把单证在职研究生培养名额投放转向西部地区,东部高等学校的研究生培养单位不再招收单证在职研究生。2008 年招收的单证在职研究生也就是高等教育研究所唯一的一届了。

招收研究生课程班,是高等教育研究所扩大人才培养覆盖面的另一渠道。2002 年上海市教育科学研究院高等教育研究所希望与复旦大学合作办课程班,它们曾经做过本市的调查,需求很大。上海市学位办经过审核,公布了复旦大学高等教育研究所与上海教育科学研究院高等教育研究所合作办班的备案。但是由于各方面因素影响,最后还是由复旦大学高等教育研究所单独实施办课程班的计划。

课程班总共办了五年,结业人员近百人。值得一提的是,参加课程班的学员往往都是各教育机构的管理骨干,利用周末、寒暑假坚持参加学习,没有对知识的渴求是做不到的。以 2009 届结业的两个班为例,27 名学员中,五十年代出生的 2 人,最大的 55 岁;六十年代出生的 13 名,加起来 40 岁以上的占了一半多,而结业率达到 90%,非常不容易。这对高等教育研究所的老师们而言,也是一种激励。

2007 年,高等教育研究所应教务处之请,当年秋季开始为本科生开设教育学第二专业。连续开设了五年,有些同学日后成为高等教育研究所硕士研究生的生源。

2004 年底,上海市教委推出了"上海市普教系统名校长名师培养工程"。2005 年 2 月 5 日,蔡达峰副校长转告教委领导意见,希望复旦大学参加上海市的名校长名师工程计划竞标。高等教育研究所做了系统的准备,除了精心设计了课程方案,还联系了英国牛津大学教育系、美国密西根大学教育学院、中国香港大学教育学院等名校参与。可惜因为其他因素的干扰,最终未能竞标成功。

五、酝酿学科组织的升级

发展教育学科,寻找新的学科生长点,是高等教育教育研究所很早就在讨论的议题。2001 年 9 月 4 日所务会就提出,做一个 5 年发展成教育学院的规划。如果说这还是一个朦胧的愿景的话,那么王生洪校长的思考便把这个愿景坐实了。王生洪校长一次私下聊起,现在师范院校在高考招生中难以录取到一流生源,也就很难培养一流的师资,这对国家和社会培养人才不利。复旦大学作为顶尖大学,有好的生源,应当担负起为基础教育培养一流师资的责任。王生洪校长曾经担任过上海市人民政府教育卫生办公室主任、中共上海市教育卫生工作委员会党委副书记,对整个教育系统有全面的了解,应当服务于整个教育系统的发展是他始终不变的情怀。他的思虑与国家教育行政部门的领导不谋而合。

2001 年 12 月 11 日,全国人大常委会副委员长、农工民主党中央主席蒋正华来复旦大学视察,他是人口学家。王生洪校长请文科处处长周斌、人口所所长彭希哲、高等教育研究所副所长熊庆年参加汇报,并提出了一个设想,请蒋正华教授挂帅,整合社会学、人口学、教育学学科,在复旦成立人类和社会发展学院。王生洪校长告诉蒋正华教授,上海市教委希望复旦大学能培养培训校长。蒋正华指出:确实需要很好地研究面向 21 世纪决定人类生活发展的政策,要瞄准牵涉到国家重大利益的问题开展研究;要有大的目标,整合学科。谈到教育学科,他提出要有特色,不要与师范类同,要推动学科交叉,请最好的人做一流的工作。尽管这个设想没有能够落地,但是王生洪校长发展教育学科的想法没有放弃。

2003 年 3 月 2 日至 3 日,教育部师范教育司在北京召开"教师教育改革与发展研讨会"。邀请了北京大学闵维方和陈学飞、中国人民大学纪宝成、北京师范大学钟秉林和顾明远、华东师范大学王建磐、东北师范大学史宁中和王荣顺、华中师范大学谷士文、陕西师范大学赵世超、西南师范大学宋乃庆、首都师范大学谢维和和许祥源、南京师范大学宋永忠、湖南师范大学刘湘溶、华南师范大学颜泽贤、天津师范大学沈德立、扬州大学郭荣、南京大学高教所龚放、厦门大学高教所刘海峰、中山大学高教所郑永廷、复旦大学高教所熊庆年、浙江大学教育学院田正平等参加。会议围绕袁贵仁副部长在教育部直属师范大学书记、校长咨询会上提出的教师教育改革发展若干问题进行专题研讨。之所以在师范大学领导之外还请了一些综合性大学的领导和高等教育研究所负责人参加,实质上就是想探索高水平综合性大学参与教师教育的路径。

事实上,一些高水平大学已经在行动。继 2000 年北京大学成立教育学院、华中科技大学成立教育科学研究院之后,中山大学、武汉大学成立了教育科学学院,南京大学成立了教育科学与管理系,清华大学等学校也在酝酿成立教育科学研究院。

在这种背景下,筹备成立教育学院就提上了复旦大学主要领导的工作议程。考虑到高等教育研究所学科力量短时期难有大增长,最初曾经设想与上海市教育科学研究院合作。2003 年 7 月 17 日,秦绍德书记、王生洪校长约请上海市教育科学研究院院长胡瑞文、副院长顾冷沅来商谈共建教育学院事宜。两位院领导都是 20 世纪 60 年代复旦大学本科毕业的,对母校的提议给予了积极的响应。双方约定,先分别制订一个方案,再作协商。遗憾的是,由于各方面的掣制,上海市教育科学研究院的方案未能提出,共建想法落空。

2004 年 4 月,根据校领导意图,蔡达峰副校长嘱高等教育研究所草拟新的方案,并作讨论。草案《关于教育学院筹建的若干建议》提出,以我为主,先不搞"共建",依靠本校的力量搭建框架;突出重点,即先争取把教育专业硕士教育单位办成;分步建设,即系、所设置不求一步到位,边建边设……

2004 年 7 月 13 日,学校党委在青浦召开扩大会议,王生洪校长特地找熊庆年谈教育学院筹备事宜。2004 年 9 月 10 日,高等教育研究所再次提交了《关于建议尽快筹备成立教育学院的报告》,建议:"立即成立复旦大学教育学院筹备小组,面向海内外招聘院长和学科带头人,搭建教育学院组织框架,争取在 2005 年成立教育学院。"基本目标是:"小规模——重点发展三四个学科方向,教职工人数不超过 50 人,学生人数不超过 200 人;高层次——主要开展研究生以上层次教育,通过高层次(硕士以上)应用型人才以及少量学术性人才的培养,为高级中学、教育行政部门、社会教育机构以及科研单位提供优质人力资源;重应用——通过高中基础课程研究、教育公共事业管理、学校经营与管理等应用性研究,为学校、政府和社会提供思想资源、智力和知识支持;国际化——与国际知名的教育学院开展合作培养与合作研究,在广阔的背景上推进教育与研究。"

2004年9月25日下午的校长办公会议(党政联席会议),熊庆年汇报了教育学院筹备方案。王生洪校长发言重申了建教育学院的意义,各位校领导就筹备方案进行了深入的讨论。最后形成决议,先恢复教育系。2004年11月1日,蔡达峰副校长主持了教育系筹备会第一次会议,参加会议的有高等教育研究所所长孙莱祥、研究生院常务副院长顾云深、高等教育研究所副所长熊庆年。会议着重讨论了教育系的发展定位、学科结构和组织框架问题,对原教育学院方案的设计作了具体、细致的分析,进一步明确了发展教育学科的思路。大家认为,从长远看,还是提办教育学院或是教育科学院为好。这样一则与本校的组织架构体系相吻合,二则符合本校教育学科发展的性质。因为这个组织是专业研究生院性质的,而不是以培养本科生为基础的系。同时,成立学院也有利于吸引高端人才。

2004年12月29日,蔡达峰副校长指示,在教育系筹备会第一次会议讨论的基础上做新的论证报告。2005年1月13日,筹备小组向学校提交了《关于教育学科发展若干问题的意见》。关于发展模式和功能定位,提出根据综合性大学办教育学院的世界性趋势,我们宜选择高层次、研究与培训结合的模式;以领导型人才培养为目标,构建面向教育实践的高级专业教育功能系统;以教育现实问题研究为中心,构建面向社会应用的科学研究功能系统。关于行动策略,提出以开办教育专业硕士(Ed.M)为抓手,研究和培养两翼伸展,快速突进,构建教育学科基础平台;以学院组织框架组建更有利于教育学科的健康发展。建议组成正式筹建班子,制订计划,落实任务;抓住时机,着眼基础,积聚人才,迅速起步;趁百年校庆之机,恢复教育学科。

2005年逢复旦大学百年大庆,各项活动和任务繁多,学校领导班子几乎无暇来讨论教育学院筹建方案。但有关的工作并没有放下。申请新硕士学位点,招聘新教师,都在推进。田凌晖、徐冬青、乐毅3位毕业于华东师范大学的博士招聘入职,正是在教育学院筹建的背景下实施的。他们分别是教育管理专业、教育学原理专业、课程与教学论专业,契合建设教育学院新学科布局的需要。2005年7月15日在党委扩大会的间隙,社会发展与公共政策学院院长彭希哲曾建议让高等教育研究所加入他们学院以发展教育学科。王生洪校长斟酌再三,认为还是成立单独的教育学院为好。

2006年7月4日,学校党政领导班子务虚会,下午专题讨论教育学科发展问题。高等教育研究所向会议提交了《关于发展教育学科的几点意见》。蔡达峰副校长发言作了具体的阐述。秦绍德书记、王生洪校长、王卫平常务副校长都表态同意成立教育学院,学科办主任叶绍梁、研究生院常务副院长顾云深也发言表示支持。根据务虚会的精神,9月20日,高等教育研究所上报了《关于筹建教育学院的请示》以及《复旦大学教育学院筹建计划》。11月1日请示经机关各职能部门会签完毕,11月5日计划修改后提请学校机构领导小组审议。12月2日根据审议意见,再次修订教育学院建院方案上报。

学校党政领导班子在经过多次讨论后,2007年9月12日,经校长办公会议(党政联席会议)审议,决定成立复旦大学教育学院筹备小组。组长由蔡达峰副校长担任,成员包括:校长助理丁光宏、学科建设办公室主任叶绍梁、研究生院常务副院长顾云深、人事处处长周志成、高等教育研究所副所长熊庆年,熊庆年为秘书长。[①]

2007年10月到12月,筹建小组举行了4次会议,商讨具体事宜。王生洪校长出席了2次。校长助理丁光宏和熊庆年以及校长办公室秘书张端鸿密集地联络、拜访国内外著名专家,请他们为复旦大学建教育学院出谋划策。

2008年1月5日,学校举行了教育学院筹建专家咨询会,到会的

---

① 复旦大学校长办公室:《关于成立复旦大学教育学院筹备小组的通知》(校通字〔2007〕33号),2007年9月14日。

专家有中国教育学会会长顾明远、中国教育学会常务副会长谈松华、中国教育学会副会长叶澜、香港中文大学香港教育研究所所长卢乃桂、著名教育家于漪（复旦大学教育学系 1951 届毕业生）。秦绍德书记、王生洪校长、蔡达峰副校长、丁光宏校长助理和筹备小组成员叶绍梁、顾云深、熊庆年、周志成，以及教务处处长陆靖、文科科研处处长方晶刚、研究室主任刘承功、党委办公室主任周亚、校长办公室主任刘季平参加了会议。上海市教委副主任张民选参加了部分活动。专家们在听取蔡达峰副校长关于筹建教育学院的设想后，畅所欲言地发表了意见，提出了不少非常有价值的建议。

　　这次咨询会后，筹备小组吸收专家的意见修改了建设方案，除继续向未能到会的专家如中央教育科学研究所所长袁振国、华东师范大学教育学院院长丁钢等征求意见和建议，开始积极物色院长和学科带头人的人选。学校主要领导考虑，教育学院要办就要高起点，请一流的学者来担纲。院长人选起初经学者引荐，考虑了香港大学原副校长程介明教授，他是国际知名的教育政策学者、香港大学教育学院首席教授、香港特别行政区政府师训与师资咨询委员会主席。程介明教授有兴趣来担纲，2008 年 3 月 2 日专程来到复旦大学，作了《世界教育发展和研究趋势》的报告，王生洪校长与他进行了恳谈。不过，程教授在香港大学还有其他兼职，表示难以全职来复旦大学工作，他推荐了几位具有国际背景的人选作为执行院长。6 月 13 日，程介明教授再次来复旦大学，与筹备小组共同考察面试执行院长以及学科带头人候选人。遗憾的是筹备小组与执行院长候选人就一些具体问题未能达成共识，这个方案不得不搁置。之后又考虑了加拿大籍国际著名比较教育及高等教育学家许美德（Ruth Hayhoe）教授，她曾经在 1980 年到 1982 年以外籍专家身份在复旦大学专门讲授西方文学与新闻写作，对复旦大学有深厚的感情，她担任过香港教育学院院长，是加拿大多伦多大学安大略教育研究院资深教授。2008 年 9 月 24 日许美德教授来复旦大学,王生洪校长、蔡达峰副校长、丁光宏校长助理分别与许美德教授会面。她十分支持复旦大学筹办教育学院,也很愿意来领衔,但是由于她丈夫年事已高,每年能够离开加拿大的时间十分有限,无法全时或半时来复旦大学工作。她试探是否可能通过聘请院长助理代行职责,但在人选上亦遇到困难。2008 年 11 月份,筹备组又试探了邀请中央教育科学研究所所长袁振国来兼任复旦大学教育学院院长的可能性,袁振国教授非常乐意,他本来就是复旦大学的兼职教授。

2009 年 1 月 14 日王生洪校长卸任,杨玉良校长接任。2009 年 2 月 15 日,校长助理丁光宏赴京拜会了袁振国教授,商议了合作的具体方案。2009 年 2 月 27 日,秦绍德书记利用赴京参会间隙,会见了袁振国教授。遗憾的是,复旦大学与中央教育科学研究所合作的提议最终没有得到教育部领导的批准。2009 年 4 月程介明教授推荐邬健冰博士来复旦大学谈合作的可能性。邬健冰博士曾出任《哈佛教育评论》的编辑、世界银行首席教育专家。2009 年 4 月 27 日,杨玉良校长本计划与邬博士会面,因公务原因未能出席,临时请校长助理丁光宏代为接待。秦绍德书记与邬博士共进了午餐。

不久,国家出台了一系列关于人才积聚的新政策,高等学校之间的竞争日益激烈。校长提出了"有所为有所不为"的新思路,发展的战略重心发生变化,教育学院筹建计划被搁置。尽管教育学的学科组织升级没有实现,但是这一过程却为学科发展作了一次全方位的扫描和审察,积蓄了学术力量,客观上为之后的发展提供了思想基础和队伍条件。

第三节　蓄势赋能(2008—2019)

2008 年 11 月,蔡达峰副校长不再兼任所长,由熊庆年接任,结束了高等教育研究所成立以来的传统领导体制。2009年上半年,教育学院筹建被搁置后,未久,高等教育研究所不再属于大机关,党的组织关系划归社会与公共政策学院党委。无形之中,高等教育研究所的组织功能形态也在发生变化,进入了一个新时期。

一、提升组织制度化水平

高等教育研究所所长变更之时,教育学院的筹建还在进行之中,成为更为专业化的学科组织事实上已经开始了。两个方面的因素,促使高等教育研究所把制度建设摆在了重要位置。一是在推进现代大学制度建设的大环境中,学校的各种制度建设在加强,要求二级单位与之相匹配;二是作为专业的学术机构,在组织规模扩大之时,需要有科学的治理,以保障学术权力的正确行使。校领导不再兼任所长,客观上也促进了制度建设的加快。

2009年初,先是成立教学工作指导委员会和新的学术委员会。教学工作指导委员会由所长、各学科组负责人和1名教师代表组成,教师代表由全所教师推选产生。委员会主任由所长兼任,委员会秘书由教学秘书兼任。根据当时的实际状况,学术委员会采取了聘任的方式,由所长聘请具有正高级专业职称的本所在编教师或本所兼职研究生导师担任。当时聘请了叶绍梁、林荣日担任委员,所长兼主任。

2009年9月,在听取师生意见的基础上,高等教育研究所颁布了《学术委员会工作规程(试行)》《教学工作指导委员会工作规程》《所长助理条例》《关于教学工作的规定》《关于学术工作的规定》《关于行政事务的规定》。10月,又把这几个制度文本和学校有关的24项规定汇编成《复旦大学高等教育研究所教师手册》。与此同时,对研究生培养工作也制定了若干规范,把它们与学校的规范汇编成《复旦大学高等教育研究所学生手册》。两个手册的编成,使全所师生能够明确职责和要求、义务和权利,保障了组织的顺畅运行。

随着改革的深入和实践的检验,高等教育研究所的制度不断完善。2012年9月,根据实际需要,学术委员会开始引入所外委员的制度。除本所在编正高外,还聘请本校其他学科的教授作为学术委员会委员,尤其是在管理岗位上担任过一定职务、对高等教育研究有实践经验、熟悉高等教育研究所情况的教授。比如曾任复旦大学常务副校长的医学教育专家王卫平、时任复旦大学主管教学副校长的陆昉、时任复旦大学上海医学院副院长兼医学教育研究室主任的鲁映青、时任复旦大学教务处处长的徐雷、校学术委员会委员及校规划委员会委员陈家宽等。学术委员会委员同时又是高级职务晋升评审委员会的委员。根据学校人事制度改革的要求,增设了教授委员会,教授委员会成员为高等教育研究所全体正高职研究生导师,同时吸收了兼职导师如本校的叶绍梁、廖文武、王颖,校外的沈百福、谢仁业、张珏。教授委员会主要履行高级职务晋升时对业务水平的认定。

2009年6月5日,高等教育研究所决定按学科点划分,成立"高等教育学""教育经济与管理""课程与教学论"三个学科组,以加强学科建设,提高人才培养质量,凝聚科学研究方向。学科组的基本功能是,研究制订并实施学科发展规划;制订相应专业的人才培养方案和教学计划,审定课程教学大纲,安排协调专业课程;组成研究生论文指导小组并实施研究生论文的开题和初审;组织学术研究团队,开展研究协作。每位在编教师自愿申请选择学科组归属,一旦确定三年不变。导师一般情况下只限在本学科的专业中指导研究生。所外兼职导师可根据专长统筹调配。每个学科组每年民主推选一位召集人,负责订立学科组工作计划,组织学科组活动。

2010年修订的《中国共产党普通高等学校基层组织工作条例》提出了学院实行党政联席会议制度。高等教育研究所作为学校二级单位规模太小,无法像一般院系那样建立党政联席会议制度。于是开始探索所务联席会议制度,吸纳教授委员会在编委员、中共党支部委员参加重要事务的议决。如有需要,也请所长助理、研工组长列席会议。2014 年,高等教育研究所的党组织关系由机关党委划归社会与公共政策学院党委,由于组织运行不对称,仍然难以实行党政联席会议制度。高等教育研究所修订了《高等教育研究所所务联席会议制度(试行)》,以规范和完善重大问题的议事规则和程序,促进民主管理、科学管理,有效实施群众监督。所务联席会议审议事项包括:中长期发展规划、年度计划、学期工作计划;组织发展与岗位设置;年度经费预算和决算报告、财务制度、万元以上大额资金使用;教职工聘用、长期出国和培训人选、考核和奖励办法;以及所长认为有必要审议的其他重要事项。会议原则上每 2 个月召开一次。若有紧急事宜,也可临时召开。

2017 年高等教育研究所对《教师手册》作了修订和补充,除对之前制订的制度作必要的修订,还增加了《教授委员会工作规程》《兼职导师聘任规定》《兼职研究人员聘任规定》3 项制度。另外,每年还会根据学校人事处的要求,制定当年《复旦大学高等教育研究所岗位聘任实施细则》。通过这些努力,基本确立起了规范的制度体系。

二、转换服务学校的方式

自从副校长不再兼任高等教育研究所所长后,学校领导与研究所之间以往那种紧密的关系渐渐衰减,领导层决策和意图的信息管道难以直通了。尤其是 2011 年秋主管教学的副校长分管高等教育研究所改成主管文科的副校长分管高等教育研究所之后,信息直通管道就完全中断了。高等教育研究所所长最后一次列席领导班子务虚会,是 2011 年 7 月 7 日。此后也再没有要求高等教育研究所为务虚会准备材料。这有点儿像胎儿剪断了脐带,需要它自主去获取养料了。但是,这并没有改变高等教育研究所服务学校改革和发展的功能和使命,国内一些大学撤销同类机构的现实告诉我们,服务是它存在的价值基础之一。这未尝不是一件好事,因为过度地依赖特殊管道,会弱化其独立思考和自主行动的能力。高等教育研究所清醒地认识到:第一,必须转换思维和视角、改变服务学校的方式;第二,不仅不能放弃服务、削弱服务,而且还要提高服务的水平和质量。

首先,改变响应校领导要求的方式。2011 年 9 月 16 日,林尚立副校长来高等教育研究所,在听取所长的汇报后明确指出:高等教育研究所外延不会扩大,但仍然是学校的重要部门,要注重内涵发展,定位以服务学校发展为主,在此基础上再考虑研究政策问题。服务学校重点在两块,一是教学,二是科研;在教学方面,当前要重点关注通识教育,如何建构完善体系,进行跟进研究,挖掘关于学生的数据,立足于很好的实验,关键是拿出好的想法;在科研方面,当前要重点关注学科建设,跟踪一级学科,建立评估体系,采集分析数据,与学科办合作定期发布,并提出建议。高等教育研究所没有像以前那样用布置任务的方式安排,而是决定组建通识教育研究工作室、学科评估研究工作室,以适应组织重新定位的要求,配置好人力资源,顺利完成学校领导交给的任务。2011 年 9 月 21 日《关于组建两个工作室的通知》规定:工作室主任通过竞聘方式产生,不受学位、职称、资历限制,凡本所在编教师均可参加竞聘。除编辑部、办公室人员外,本所其他教师均应选择加入其中一个工作室,并承担所在工作室的研究任务。研究室主任人选确定之后,教师自愿选择加入其中一个工作室。10 月中旬,通过外部专家评估和全所教师民主协商推举,由张晓鹏担任通识教育研究工作室主任,徐冬青担任学科评估研究室主任。

其次,采用项目制方式开展研究。2012 年,复旦大学新一届教学指导委员会成立,原常务副校长王卫平担任了主任。他计划启动全校性本科生教育问卷调查,请高等教育研究所来牵头完成。计划实施采取了项目立项的方式,划拨专项经费,取得了很好的成效,把高等教育研究所的师生都调动起来了。同年,与规划处的合作也是如此,规划处提出若干课题公开招标,高等教育研究所的教师自主应标并实施项目。这种方式逐渐成为高等教育研究所提供服务的主要方式之一。

再次,与职能部门建立协同机制。以往由于副校长兼所长,也由于体制上属于大机关,与机关职能部门的联系非常紧密,沟通、协作比较顺畅。体制发展变化后的一段时期,党组织关系还隶属机关党委,与机关联系的这个渠道贯通,也好协同。2014 年党组织关系隶属变动以后,沟通、协同就难得多。实际上,高等教育研究所所长很早就意识到体制变化可能带来的负向影响,2010 年 3 月 17 日决定开始实行学术午餐会制度,主动出击,与机关部门联络,沟通信息,了解需求。到 2019 年底,有记载的午餐会就达 15 次,还有未记录的机关部门办的午餐会,涉及机关部门有党委办公室、教务处、研究生院、规划处、学科办、文科处、信息办、学工部、就业指导中心等。甚至有的二级学院也用这种方式与高等教育研究所开展协同。这个机制使高等教育研究所服务学校实现了从"等米下锅"到"找米下锅"的转变。

三、拓展升级研究生教育

这一时期,高等教育研究所研究生教育整体上了一个新台阶。首先体现在申请成功硕士学位授权一级学科点。按照政策规定,有了一级学科授权点,就能自主设置二级学科的专业点,这对一个学校的学科发展来说,具有重要意义。高等教育研究所实际上在 2005 年就曾经尝试过申请,但未能如愿,主要原因还是实力不足。那时二级学科硕士学位授权点只有高等教育学和教育经济与管理 2 个,而且后者才刚刚设立一年多。到 2010 年,情况大大改观。硕士研究生累计招生数已过百,毕业并获得硕士学位的 80 多人。并且 2008 年在教育部学位与研究生教育中心第二轮一级学科评估中综合排名第十七,在"硕士二级"类别中,排名第二,已经形成了一定的特色。这次申报,确立了高等教育管理、教育经济与管理、比较课程论、研究生教育和大学发展研究、高等医学教育五个方向,熊庆年、林荣日、张晓鹏、叶绍梁、鲁映青分别作为学科带头人,重新在系统上整合了课程资源,优化了体系。申请成功是一次很好的组织激励。一级学科学位授权点的申请过程,实际上也是学科再凝练的过程,重新审视了以往的发展,总结了经验,调整了布局,梳理了队伍,规划了未来。

与此同时,高等教育研究所也再次申请了教育硕士专业学位授予权。其实几年前也申请过,但是那时教育硕士被认为是师范类院校的专属,没有获得批准。而 2010 年的申请,得益于新政策出台。2009 年,教育部决定增招硕士研究生,全部用于招收应届本科毕业生全日制攻读硕士专业学位,改变了过去硕士专业学位研究生教育一般不招收应届毕业生并以在职攻读学位为主的局面,专业学位进入了研究生教育主渠道。2010 年,教育部下发《关于批准有关高等学校开展专业学位研究生教育综合改革试点工作的通知》,批准 64 所高校开展试点,复旦大学也在其列,而且可以自主审核设置授权点。当年,高等教育研究所向学校提出了教育硕士专业学位授予权申请。初始方案是定位在培养未来中等学校的领导者和学科带头人,专业方向两个:一是教育管理方向,主要招收在职中学管理干部或骨干教师,目标是培养高素质的校长;二是学科教育方向,招收复旦大学各学科专业的本科生,采取 4+2 方式培养,目标是培养未来中学教育骨干。基本定位是小规模、精品化、特色化。申请获得批准,不过,按全国教育硕士专业学位教学指导委员会当时的规定,这一批(第七批)获得授予权的教育硕士点不得招收在职人员,只能招收应届本科生。这样一来,事实上只能有学科教育方向。

申请设置教育经济与管理专业博士学位点,是这一时期研究生教育迈出的最大步伐。这个想法酝酿多年,囿于自身对学科实力的判断,以及学位授予点审核的政策规定要求,一直很犹豫。申请哪个学科,就是个难题。论历史和队伍、成果的现状,显然是高等教育学二级学科最合适,但是复旦大学没有教育学一级学科博士学位点授予权,必须直接向国务院学位办去申请,难度非常大,短期内实现的可能性非常小。如果利用 2002 年国家学位办公室 84 号文件赋予复旦大学博士学位授权一级学科范围内自主设置学科、专业的权力,在公共管理一级学科下申请教育经济与管理二级学科博士学位授权点,那么,教育学科发展的方向、战略、思路都得作大调整。权衡利弊,思虑再三,觉得还是先跨上博士授权点这个台阶更有益于长远发展,遂决定向学校申请教育经济与管理学科博士学位授权点。为此,高等教育研究所专门做了《2009—2020 学科建设规划》,提出以问题为线索,向教育经济与财政、教育组织与领导、教育质量与评价三个方向凝聚;构筑开放平台,吸纳多学科力量攻关,体现综合性研究的优势;变革学科范式,大力推行田野研究,在范式转变中占有先机。2009 年 6 月,第一次尝试向学校学位办提交了教育经济与管理专业博士学位授权点的申请,尽管未获得批准,但是明确了前进的方向,加大了能力建设的力度。经过数年努力,2012 年申请终于获得通过。

四、队伍建设专业化提升

队伍建设是学术机构的基础工程,高等教育研究所从来没有放松。但是,在教育学院筹建搁置以后,尤其高等教育研究所管理体制发生变化以后,质疑其定位乃至存在价值的声音增加。直接的影响就是,高等教育研究所申请招聘新人屡屡得不到学校人事处回应。随着一些教师退休或接近退休,补充人员的要求越来越迫切。经过不懈地与主管校领导和人事处的沟通,2013 年终于重启了教师招聘,陆一的招聘得以通过。招聘中实施了更加严格的学术委员会集体面试程序,日后也成为定制。2014 年,李会春、牛新春的招聘先后获得通过。牛新春作为正高招聘进所,这也是新开创。

职务晋升是促进教师发展的重要动力。2012 年 4 月高等教育研究所向人事处申请独立组织专业技术职务晋升评审,获得批准,彻底摆脱了过去混在机关和管理人员中评定职称的尴尬局面。然而,在执行学校一般晋升标准的同时,如何确立符合本所实际的标准,至关重要。2012 年 10 月,所教授委员会经过充分讨论,制定了《复旦大学高等教育研究所高级职称学术评价体系》,明确"复旦大学高等教育研究所是科研与教学并重的独立机构,主要承担有关高等教育问题的理论和实践研究、本校改革发展研究以及研究生培养等任务",因而在学术评价体系中,设立了必须满足条款和可选条款中的特色指标。正高职称必须"在近 5 年中,曾承担学校改革发展研究的重大任务",可选"在近 5 年中,曾主持完成复旦大学发展研究重要项目";副高职称必须"在近 5 年中,曾承担学校改革发展研究的有关任务",可选"任现职以来,曾主持完成复旦大学发展研究项目"。这就保证了组织功能的完整实现。

研究生兼职导师是高等教育研究所学术队伍的有机组成部分,过去曾经在上海市教育科学研究院和本校机关部门聘请了一批硕士研究生导师。这个时期,上海市教育科学研究院的兼职导师全部退休,本校兼职导师也有部分退休或者调离学校。为此,高等教育研究所从实际出发,增补了规划处刘承功、教务处王颖作为学术学位研究生导师。所有的兼职导师都根据自愿原则分别归入三个专业。教育硕士学位点获得批准后,在复旦大学附属中学和附属第二中学中聘请了黄玉峰、黄荣华、李秋明、方培君、吴坚、杨士军、姜乃振、李鸿娟作为首批兼职导师,他们或是中学校领导,或是特级教师、高级教师。

博士授权点获得以后,博士生导师队伍的建设摆在了面前。高等教育研究所坚持宁缺毋滥,高标准遴选博导。2017 年 10 月,所教授委员会专门讨论制订了符合本所实际的博士生导师遴选评价标准。确定了基本原则:申请博士生导师资格的基本学术评价标准,不得低于本所正高级职称的学术评价标准。而且不只关注科研的要求,提出了服务学校和教学方面的要求,满足"在近 5 年中,曾主持完成复旦大学发展研究重要项目,得到本校职能部门的高度认可,决策建议被学校采纳";"在近五年中,所指导的研究生学位论文曾有 2 篇及以上被评为市级及以上优秀学位论文";"任现职以来,曾获得复旦大学优秀教学成果奖或者'研究生心目中的好导师'奖或者上海市高等学校教学名师奖 1 次及以上",都可以作为条件之一。

培养是队伍建设不可缺少的环节。高等教育研究所一如既往地支持教师通过海外进修、访学、参加学术会议等提升能力和水平。同时,鼓励教师争取学校的各种人才计划。2011 年刘凡丰获批列入复旦大学"卓学计划"。2015 年陆一获批列入复旦大学"卓学计划"。

行政人员的晋升过去长期被忽略,2018 年经过与组织部门交涉,获得院系科级干部推荐和选任名额。

2014 年,熊庆年年届 60 岁,向学校提出不再担任所长。之后 4 年每年请辞一次,均未如愿。2019 年 7 月 2 日,陈志敏副校长代表学校宣布,高国希担任高等教育研究所所长。年过 65 岁的熊庆年终于卸任。这也意味着复旦大学高等教育研究所开启了新的时期。

第六章　咨政服务

服务是复旦大学的文化基因,也是复旦大学教育学科的本色。高等教育研究所就是从服务起步的,它把服务作为组织的基本功能之一,也是它与复旦大学其他学科的区别所在、特色所在。

第一节　服务国家政策发展

一、提供战略咨询

改革开放以后,教育发展战略成为教育政策制定最重要的内容。高等教育研究所成立以后最先参与的政策研究,就是上海教育发展战略研究。20 世纪 80 年代中期,副校长兼所长强连庆组织全所研究人员承担了上海市人民政府教育卫生办公室和上海市高等教育学会的各种政策课题:比如"上海高等教育对外开放问题研究",分别收入《上海教育发展战略》和《上海高教发展战略》的两本书中。前者获 1991 年国家一等奖,后者获上海一等奖。又如"部属院校为上海地方建设服务的问题研究",获上海市一等奖。还有诸如"上海创办第一流大学问题研究""高级专门人才培养的国际大战略研究""复关以后人才竞争的前景及对策研究"等,这些都为当时上海市高等教育改革和发展提供了战略性的决策建议。2003 年上海市委、市政府决定在杨浦区建设知识创新区,要求市委政策研究室和市规划局、杨浦区、复旦大学分别做战略研究。5月,复旦大学文科科研处处长张晖明牵头,组成了大学城建设课题组。经济学院的陆铭、陈钊,高等教育研究所的熊庆年、王留栓,为课题组成员。课题的研究成果最后成为"知识杨浦"建设的依据之一。2014年,林荣日完成了上海市人民政府决策咨询招标项目"教育政策改革趋势分析与优化教育改革发展的社会环境研究"。2015年,刘凡丰提出的"关于上海市建设全球有影响力科创中心的咨询建议"被政府采纳。2015年,田凌晖、熊庆年参与了复旦大学医学院刘宝领衔的上海市政府决策咨询研究重点课题"面向未来30年的上海发展战略研究——上海教育、医疗等社会资源发展潜力与高质量开发研究"。2017年,刘凡丰承担了科技部国家科技创新战略研究专项项目"促进跨学科研究的体制机制研究"。2017年,还为市教委提供了关于综合性国家科学中心、产学研科研基地合作联盟、科技成果转移转化制度设计等方面的支持。张晓鹏、林荣日、刘凡丰、丁妍等还通过民主党派参政议政活动为政府提供了不少教育决策咨询意见。

"985工程"政策出台后,一流大学建设成为国家教育政策的重要组成部分。高等教育研究所以特有的方式参与了相关的政策研究。2001年9月28—29日,中国大学校长联谊会研讨会在西安交通大学召开。这个联谊会成员有北京大学、清华大学、复旦大学、上海交通大学、浙江大学、南京大学、西安交通大学、香港大学、香港中文大学、香港科技大学。王生洪校长因为有其他重要安排,委托孙莱祥副校长代为出席,熊庆年随行。这次研讨会的主题是,如何在"985工程"一期结束后争取政府政策的持续支持。复旦大学提供的会议材料是"一流大学的评价标准",因此会议提议,由复旦大学组织一次研讨会,专题研究评价问题。2001年12月13—14日,"研究型大学综合实力评价研讨会"在复旦大学举行,孙莱祥副校长兼所长出席了会议。来自清华大学、北京大学、浙江大学、上海交通大学、西安交通大学、南京大学、同济大学、华东师范大学、香港科技大学、中国科学院、上海市教育科学研究院，以及网大（Netbig）的代表参加了会议。杜作润、张晓鹏、林荣日、刘凡丰参加研讨并发言。大家畅所欲言，围绕大学评价的理论、方法论、指标体系等进行了深入的交换意见。2003 年 3 月 29—30 日，清华大学教育研究所和政策研究室联合举办"一流大学建设的理论与实践学术研讨会"，从此形成了一年一度的一流大学建设系列研讨会的机制，"985 工程"首批 9 所大学参加，后来有新闻机构把它称为"C9"。2003 年上海交通大学主办第二次研讨会，熊庆年在会上作了主旨报告，剖析日本东京大学、京都大学的一流发展战略。研讨会主体是 9 所大学的教育研究或政策研究人员，后来逐渐演变为 9 校领导为主体。教育部主管副部长、教育部和财政部"985 工程"办公室主任都会参加这个研讨会。熊庆年参加了第一轮 9 次研讨会中的 6 次，通过参会，为国家一流大学政策的发展提供建设性意见。

2008 年，国家启动了中长期教育改革发展规划制定的大规模的调研。高等教育研究所参与了中央教育科学研究所"国家中长期教育发展规划"教科版的研制活动，并与上海市教育科学研究院协作，实施了教育部委托的专题调研，具体完成了"英国高等教育布局结构调整研究"项目。徐冬青还参与了上海市中长期教育改革发展规划社科版的研究工作。

随着我国综合国力和国际地位显著提高，来华留学生规模迅速扩大，学生层次不断提高，接收院校大幅增加，政府着手调整来华留学生政策。2009 年，教育部办公厅委托复旦大学副校长许征主持"来华留学工作 2009 年到 2020 年发展规划研究"项目。高等教育研究所在有关部处的协同支持下，具体实施了这个项目。他们从学术角度剖析了来华留学生工作的现状、趋势、挑战与对策，在理论结合实际的基础上，对来华留学生工作的可持续健康发展进行了深入研究,成果得到上级部门的认可。

参与其他地区的教育发展战略,拓展政策研究的工作面,也是高等教育研究所努力的一个方向。2016年,熊庆年获中深圳市人民政府发展研究中心决策咨询自选课题"深圳高等教育的非常轨发展研究",提出了发展高等教育新业态的建议,得到了认可,观点被写入深圳市教育大会文件。课题被认为"是近年来我中心委托高校课题中质量最高的研究成果之一,报告对高等教育新业态的特征进行了总结概括,并提出对深圳高等教育业态创新具有重要借鉴意义的若干建议"。2017年,刘凡丰向上海市教委提出了关于综合性国家科学中心、产学研科研基地合作联盟、科技成果转移转化制度设计等方面的建议。

二、为改革做准备

进入21世纪,我国研究生教育改革不断加速。2001年,孙莱祥领衔申请了全国学位与研究生教育研究中心课题"研究生教育科类、层次、地区布局结构研究"。课题成果为研究生教育规划提供了依据,后来收入了谢桂华主编的《学位与研究生教育研究新进展》一书,2006年5月由高等教育出版社出版。

2003年教育部研究生工作办公室委托研究生院院长联席会组织开展"中国研究生院建设的研究",复旦大学研究生院负责五个子课题之一"中国研究生院评估指标体系研究",由顾云深常务副院长主持。这项研究实质是对1995年10月9日教育部颁布的《研究生院设置暂行规定》进行的回溯、反思,为研究生院设置从试点到常规化作好准备。高等教育研究所林荣日、熊庆年作为主力成员,参加了课题组。研究成果为教育部组织对2000年经教育部批准试办研究生院的高等学校进行考核评估提供标准,教育部依据考核结果决定是否批准试办研究生院的22所高等学校正式建立研究生院。2003年,刘凡丰还协助研究生院进行了全国学位办国外大学调研,提供了耶鲁大学案例。

2004 年 6 月,国务院学位委员会根据第二十次会议的部署,设立"中国学位与研究生教育 2004—2020 年发展规划战略研究"项目。复旦大学研究生院承接子项目"以创新能力培养为核心的我国研究生教育创新体系建设"。顾云深常务副院长为课题组长,高等教育研究所熊庆年、林荣日以及兼职导师叶绍梁、廖文武作为课题组主力,参加了课题研究工作。课题成果不仅为全国研究生教育的 15 年规划提供了参照,而且转化成了数篇学术论文,其中一篇被人大复印报刊资料全文转载。

2012 年 5 月 4 日,顾云深副院长邀请熊庆年一道参加教育部发展规划司博士生招生计划弹性管理试点高校改革方案研讨会,熊庆年就招生计划的科学、合理配置发表了意见。

三、为实施作谋划

2002 年,我国实现了高等教育大众化。在持续的规模扩张中,提高质量成为教育改革发展的一个焦点,评估则成为质量保障的重要手段。2003 年,教育部启动了"本科教学工作水平评估",对不同类型高校进行分类评估,推动高校内涵式发展。2007 年,教育部和财政部联合启动"高等学校本科教学质量与教学改革工程",旨在通过一系列改革措施全面提升本科教学质量。2008 年,孙莱祥和张晓鹏参与了国家"高等学校本科教学质量与教学改革工程"中的"高等学校本科教学工作分类评估方案"项目,张晓鹏负责框架设计、比较研究和成果汇总。张晓鹏后来又借鉴国外经验,提出了新一轮本科教学评估实施审核评估的建议。2010 年 5 月,"高等学校本科教学工作审核式评估方案"课题获得教育部立项,张晓鹏担任了组织实施方法研究小组副组长。2011 年,教育部发布《关于普通高等学校本科教学评估工作的意见》,明确提出对参加过院校评估并且获得通过的普通本科院校实行审核评估。这标志着审核评估正式成为中国高等教育评估体系的重要组成部分。孙莱祥、张晓鹏还作为教育部高等学校本科教学工作水平评估专家、合格评估专家、审核评估专家,参与了大量的评估工作。

四、做持续性支持

党的十八届三中全会通过的《中共中央关于全面深化改革若干重大问题的决定》中明确提出,"加强中国特色新型智库建设,建立健全决策咨询制度"。高等教育研究所把建成智库性的研究所作为努力的目标,努力推动咨政研究。

2010 年,《国家中长期教育改革和发展规划纲要(2010—2020 年)》发布,现代大学制度建设成为教育改革和发展的重点任务,而制定大学章程又是其中的要项。2011 年 11 月 28 日,教育部袁贵仁部长签署第 31 号教育部令,公布了《高等学校章程制定暂行办法》。2014 年 5 月 28 日,教育部办公厅发出《关于加快推进高等学校章程制定、核准与实施工作的通知》。为了落实这些政策举措,2015 年,熊庆年应上海市教委法规处委托,为上海市 6 所高校制订大学章程提供专家咨询。2017 年,熊庆年又受委托对上海市属高校大学章程建设情况进行了调查评估,提交了《上海高校章程建设的亮点与不足》的政府专报。2018 年又向上海市教委提交了《完善大学章程实施体制和监督体系,夯实依法治校的基础工程》的专题报告。

为了促进高等学校与社会的关联,2014 年 7 月 16 日,教育部发布了《普通高等学校理事会规程(试行)》。上海市计划探索理事会制度的新样式"校务委员会制度"。熊庆年申请到上海市人民政府发展研究中心的决策咨询专项课题"校务委员会设置、定位与优化高校治理结构研究",2018 年向上海市人民政府发展研究中心提交了《大学校务委员会制度需要创新设置、提升权能》的专报。

2016 年,教育部政策法规司委托熊庆年主持开展"推进现代大学制度建设研究",对全国各省市普通高校进行了大样本问卷调查。研究报告得到政策法规司负责人的肯定,继而 2017 年,再次委托熊庆年主持开展"现代大学制度建设指南研究"。

2017 年,上海市教委政策法规处推出建设教育法治研究基地的举措,高等教育研究所配合复旦大学法学院,申请成为第一批建设单位。后来这个基地又成为教育部政策法规司的研究基地。熊庆年作为基地学术委员会主任,积极参与了各项部、市的决策咨询研究活动。高等教育研究所的林荣日、刘凡丰,以及部分研究生,也都成为基地项目的参与者。

复旦发展研究院是学校的智库平台,高等教育研究所在这个平台持续发挥作用,先后向复旦发展研究院提供了数篇咨询报告。2017 年,陆一的《日本基础教育减负教训值得借鉴》,被《人民日报》内参采用,得到中央政治局委员、国务院副总理刘延东的批示。

第二节　服务学校改革发展

一、参与文稿起草

参与学校重要文件的起草,在 2000 年后的几年间成为高等教育研究所的重要任务。为学校领导参加教育部直属高校工作咨询委员会会议准备文稿,就是其中的一项。2001 年 12 月,高等教育研究所首次根据王生洪校长的要求起草咨询会议发言稿,主题为如何深入贯彻《中共中央、国务院关于深化教育改革全面推进素质教育的决定》,提高人才培养质量;重点阐述了本科教育与研究生教育的关系,人才培养新模式的探索,改革的路径和面临的挑战。之后形成了惯例,每次校领导出席咨询会,都会请高等教育研究所参与研究、讨论或起草文稿、提供参考资料。

　　进入 21 世纪后,复旦大学陆续出台了若干重要的改革。每次改革,高等教育研究所都努力为推进改革提供决策服务。2001 年夏,学校成立了学分制改革领导小组,在调查论证的基础上提出了"以文理教育为特点的完全学分制"方案。高等教育研究所不仅参加了调查论证,而且主笔为 2002 年 1 月下旬召开的教学工作会议准备王生洪校长的主旨报告。这个题为《以学分制改革为抓手,全面提高本科教育质量》的报告稿,回顾 20 多年复旦大学教学改革的实践历程,提出了面临的问题,具体而详细地论证了实行完全学分制的必要性和对复旦大学建设研究型大学的重要意义,就推进实施完全学分制的要点和方略做了阐释,强调在教育思想上有新突破,树立正确的人才观和以学生为中心的理念,树立全局的观点。文稿经过领导和有关部门集体数次讨论、修改后定稿,成为推进完全学分制改革的重要指导文件。完全学分制改革在复旦大学教学改革的历史上是里程碑性的,这次教学工作会是启动改革的动员会,所以显得特别引人注目。

　　2003 年,上海市委、市政府提出,推进上海新一轮发展,坚持"科教兴市"战略,走通"华山天险一条路"。2004 年初,复旦大学党政领导班子开始研究部署"服务上海、依托上海、发展复旦"。高等教育研究所协助为领导起草稿件《贯彻科教兴市战略,贡献复旦应有力量》,后在报刊发表,呼应上海市委、市政府的号召。

　　2005 年,复旦大学开始实施通识教育改革。与其他大学小范围试行通识教育不同,复旦大学采取的是本科一年级不分专业进入复旦书院,修习包括 6 个模块核心课程在内的通识教育课程。改革力度之大,国内高校少有,因而也引起了诸多议论。2006 年 7 月 12—19 日,由教育部主办、上海市人民政府承办的第三届中外大学校长论坛在中国浦东干部学院隆重举行。论坛主题为"大学的创新与服务"。王生洪校长作了《追求大学教育的本然价值——复旦大学通识教育的探索与实践》的演讲。高等教育研究所参与了这篇演讲稿的准备。演讲稿分析了通识教育理念的源流,强调时代和社会在变,通识教育的理念也要随时而变、因地而变,不变的则是它对教育本然价值的追求,这个价值就是人的全面发展。演讲稿对中国大学当前实施通识教育面临的严峻挑战进行了剖析,提出了要解决好的几对关系,介绍了复旦大学实施通识教育的探索和思考。可以说,演讲稿是对复旦大学通识教育顶层设计的一次具有纲领性的阐释。演讲稿后来发表在《复旦教育论坛》当年(2006 年)第 5 期。

高等教育研究所作为专业研究机构,参与校领导文稿写作更多的是以专业的视角从教育学理论、教育发展战略的高度去考量,得到王生洪校长的高度认可。所以,他在出席一些重要的会议、重要的外事活动时,都会请高等教育研究所起草或参与起草需要的文稿。2002 年 6 月,王生洪校长出访韩国,参加全南大学 50 周年庆祝活动、访问首尔大学、梨花女子大学等校,高等教育研究所为他准备"发展中国家大学发展""全球化背景下的高等教育国际化策略"等数份演讲稿。

在一些特别的时间节点上,高等教育研究所也会协助校长准备文稿,以在教育核心期刊上发出复旦大学的声音。2000 年发表在《教育发展研究》第 11 期的《不拘一格降人才——由韩寒、满舟现象引起的思考》,2002 年发表在《教育发展研究》第 2 期的《正视利弊 主动对应——中国高等教育"入世"策略纵横谈》,2003 年发表在《复旦教育论坛》第 1 期的《大力推动制度创新 努力实现跨越式发展》等文稿的准备都有高等教育研究所的参与,后来收入了王生洪校长卸任后编辑的文集《同心谋发展》①,成为见证复旦大学改革和发展的历史文献。

---

① 王生洪:《同心谋发展——王生洪同志在复旦大学的文集(1999—2009)》,复旦大学出版社,2013 年。

除此之外,高等教育研究所也协助过其他校领导起草文稿或提供文案参考资料,在服务领导中发挥专业的作用。

二、参与规划制订

　　1998 年,复旦大学成为首批"985 工程"大学。1999 年 10 月,学校部署制订"复旦大学三年行动计划",目的在于通过学科建设,把"985 工程"的目标落到实处。1999 年 11 月,学校学科办公室发出了《关于做好三年行动计划学科建设计划专家论证工作的通知》,拟在各单位及有关学科制订学科建设计划的基础上,对各单位申报的学科建设计划进行听证和论证工作,在此基础上确定三年行动计划学科建设重点项目。高等教育研究所除做好自身的计划以外,还参与了社会科学组的论证。

　　2001 年,学校启动了"十五"规划的制订工作,熊庆年为起草小组成员。2001 年 3 月中旬至 4 月初,教务处、研究生院、高等教育研究所十多位同志组成了人才培养问题专题调研组,由孙莱祥副校长、徐忠副校长、周鲁卫副校长分别带队,到九个院系进行了实地调研,熊庆年执笔撰写了调研报告。在反复研讨的基础上,拟定了"十五"规划中的"千里驹"人才工程计划草案,提交"十五"规划起草小组讨论。2001 年 6 月 11 日,王生洪校长召集十五规划起草小组开会,讨论进一步细化规划问题,要求高等教育研究所对建设研究型大学好好作研究。按照校长的要求,高等教育研究所动员全体老师做国外研究型大学案例研究,挖掘提炼研究型大学的内涵要素,为复旦大学"十五"建成研究型大学的目标提供具体内容。熊庆年也成为"十五"规划最终稿主要执笔人之一,并受学校派遣,参加了 6 月 29 日上海市教育委员会、计划委员会联合召开的普通高校改革与发展工作研讨会,与各校规划处处长研讨"十五"规划的制定。

　　2005 年 7 月 15—17 日,学校召开党委扩大会,中心议题是总结

"十五"、规划"十一五"。秦绍德书记在会议总结报告中明确表示，希望高等教育研究所研究一流大学评价指标体系。会后不久，王生洪校长召集了"十一五"规划起草小组会议，熊庆年参加了会议。围绕校领导的要求，高等教育研究所一方面派教师参加为"十一五"规划制定的各项调研，一方面研究一流大学评价指标体系。2006 年 1 月，学校领导班子召开寒假务虚会，重点讨论"十一五"规划。高等教育研究所提供了"关于内涵发展"的会议材料，主要围绕综合性研究型大学综合实力评估指标体系作了深度的分析，专门讨论了当时国内外若干大学排行榜的指标体系，大体把它们分为两类：一类是标准性评价，即达到什么标准才可以称之为研究型大学；一类是水平性评价，即层次、等级、水平方面的评价，这类评价再作区分，又可以分为结果性评价和发展性评价。然后把复旦大学的数据与亚洲的几所一流大学作了比较分析。这个材料为制定学校"十一五"规划的发展目标提供了可参照的坐标。

三、提供战略资讯

为学校领导和职能部门提供具有战略价值的资讯，是高等教育研究所自成立起就在做的工作。1986 年就开始编发《复旦高教研究信息》，同时借约稿组织本校管理体制改革的研讨活动，激发师生员工对学校改革和发展的研究热情和研究兴趣。《复旦高教研究信息》每学期出 4—6 期，总共出过 74 期。所刊登的"关于创收的问题、关于有偿服务的问题、关于学生在校内经商的问题、关于毕业生调查的非公开结果校内通报的问题，各国著名大学课程介绍以及如何充分利用我们的'基础优势'的建议，对各兄弟院校的改革动态的报道，包括破墙开店的报道，都在学校产生了一定的反响"①。高等教育研

---

① 杜作润：《关于高教研究所基本情况的报告及今后发展的几点建议》，1993 年 3 月 30 日。

所还建起小型资料室,大量搜集国外高等教育资料,订阅了美国《高等教育纪事报》(*The Chronicle of Higher Education*)等数种外文报刊,为全校师生和干部提供查阅文献资料的方便。

现在还留存的 1990 年 6 月 10 日《复旦高教研究信息》第 52 期,生动地记录了高等教育研究所举办的建校 85 周年校庆学术报告会"复旦大学迎接 21 世纪的对策研究"的盛况,"强连庆、严绍宗二位副校长及学校各部门的同志共 40 余人参加了报告会。报告会由杜作润同志主持,会议持续了 4 个小时,整个会场气氛热烈、发言踊跃,大家争相为复旦的现状、未来献计献策。由于时间关系,尽管发言者尽可能简短,但仍有许多同志未能发言"。更重要的是,所记录的发言要点,展示了从校领导到一些职能部门负责人、从管理干部到一般教师的思考,这些具有战略意义的信息的传播,对学校的改革和发展起着积极的推动作用。《复旦高教研究信息》还经常就一些有争议的问题开展讨论,引起了领导层的重视。学校党委办公室 1988 年 6 月 16 日编发的《情况交流》第 2 期,就转载了杜作润写的《现代大学:面向社会实际、拓展功能有偿服务》,并加了编者按,以推动对这些问题的思考与讨论。

孙莱祥副校长兼任所长后,高等教育研究所开始编《高教探索快报》,力求更迅速地提供有价值的战略信息,供领导和管理层参考。比如,2004 年学校推进本科大文大理教育,高等教育研究所协同教务处做了《关于复旦大学大文科大理科教育的本科课程体系方案研究》,第 119 期《高教探索快报》摘编了报告的概要,以通过此方式在更大范围内征求意见。《高教探索快报》编辑起初由张晓鹏、熊庆年负责,不定期编发。2002 年后,信息服务经常化,快报也相对固定为 2 周 1 期,由张晓鹏负责。2011 年起《高教探索快报》改由刘凡丰编辑。

除了《高教探索快报》之外,高等教育研究所还会通过内部参考资料提供有价值的信息。比如,2000 年,就为学校领导提供了《关于八校状态指标的简要分析》，重点分析了"985 工程"首批高校科技实力的发展状态。2008 年，向校领导提供了复旦大学 10 年数学学科和社会科学 SCI、SSCI 论文的数据分析。2011 年，先后提供组织研究生翻译的《20 世纪美国博士教育统计报告》《国外部分大学学术评议会概况》。2012 年，提供了研究生翻译的美国大学联合会报告《全球化新世纪的大学学习》。

四、协同职能部门

协同职能部门是服务学校的必然，与各部门协同最多的，便是开展专题调查研究。

1999 年，由于学校办学规模不断扩大，大学学科组织也在变化，过去校和系两级机构的格局逐渐被校、院、系三级机构所代替。学校办学体制究竟如何才有利于发展，管理如何架构才有效率，是领导思虑的重大问题。杨福家校长认为管理幅面过宽，需要通过体制改革来理顺关系。当年 10 月，组成了两个专题调研组，成员有原校党委书记钱冬生、学科办主任叶绍梁、国际政治系主任林尚立，以及高等教育研究所的张晓鹏、熊庆年，由校党委副书记、纪委书记赵衍盛，副校长徐明稚牵头，深入院系开展调研。在广泛听取意见之后，林尚立提出了"关于体制改革中权力结构调整的一些思考"，高等教育研究所提出了"关于体制改革调研工作的汇报"，为领导班子决策提供了参考。

复旦大学与上海医科大学合并后，按照中央要求进行实质性的融合，其中有很多矛盾和问题需要解决。高等教育研究所多次参加由学校领导牵头、各职能部门参加的调查组，深入医学院以及各附属医院进行实地调研。江湾校区和张江校区开辟之后，多校区管理也成为复旦大学发展的一个现实课题，高等教育研究所也派员与机关部门协作进行调研。

2002 年 3 月，研究生院联合高等教育研究所开展研究生教育改革的调研,高等教育研究所负责问卷开发和数据分析。2003 年 2 月,国务院学位委员会办公室给复旦大学下达国外著名高校研究生教育的调研任务。刘凡丰参加了周鲁卫副校长为团长的复旦大学访美考察团,与研究生院、人事处等职能部门的人员一道赴耶鲁大学考察调研两周,并负责撰写调研报告。

2010 年以前,高等教育研究所与职能部门协同比较多的是为每年寒暑假的党政领导班子务虚会以及党委扩大会准备材料。在务虚会召开之前,秦绍德书记或王生洪校长会找有关部门和高等教育研究所的负责人讨论会议的主题,而后各单位分头准备会议材料。例如,2003 年暑期务虚会,高等教育研究所提供了北京大学和中山大学人事制度改革的材料,以及美国麻省理工学院把全部课程上网(Open Course Ware)的材料。2003 年的党委扩大会,高等教育研究所提供了"关于'独立学院'的初步研究报告""成功战略集锦"的参阅材料。2006 年暑期党委扩大会,高等教育研究所提供了"亚洲一流大学资料选辑"的参阅材料。2009 年暑假务虚会,高等教育研究所提供了耶鲁大学、牛津大学、剑桥大学、东京大学、京都大学、香港中文大学管理体制的案例资料。

在参加学校重要事项方面,高等教育研究所也付出了许多努力。2011 年 12 月学校启动了大学章程建设。熊庆年作为章程起草 7 人小组成员,组织所内教师和研究生参与研究工作,作出了特殊的贡献。2001 年 6 月,复旦大学校务委员成立了预算管理委员会,作为学校预算管理工作的咨询评审机构,是学校实行科学理财和民主理财的重要组织形式。2011 年,高等教育研究所推荐林荣日作为学校预算委员会委员,他以教育经济的专业研究为预算委员会的工作提供了支持,和其他 12 位委员一道工作了 4 年。

在学校临时性的重要工作中,高等教育研究所也和职能部门协作出力。比如 2005 年百年校庆庆典活动,高等教育研究所和职能部处负责人参与重要嘉宾的接待。2006 年 4 月的"211 工程"验收、2007 年 11 月的本科教学水平评估和 2018 年 12 月的本科教学审核评估,熊庆年都参与了陪同评估专家。

推动学术研究与服务学校的有机统一,给学校各部门支持,日益成为高等教育研究所同仁的自觉行动。2001 年,高等教育研究所师生参与了当时人事处处长沈兰芳关于编制研究的课题。2005 年,高等教育研究所丁妍、田凌晖、乐毅、徐冬青参与了人事处处长周志成领衔的教育部人事司课题。2001 年起,高等教育研究所受人事处委托,连续几年与社会学系心理学教研室合作,为新教师提供教育学、心理学的培训。高等教育研究所常年与学校组织部、党校以及机关党委配合,为青年干部培训开设讲座。与学工部、研工部、团委的协作也是经常性的,涉及学生学习和实践的各种活动、各种评审、就业指导、支教等,都给予了大量支持。曾经多次协助复旦学院、就业指导中心、信息办等单位申请成功市高等教育学会、市评估院的课题。

五、提供舆论支持

在当下社会,教育已经成为重大民生问题,教育公共政策成为重大政策议题,抓住社会传播与舆论需求,提升队伍面向实践的应答能力,是发展学术不可忽略的一个方面,也是服务学校、社会与国家的有效手段。2014 年,高等教育研究所鼓励教师利用报纸、传媒就教育问题写稿,接受中央和上海重要报刊采访,在央视、上海卫视等媒体发声,提高高等教育研究所的社会能见度和学术影响力。2014 年到 2019 年间,全所教师在各种报纸发表的文章达 80 余篇。2014 年陆一的文章还被《中国教育报》评为年度十大锐评。

尤其是为学校的教育改革造声势,促进社会对复旦大学改革的认知,高等教育研究所不遗余力。2006 年,教育部批准复旦大学和上海交通大学率先在全国进行招生自主选拔的改革试验。2006 年 2

月 24 日,自主招生选拔考试之前,熊庆年就在《上海新闻晚报》升学周刊上发表教育时评《高校招生改革的质的飞跃》。在 2006 年 2 月 27 日学校的招生改革动员大会上,秦绍德书记高兴地提到,这篇时评是第一篇阐述自主招生意义的文章。2006 年 3 月 30 日《上海社会科学报》第 5 版整版发表了高等教育研究所三位教师的文章,通栏标题是《高考招生是变革高考的一次攻坚》,有熊庆年写的《改革"政府"选拔,推动高校自主》,张晓鹏写的《美国名牌大学自主招生中的公平问题》,乐毅写的《解开推进素质教育的"瓶颈"》。这些报刊文章为复旦大学的改革营造了有益的舆论环境。

2017 年,复旦大学发布了《2020一流本科教育提升行动计划》,吹响了新一轮本科教学改革的冲锋号。当时,"双一流"建设前列的高校纷纷推出新的本科教学改革路线图,引起了社会舆论的关注。熊庆年、陆一在 6 月 28 日的《中国教育报》上发表短评《一流大学要有一流本科教育》。老校长杨福家看到这篇评论,于 7 月 7 日特地写来一封信,夸赞写得好,并惠赐其大著《博雅教育》。

第三节　服务学校人才培养

人才培养是教育学科最能贴近的服务,也最能体现教育学专业的学术价值。而大学的人才培养比起其他学段来说要复杂得多,也是教育学科研究领域中最不成熟、研究最不充分、最容易受到其他学科挑战的部分。所以,为学校人才培养服务,对高等教育研究所而言也是考验。

一、助推课程改革

课程是教育教学改革的主战场。高等教育研究所成立之初,强连庆在教学改革上提出了"三个提高、四个环节"。第一个提高"是提高教授、副教授上课的比例"。第二个提高"就是提高一类课的比例","一类课有三个条件：效果、梯队和教材"。第三个提高"就是提高学生的创造力，要教学生怎么提高创造力，去引导他，老师不是教书匠"。"三个提高是指教这方面，四个环节是指学的方面"，包括：基础、实践、外语、能力（指重视第二课堂）。提出的这些举措，成为复旦大学课程改革的指引，使复旦大学本科教育改革走在了全国的前列。

1998 年 9 月 17 日，教育部副部长周远清应邀来复旦大学作报告。他特别指出，教学改革要有所突破，第一要解决专业设置过窄的问题，第二要解决理科人文教育薄弱、文科自然科学教育不足的问题，第三要解决教学内容陈旧的问题，第四要解决教学方法偏死，不注意素质、创新、个性的问题，第五要解决培养模式过于统一的问题。他呼吁，教育思想讨论要深入，要有提高质量的强烈意识。高等教育研究所教师参加报告会后，组织了专题讨论，并通过参加教务处党支部活动提出改革建议。

在 2000 年 7 月 15 日的所务会上，孙莱祥强调：复旦大学要建设研究型大学，现在的教学与研究型大学本科教学的差距究竟在哪里？以研究为主导在本科教育中如何体现？我们所要重点研究。2001 年初，学校提出学分制改革的设想，组织全校开展教育思想大讨论。1 月 13 日，高等教育研究所经过讨论，提出了"关于教育思想大讨论的几点建议"，就讨论的目标、主题、主要问题、组织方式和方法做了详细的计划，为教务处推进教育思想大讨论提供了可行的方案。2001 年全所多次就推进学分制、实施文理教育，课程结构如何改，教学管理体制如何匹配，展开深入的讨论。2001 年底，学校决定全面推进学分制建设。作为副校长的孙莱祥是这一改革的具体领导者，他组织全所教师为这一改革提供全方位的支持，大量搜集国内外相关文献资料,剖析外校优秀案例,与教务处配合筹划和推进。2002年1月学校召开本科教学工作会议,高等教育研究所不仅主笔起草了校长的主旨报告,而且为会议准备了国内外高等学校课程改革发展趋势和国内外研究型大学本科教育改革的案例资料,熊庆年、张晓鹏、王留栓、林荣日、刘凡丰还分别担任了会议各小组的秘书。

2004年秋,学校计划推出全面实施文理教育的方案,高等教育研究所投入力量给予专业支持。在9月8日召开的复旦大学文理基础教育方案研讨会上,高等教育研究所不仅教师全员参与,而且派出硕士研究生作为分组讨论的秘书。2005年10月,复旦学院成立文理教育研究中心,熊庆年担任了中心副主任,乐毅受聘为专家。

二、协力提升质量

质量是大学教育永恒的主题,以教育学的专业理论和知识支持学校教育教学质量的提升,是高等教育研究所的本分。

2012年3月,新一届复旦大学教学指导委员会成立。同年5月,教学指导委员会决定开展提高本科教育质量的研究。指导委员会主任、原常务副校长王卫平教授指定熊庆年为指导委员会秘书长。按照他的要求,高等教育研究所提出了《"系统思考:描绘本科教育新蓝图"行动计划(草案)》,得到了他的肯定。2012年11月14日,教学指导委员会召开会议,讨论并通过了方案。方案的框架和基本思路是,结合时代和知识发展,综合国家、社会和个体需求,进行国内外一流研究型大学本科教育改革与发展趋势调研,通过数据库和问卷调查等方式收集我校数据、明确我校本科教育客观现状,经过分析、诊断与对比,从学校层面和学科层面找出我校本科教育存在的差距和主要问题,明确未来改革与发展的主攻方向,确立全面提高本科教育质量的战略路径和行动方案。2012年12月22日,工作小组举行第一次会议,就如何实施这一研究达成共识。会议任命了各学科研究工作小组的组长,确定五大学科每组分别由对教学研究有热情、有经验的学科骨干教师和高等教育研究所的专家组成,教务处工作人员承担秘书工作。丁妍、乐毅、张晓鹏、熊庆年分别作为人文学科、社会科学、自然科学、工程与技术科学分委员会工作小组的成员。高等教育研究所举全所之力,全面参与了方案的研究工作。尤其是世界一流大学调研、师生和管理者调查问卷的设计、发放、回收和分析,以及调查总报告、七个专题报告的撰写,都是主力。问卷调查范围之广是学校历史上没有过的,在学校信息办、学工部、团委等单位的协同下,覆盖了全体教师与一半本科生,形成了有较高质量的数据分析报告和专题报告。高等教育研究所撰写的总调查报告,经教学指导委员会常务会议审议、修改通过,提交学校领导决策。

2013年3月,学校教学指导委员会决定向学校领导提交《复旦大学进一步提高人才培养质量的意见》,由教务处、研究生院和高等教育研究所共同组成起草小组,熊庆年为小组负责人。经过起草小组反复磋商,最后由教务处处长徐雷、研究生院院长钟扬和熊庆年讨论定稿。

在2014年大规模调查的基础上,高等教育研究所确定将本科生学情调查定期化实施,在牛新春组织下每年连续开展,每次主题有所侧重,形成的报告为本科人才培养提供了可靠的依据。报告不仅印发给学校领导、职能部门和院系主管,而且专门召开说明会,帮助有关人员了解数据的意旨,以充分发挥其效用。2016年一年,高等教育研究所就向校领导和职能部门提交了5份报告:《满意度和师生互动——2015年复旦本科生满意度调研报告》《城乡学生的学业适应——复旦大学2014级本科生学业适应调查报告》《大学思想政治课程能否开展混合式教学的改革?——基于证据分析的若干结论与建议》《现代信息技术背景下大学混合式教学模式的探索及成效》《复旦大学通识核心课教学质量监测评估调查报告(2016)》。

通过听课协助管理部门在教学质量控制过程中进行诊断性调查,是一种尝试。2001 年推进教学改革时,为了解本科教学实际状况,摸清要解决的问题,高等教育研究所就在教务处安排下组织人员去听课。2006 年 11 月,徐冬青到复旦学院听课,调查通识课程的实施情况。2013 年春学期,熊庆年应教务处请求,听了一门"有问题"的大班课,整整听了一学期,连小班讨论和考试也亲自到场。不仅得到了现场信息,为教务处的合理评估、处理同类情况提供了依据,而且帮助了任课教师和助教解决实际问题。2016 年春学期,一门曾经热选课程遇到本科生大量退课,应教务处的请求,熊庆年再次亲临现场听课数周,发现该课是因简单模仿慕课形式不为学生所接受。向学校教学指导委员会主任陆昉报告后,类似的情况都得到了及时的纠正。

三、参谋通识教育

2005 年百年校庆之后,复旦大学本科教学改革进一步深入,建设复旦书院,推行通识教育。为了能够扎实推进,2005 年 11 月 4 日成立了通识教育研究中心。秦绍德书记亲自为中心成立揭牌并讲话。通识教育研究中心主任由蔡达峰副校长兼任,复旦书院院长熊思东、教务处处长陆靖、学工部部长夏科家、高等教育研究所副所长熊庆年、复旦书院副院长王德峰分别担任副主任。高等教育研究所的主要任务是调研国内外通识教育的发展,部分教师参与了通识教育课程体系设计的讨论。

在经过了一年多的实践之后,高等教育研究所与教务处联合实施了复旦大学本科课程改革的问卷调查,了解本科二年级学生对通识教育的认知和接受度。2007 年 5 月 8 日,学校党办、校办联合发出通知,开展两个月的全校通识教育大讨论。目的就是为了深化师生对通识教育的认识,形成对教育教学改革的共识,促进他们积极投入到通识教育的探索实践中来。高等教育研究所全体师生响应党委的号召,积极投入大讨论。所里专门编辑了一本十多万字的通识教育大讨论参考资料,张晓鹏和乐毅还专门撰文3篇。熊庆年和陆靖、熊思东一道,分别为本科生开设通识教育主题讲座,帮助他们理解通识教育,并专门到机关、院系做讲座,宣传通识教育的意义。在蔡达峰副校长兼所长指挥下,全所师生在通识教育网站上发表了10多篇文章。《复旦教育论坛》连续刊出通识教育专题栏目,扩大复旦大学通识教育的影响。

2011年10月,高等教育研究所成立了通识教育研究工作室。2012年3月6日,林尚立副校长特地来参加高等教育研究所所务会。谈到通识教育,他希望老师们站在一定的高度来研究,做具有创造性的工作。2012年7月,通识教育研究工作室向校领导提交了阶段性研究报告,内容包括:基于课程教学大纲对六大模块课程的目标、内容、教学方法和考核方式的分析,学生评教结果数据分析,哈佛大学通识核心课程与复旦大学通识核心课程的比较分析。

2012年10月25日,复旦大学通识教育课程体系建设工作小组成立,熊庆年作为成员参加了工作小组的讨论,并将相关的研究需求信息传递给本所的教师。陆一入职后,随即加入了通识核心课程研究的行列,研究出了一个评价通识核心课程质量的模型,并在实践中验证,得到通识教育中心的认可。后来,她又牵头搭建了核心课程教学数据库,实施了复旦大学通识教育核心课程质量监测调查,为通识教育课程建设提供针对性教学诊断建议。2007年《复旦通识教育》创刊,李会春入职后参加了通识教育中心《通识教育评论》期刊组稿、编辑等工作。

书院建设是通识教育的重要组成部分,高等教育研究所在书院成立之初,就与书院办公室互动,保持了经常性的沟通,对书院导师制的运行、第二课堂隐性课程的建设、学生社团的自组织实践、学生研究数据积累的方法等提供了建设性的意见。

四、力促教师发展

人才培养的关键基础之一是教师。高等教育研究所成立之初，教师的成长就是关注点之一。强连庆、杜作润对教师问题都有不少研究。在调查的基础上，强连庆鲜明地指出了教师队伍中存在的问题，他用乘船作了形象的比喻，"出国是一等舱，出国有名有利；二等舱是科研，有名没利，名有的，利不多；三等舱是教学，无名无利"。他认为，高等教育研究要起引导作用。"当时我感觉教授、副教授上课的比例大概就是百分之十几。我把它看作高教所要研究的问题。研究出来形成规定，如果教授没有上课的经历，一律不晋升。而且教授要上基础课，而不是专业课。当时很多教授愿意去上专业课，基础课不愿意上。"所以，强调"要名师上课。高教所要传播推广好的经验。像历史系的姜义华，化学系的邓景发院士，数学系的李大潜、谷超豪院士，都在第一线上基础课"。"上课的首要标准就是讲得好。这些老师要摆在第一线，这个叫效果。第二个要有队伍，就是接班人。不能名教授退休下来后面就断了线，他走了科研就完了。第三个要有自己的教材。"①

进入 21 世纪以后，教师队伍出现了新的情况，年轻教师成为大学教师队伍的主力。规模扩张的需求使得新教师来不及进行教师职业的培训和实践历练，就匆匆站上讲台。高等教育研究所很早就注意到这一现象，在所务会上不止一次讨论这个议题，教师发展研究逐渐成为研究的课题。2005 年，丁妍入职后，在所里介绍了日本教师发展制度（Faculty Development，简称 FD），开创了教师发展研究的方向。2010 年 10 月，高等教育研究所酝酿向教务处提出教师发展研

---

① 强连庆访谈录，录音整理稿。

究项目,丁妍草拟了项目计划。

2011 年 4 月,陆昉担任主管教学的副校长,对教师发展给予了高度重视,根据丁妍的建议筹建了教学促进中心,后来在教务处正式成立了教师发展中心。2012 年,复旦大学教师教学发展中心成为 30 所国家级教师教学发展示范中心之一。丁妍作为教师发展中心副主任,主要负责教学学术研究。高等教育研究所部分教师也经常参加教师培训和项目评估活动。2012 年 12 月 26 日,复旦大学教师教学发展委员会成立。熊庆年担任了委员。丁妍组织硕士研究生编辑《教与学专刊》,受到教师们的欢迎。

五、协同教学评估

教学评估是教育质量管理中的重要环节,无论外部评估还是内部评估,都是学校的大事。高等教育研究所努力为学校的教学评估提供专业性的支持。

2007 年 11 月,复旦大学接受教育部评估中心的本科教学水平评估。熊庆年参与了评估报告的撰写,并在评估实施过程中,为外校专家提供服务。2018 年 3 月,复旦大学接受教育部评估中心的本科教学工作审核评估,熊庆年牵头组织评估报告的撰写,并参与和外校专家沟通。

2011 年,教育部要求高校建立本科教学质量年度报告制度,39 所"985 工程"高校率先试点发布报告,后逐步推广至全国高校。2012 年,高等教育研究所受陆昉副校长委托,作为主要承担者完成了《2011 年复旦大学本科教学质量报告》撰写,使得复旦大学成为 2012 年"985"高校中极少数按时公布年度本科教学质量报告的学校之一。田凌晖是报告框架的设计者,也是之后历年报告的主要研制和执笔人。

2013 年,受研究生院委托,林荣日完成了本校首个研究生教育质量报告的研制。之后连续 4 年编制了《复旦大学研究生教育年度报告》。这些工作都得到了主管校领导和职能部门的充分肯定。

除上述之外,高等教育研究所教师还协助各职能部门进行了大量的教育教学评估活动。比如各种教学项目的立项、结项评估,各种教学成果奖的申报评估,以及各种学生发展的评估。

第七章　人才培养

人才培养是大学之基。作为大学独立设置的研究所,人才培养同样是立身之本。大学之所以有别于其他单纯的学术研究机构,就是它有人才培养的功能,而这种功能不是外于学术研究的,而是与学术研究水乳交融在一起的。

第一节　培养目标

培养目标的设定,既要符合国家学位规范,又要考虑专业的社会需求,还要考虑本校的教育追求。高等教育研究所每申请一个学位点,都会反复论证专业的培养目标。

一、学术硕士

最早高等教育学硕士点对于培养目标的设定,在申请报告中可以看到:"重视高等教育学科高层次人才的培养是我国发展高等教育事业的重要环节之一。现在教育行政部门,特别是在高校工作的教职工中,许多人也迫切感到要提高自己的理论水平和业务工作能力。基于这一基本认识和基本估计,复旦大学设立高等教育学学科的硕士学位专业点,为社会培养通晓教育和高等教育科学的专门人才,从社会需求即学生来源和毕业生去向等角度看是很必要的。"学位点设置了四个方向:大学与社会经济发展、大学管理、比较高等教育、学位与研究生教育,既是对现实需求的呼应,也是师资条件的许可。综合来看,早期目标的设定是功能性的,而非学理性、科学性的,也是笼统的、简略的。这也不见得就不好,模糊本来就是目标设定的一种策略,为探索提供了空间。所以,1996年首次招生考试,就是两个科目:高等教育概论和高等教育管理。

后来,高等教育研究所对培养目标的认识逐渐稳定,也具体化、明朗化了。2012版培养方案的表述是:"通过系统的高等教育学及其相关课程的学习和研究,培养德、智、体全面发展,在高等教育学领域掌握坚实的基础理论和系统的专门知识,具有较强的文字能力,能熟练运用一门外语和计算机工具,具有独立担负本学科的科学研究和高等学校教学工作的能力,能在教育行政部门、高等院校及社会组织机构独立从事教育研究、教育管理及培训工作的高层次专门人才。"内涵与外延更加明确了,结构化地阐明了培养对象所应具有的素质、知识和能力结构。而功能指向细化为从事研究和实务两类,岗位指向扩展为多类,尤其是增加了社会组织机构,未免有些宽泛。而专业方向则有所收敛,设置为三个:高等教育管理、比较高等教育、学位与研究生教育。

2018年,高等教育学专业的培养目标表述,包括4个方面:

1. 学科与专业概括

高等教育学专业以培养具有高等教育学领域的专门知识和技能,能在高等学校以及其他有关部门从事研究、教学和管理工作的专门人才为目标。"高等教育学"是多学科交叉的人文社科领域,具体涉及高等教育发展政策、大学内部治理与管理、高校人才培养与社会服务职能等领域,其学科发展与我国高等教育改革实践紧密相关。本专业强调掌握本学科核心知识并具有开阔的学术视野,强调理论学习与社会实践相结合,强调学习和研究相结合。全日制研究生应以学习和研究为主,积极参加本学科领域相关的课题研究、学术活动和管理实践,逐步形成独立科研能力和实践岗位的胜任能力。

2. 毕业生应具备的基本素质

通过三年的课程学习和研究训练,在高等教育学领域掌握坚实的专门知识和学术技能,具有从事本学科科学研究和教学工作的能力,成长为能在教育行政部门、高等学校以及其他有关部门从事研究、教学和管理工作的专门人才。本专业学生应具备以下基本素质:独立思考的习惯与能力、批判反思精神与能力、合作精神与沟通能力、终身学习意识与能力。

3. 毕业生应具备的基本学术能力

熟悉并掌握人文社会科学研究的基本方法和技能,具有较好的信息素养和学术表达能力,熟练掌握一门外语并具有国际化视野,遵循学术规范,能独立或在导师指导下开展科研工作。

4. 其他

本学科专业/专业学位领域研究生的学制为全日制 3 年。

这个表述更加具体了。

教育经济与管理作为一个学科也好,作为一个专业也好,其实是有些尴尬的。这个学科的归属、性质、内涵都屡受质疑。按照国务院学位委员会发布的《授予博士、硕士学位和培养研究生的学科、专业目录》(1997 年版),"教育经济与管理"被归入管理学门类下的公共管理一级学科,并可授予管理学和教育学学位。2022 年版中,它仍然属于公共管理一级学科下的二级学科,但其学科定位更加明确,强调其在公共管理领域的重要作用,主要授予教育学学位,体现其在教育领域的学科定位。早期该学科的定义主要强调教育经济与管理是教育学、经济学和管理学的交叉学科,主要研究教育与经济的相互关系及其发展规律。现在其研究内容进一步拓展,包括公共教育管理理论、公共教育决策、教育财政管理、教育人力资源管理等多个方面。

高等教育研究所在教育经济与管理专业硕士培养目标设定上,

培养方案大体稳定,即:"通过系统的教育经济与管理学科及其相关课程的学习和研究,培养德、智、体全面发展,在教育经济与管理领域掌握坚实的基础理论和系统的专门知识,具有较强的文字能力,能熟练运用一门外语和计算机工具,具有独立担负本学科的科学研究和高等学校教学工作的能力,能在企业、学校、政府机关和其他社会组织独立从事教育经济与管理研究以及人力资源开发工作的高层次专门人才。"专业方向定为比较教育经济、教育管理与人力资源开发,可以看出偏向经济,偏向管理。由于学科本身内涵外延的不确定性,导致了人才培养目标的模糊性。

2018 年的培养目标是这样表述的:

1. 学科与专业概括

通过教育经济和管理等相关学科理论和方法的学习,以及实际问题的研究训练,培养具有良好思想道德素质、坚实理论基础、系统专门知识、开阔学术视野、独立开展本学科研究活动和教学工作的能力,毕业后能从事本学科理论研究、教学、学校管理、人力资源开发和公共管理工作的高层次专门人才。

2. 毕业生应具备的基本素质

通过系统的课程学习、学术活动参与和研究训练,培养德、智、体全面发展,在教育经济与管理领域掌握坚实的基础理论和系统的专门知识,具有较为开阔的学术视野、品学兼优的专业人才。具有独立担负本学科的科学研究和高等学校教学工作的能力,能在企业、学校、政府机关和其他社会组织独立从事教育经济与管理研究以及人力资源开发工作的高层次专门人才。

3. 毕业生应具备的基本学术能力

熟悉并遵循学术规范,掌握一到两种最基本的科研方法,具有较强的口头和书面学术表达能力,熟练运用一门外语,具有一定信息素养和国际化视野,能在导师指导下独立自主地开展科研活动。

4. 其他

本学科专业/专业学位领域研究生的学制为全日制 3 年。

课程与教学论专业的人才培养定位的最初表述是："通过系统的理论学习和研究训练,培养德、智、体全面发展,在课程与教学论领域掌握坚实的基础理论和系统的专门知识,具有较强的文字能力,能熟练运用一门外语和计算机工具,具有独立从事专门研究、开展实际工作的能力,能在教育行政部门、高校、中学及社会教育培训机构担任教育管理者的高层次专门人才。"非常确定的是,培养教育管理人才,而且不分学段、不分机构类型。设置了课程与教学评价、比较课程论两个方向,偏课程、偏高等教育。这些都与师范大学同类专业有很大差别。这是复旦大学高等教育研究所人才培养的特色所在,实则也是学科资源约束之所然。2004 年培养方案调整为两个方向:大学课程论和院校管理。这个变化是出于当时高等学校发展的现实需求,也与复旦大学的改革同频。另一方面是对培养对象的收敛,聚拢在高等学校的管理人员。培养方案的调整说明,大学课程论方向以解决我国高等教育课程与教学改革实际问题为出发点,侧重高等教育课程理论、课程编制、课程实施、课程评价、通识教育的研究。院校管理方向以高等学校人才培养为中心,研究不同层面、不同岗位的实际管理问题。

2018 年版的培养方案对培养目标的表述是:

1. 学科与专业概括

课程与教学论是研究课程编制、课程实施、课程评价与教学现象、教学活动及教学规律的一门科学,是一级学科教育学的一个二级学科。

2. 毕业生应具备的基本素质

通过系统的理论学习和研究训练,培养德、智、体全面发展,在课程与教学论领域掌握坚实的基础理论和系统的专门知识,具有独立从事教育科研的能力,能在教育行政和教育科研部门、高等学校、中小学校、企业与社会教育培训机构担任教育管理及学术研究的高层次专门人才。

3. 毕业生应具备的基本学术能力

(1)掌握课程与教学论研究的基本知识和研究方法,懂得学术研究的准则与规范,具有较强的写作能力,能熟练运用一门外语和计算机工具,具有独立从事课程与教学研究的能力;

(2)掌握系统扎实的本学科的基础理论,了解本学科的研究方向、发展趋势及理论前沿;具有追踪、发现本学科的热点和前沿问题的能力和国际视野;

(3)具有较强的调查研究能力、文字表达能力;能独立思考,开展研究性学习;

(4)能协助导师开展相关的科研项目,承担相应的研究任务,并完成规定的任务和要求;

4. 其他

本学科专业/专业学位领域研究生的学制为全日制 3 年。

二、专业硕士

作为专业学位的教育硕士授权点是在特定历史情境下申请的,在申报书中,对目标的表述是:"总体目标:用复旦百年积淀反哺基础教育,培育新一代具有全球视野、知识面开阔、专业性强、会研究的新一代高水平中学教师。具体目标:(1)具备良好的思想素养和职业道德,有为基础教育发展服务的社会责任感;(2)具备宽厚的知识基础、较高的学识修养、扎实的专业功底;(3)具备国际的视野、较高的专业外语水平、自主专业发展的能力;(4)具备较强的教育实践能力,能够胜任学科教育教学工作;(5)具备一定的教育研究能力,能够理论联系实际,研究教育改革实践中的现实问题,富有创造性地开展工作。本专业与教育学硕士培养目标不同,不仅面向学术发展,而且重在应用。"这个设定的目标实际上比全国教育专业学位研究生教育指导委员会修订的《全日制教育硕士专业学位研究生指导性培养方案》还要高。

起初,高等教育研究所申请设置教育硕士点是打算培养学校在职的管理人员,因为当时政策性的限定,第七批批准设立的教育硕士授权点只能招收全日制应届本科毕业生,因而定位为高水平的高中教师。教育硕士按学科教学定方向,复旦大学高等教育研究所从实际出发,选择了语文、数学、物理、化学、生物、英语、历史这些基础学科方向,一则考虑师资,二则考虑实习基地资源。

最初的培养目标定位还与复旦大学筹建教育学院有关,希望以一流的生源培养面向未来的高资质的中学教师。所以,设定生源是复旦大学的本科生。2012年首次招生,完全是通过各院系推荐免试直升。然而,2013年起,研究生院考虑教育公平,要求招生推荐免试直升的比例不超过应招数量的50%。而面向社会招收的学生虽经过统考按分数录取,但实际能力参差不齐,使得教育硕士培养难以维持原来的目标定位和学科方向架构。为了保持专业"小规模、精品化"的培养特色,经所学术委员会讨论审议,自2014年起,本专业招生的学科方向从语文、数学、英语、物理、化学、生物、历史七个学科领域,缩减为语文、数学、英语三个学科。

2018年新版的培养方案,对三个学科方向培养目标的表述是一致的,更加具体而细致。

总体目标:用复旦百年积淀反哺基础教育,培育新一代具有全球视野、知识面开阔、专业性强、会研究的新一代高水平中学教师。

具体目标:(1)具有良好的思想素养和职业道德,有为基础教育发展服务的社会责任感;(2)具有宽厚的知识基础、较高的学识修养、扎实的专业功底;(3)具有国际的视野、较高的专业外语水平、自主专业发展的能力;(4)具有较强的教育实践能力,能够胜任学科教育教学工作;(5)具有一定的教育研究能力,能够理论联系实际,研究教育改革实践中的现实问题,富有创造性地开展工作。

三、学术博士

教育经济与管理专业博士学位的目标定位,除了有这个二级学科本身面临的不确定性所带来的麻烦之外,还有功能性选择和师资力量的挑战。2012年申请教育经济与管理专业博士学位授权点时,确定的目标是:"通过中外教育经济和教育管理学科的理论、方法和技术的学习以及相关实际问题的研究训练,培养具有良好的思想道德素质、坚实的理论基础、系统的专门知识、独立从事本学科重大问题研究的能力,毕业后能从事本学科理论研究、教学、学校管理和公共管理工作的高层次专门人才。"尽管这么表述并不成问题,但是作为小众化的培养究竟要培养哪类人才,还是颇费思量的。未来是做纯学术研究的,还是做实务的,在最高层次的学历教育中,应当分得更清楚,因为越到高端,越应当是高度专业化的。

在申请增列教育经济与管理博士点时,确定在已有的学科基础上进一步凝练为三个方向:第一,教育经济与政策。本方向是该二级学科的核心领域之一,主要涉及① 教育制度(政策)环境分析;② 教育与社会经济发展的关系研究;③ 教育成本与收益估算;④ 中外教育政策比较研究等若干方面。第二,高等教育管理。这个方向是教育管理的重要领域之一,既包括宏观的高等教育公共管理,也包括中观和微观的高等院校管理,涉及范围较广,具有系统性。第三,教育质量与评价。主要侧重于:① 高校本科教学质量评价;② 研究生教育质量评价;③ 高校教育质量保障体系研究;④ 基础教育及职业技术教育的督导与评估;⑤ 以学生问卷调查为主的教育评价信息库建设;⑥ 国际教育评价理论与方法。这三个方向关联紧密,可以形成相互支撑,而且已经有一定的积累。从师资力量而言,高等教育研究所不比一般院系,博士生导师十分有限,如果宽泛地设定目标,势必带来培养架构的不确定性。更何况还有生源的纠结。根据以往的经验,高层次的管理研究人才培养,生源最好是有工作经验的人,从校门到校门的硕士毕业生没有管理实践的体验,培养成才较困难。而有工作经验的人难以脱产就读,在职攻读容易导致学习投入不足。所以,在招什么人的问题上,易陷入两难。偏教育经济还是偏教育管理,面向大教育还是面向高等教育,这更是高等教育研究所教育经济与管理专业博士生培养绕不开的问题。坐而论道不解决问题,只能摸着石头过河。

在经过了 5 年的培养实践后,恰逢学校研究生院 2018 年推出培养方案系统修改的要求,新版的教育经济与管理专业博士培养方案。对培养目标的表述是:

1. 学科与专业概括

通过教育经济和教育管理学科的理论、方法和技术的学习以及相关实际问题的研究训练,培养具有良好的思想道德素质、坚实的理论基础、系统的专门知识、独立从事本学科重大问题研究的能力,毕业后能从事本学科理论研究和教学,以及学校管理和公共管理工作的高层次专门人才。

2. 毕业生应具备的基本素质

(1)系统、扎实地掌握本学科的基础理论和方法,对于本学科的研究方向、发展趋势及理论前沿要有充分的了解和认识;(2)对所在二级学科内的前沿理论问题有较深入的了解,对所在一级学科领域内的其他理论问题有基本理解。

3. 毕业生应具备的基本学术能力

(1)具有较强的调查研究能力、文字表达能力和口头表述能力,能够独立撰写规范的调查研究报告和学术论文,并能公开进行学术演讲或在学术会议上发言；（2）能够独立承担或主要参与本学科相关的科研项目，并达到项目要求。

4. 其他

全日制博士生学制 3 学年。

四、其他类型

2009 年开办的高等学校教师在职攻读硕士学位的单证班，培养对象是国家政策限定的，专业则是高等教育研究所自主选择的。之所以选择课程与教学论专业，正是考虑到一线教师的实际需要。所以培养目标设定为："通过系统的理论学习和研究训练在课程与教学论领域，掌握坚实的理论基础和系统的专门知识，具有独立从事专门研究开展实际工作的能力，能熟练运用一门外语，能在教育行政部门、高校及社会教育培训机构担任教学骨干和教育管理的高层次人才。"考虑到生源岗位的多样性，经过反复讨论，在全日制课程与教学论专业硕士生的定位基础上，确定了三个方向：大学课程论、比较课程论、院校管理。增加管理方向主要的考虑是，这些攻读学位的教师，毕业后不仅会在教学能力和水平方面上一个新层次，而且可能会成为院校管理干部的苗子，担负更大的责任。

高等教育研究所连续几年开办了非学历教育的硕士课程班，专业设置高等教育学、教育经济与管理、课程与教学论都有，都是根据社会需求来确定。生源都是在职的学校教师、管理干部，基本的培养定位，就是补缺、提高，面向实践，而且兼有咨询服务的功能。

2012 年，复旦大学研究生院开始推出 FIST 项目（Fudan Intensive Summer Teaching，"复旦大学夏季集中式授课"，简称 FIST），主要目的是加强研究生课程建设，实施研究生名牌课程推广示范计划，扩大优质研究生教学资源共享。2013 年夏季，林荣日牵头、田凌晖和熊庆年参与,邀请中国香港大学白杰瑞(Postiglione)教授共同开设了 FIST 课程"教育与社会经济发展"。课程两周共 54 学时,3 学分。之后 2014年邀请了许美德教授,2015 年邀请了中国香港大学教育学院潘甦燕副教授,2018 年邀请了中国台湾中正大学教育研究所詹盛如教授,2019 年邀请了中国台湾淡江大学学习与教学中心张钿富教授,总共开设 5 次。2016 年夏季,乐毅邀请加拿大安大略教育研究院格兰教授共同开设了 FIST 课程"课程政策与管理(中外课程政策与管理比较)"。

2007 年,应学校教务处之请,高等教育研究所面向本校本科生开办了本科教育学第二专业。按照《复旦大学关于在本科生中试行第二专业、第二学士学位教学的暂行规定》,办第二专业,是"为充分体现学分制的优越性,给本科生更多的选择和发展机会,加快复合型人才的培养"。由于高等教育研究所没有教育学本科专业,只能属于辅修的第二专业,不能纳入第二学士学位。根据这个精神,高等教育研究所制订了特殊的培养方案,确定的培养目标是"培养具备非教育专业学科背景,又具有一定的教育理论素养和专门知识,视野开阔,富于创新精神,能适应 21 世纪教育改革发展需要的中学教师和教育行政管理人才。同时,致力于为教育学科和相关学科研究生教育输送合格生源"。培养要求:"本专业要求学生掌握教育科学的基本理论及基本知识,了解教育科学研究的前沿问题,受到教育科学研究的基本训练,能够结合所学第一专业学科知识,掌握学科教学工作的基本能力,具备一定的课程开发能力,以及教育行政管理能力。"简言之,就是为本科生未来当教师或成为教育学科的研究生做准备。这个定位符合实际,延续 5 年的教育学第二专业,吸引了一批想未来成为教师的各专业本科生来辅修,有数位修读的本科生后来就成为高等教育研究所的硕士研究生。辅修第二专业试行 5 年以后,主要因为不能获得第二学位,申请的本科生减少,教务处取消了这个安排。

第二节　课　程　设　置

在知识加速累积、生产方式迭代的时代,研究生课程如何既保证具有前沿性,又维持学科范式框架下的可传递、可迁移,促进知识的创新,达到稳定性和发展性统一,是非常大的挑战。

一、学术硕士

高等教育学专业的课程早期的设置,是根据学校研究生课程的类型结构要求、专业的目标要求和几个研究方向来安排的,分为必修课和选修课两大类。必修课包括高等教育学、大学教育与社会经济、大学管理、比较教育学、高等教育管理学、高等教育哲学、高等教育国际比较、高等教育发展战略专题研究、教育统计学、教育评价、学位与研究生教育发展的历史沿革。选修课有:高等数学、算法语言与微机应用、教育心理学、高等教育史、教育经济学、研究生教育管理概论、学位与研究生教育专题研究、现代大学论、未来高等教育展望、教育学。这个安排课程数还是比较多的,必修课中除高等教育国际比较一门 70 个学时,多数是 35 个学时,最后两门 18 个学时。选修课当中教育学 70 个学时,前 6 门 35 个学时,其他 4 门 18 个学时。当时应当还是探索性的,实际付诸实施的并没有这么多。按照学校的规定,学分是 36 学分。除去公共课 10 学分,必修的专业学位基础课、专业课 15 学分,以及实践 1 学分,自由选修的空间不大。

2009 年的培养方案,高等教育学专业的硕士课程除公共选修以外,学位基础课有:高等教育原理(3 学分)、高等教育史(3 学分)、教育科学研究方法(3 学分)。学位专业课有:比较高等教育(3 学分)、高等教育管理基础(3 学分)、高等教育评价(3 学分)、教育政策与法规（3学分）、学位与研究生教育（3学分）、医学教育管理（3学分）。专业选修课有：教育心理学（2学分）、教育财政学（2学分）、人力资源开发管理与教育（2学分）、教育经济学原理（2学分）、高等学校管理实务（2学分）、企业教育研究（2学分）、高等教育国际化专题（2学分）、教育领导学（2学分）、民办高等教育发展（2学分）。总学分压缩到33分，增加研究生自由学习的空间。

　　教育经济与管理专业的硕士课程除公共选修以外，学位基础课有：高等教育原理（3学分）、教育科学研究方法（3学分）、教育经济原理（3学分）。学位专业课有：高等教育管理基础（3学分）、教育政策与法规（3学分）、教育财政学（3学分）、人力资源开发与管理（3学分）。专业选修课有：高等教育史（2学分）、比较高等教育（2学分）、高等教育评价（2学分）、教育心理学（2学分）、高等教育管理实务（2学分）、教育统计与软件（2学分）、企业教育研究（2学分）、教育投资论（2学分）、教育领导学（2学分）、民办高等教育发展（2学分）、教育投资论（2学分）、组织理论（2学分）、教育财政学专题（2学分）、教育领导与学校变革（2学分）。总学分同样33学分，专业选修也是有限的。

　　课程与教学论专业的硕士课程除公共选修以外，学位基础课有：课程与教学原理（3学分）、高等教育原理（3学分）、教育科学研究方法（3学分）、教育心理学（3学分）。学位专业课有：大学课程论（3学分）、比较高等教育（3学分）、高等教育管理基础（3学分）、课程管理与评价（3学分）。专业选修课有：高等教育史（2学分）、高等教育评价（2学分），教育政策与法规（2学分）、学位与研究生教育（2学分）、人力资源开发与管理（2学分）、教育统计软件（2学分）、教育领导论（2学分）、西方课程论流派（2学分）、课程论与教学改革（2学分）、大学通识教育专题（2学分）。总学分要求33学分，实际选修只需4门就能满足。

2010 年后,学校要求按一级学科来设置专业课程,以利于根据需要来组合,最大限度地利用学科课程资源,给研究生更大的选择余地。高等教育研究所对 3 个硕士点的课程重新作了梳理。3 学分的课程有:高等教育史、高等教育原理、教育科学研究方法、教育心理学、课程与教学原理、高等教育管理基础、比较高等教育、高等教育评价、教育政策与法规、学位与研究生教育、课程管理与评价、大学课程论。2 学分的课程有:西方课程论流派、教育统计与软件、大学通识教育专题、课程论与教学改革、组织理论、教育领导与学校变革、教育领导学(全英文授课)、高等教育管理实务、人力资源开发管理与教育、教育财政学、民办高等教育发展、专业英语。各专业课程学习及学分的基本要求都是一致的。总学分 31 学分,其中:公共学位课须修 4 门 10 学分,学位基础课须修 2 门 6 学分,学位专业课须修 2 门 5 学分,专业选修课须修 3 门 8 学分,跨一级学科课程须修 1 门 2 学分。各专业可以根据培养目标在一级学科专业课程中选择组合。两个以上专业同选的课统一开课,以提高师资配置效率。各专业可以根据本专业的实际提出必修和选读的书目和论文发表的期刊目录。总学分再减少 2 个学分,主要考虑是给研究生更多的空间自主学习。

二、专业硕士

2011 年,教育硕士的课程学习及学分的基本要求是:学制 2 年,总学分 38 学分。其中:学位基础课须修 6 门 12 学分,包括专业必修课须修 5 门 10 学分,专业选修课须修 3 门 6 学分,实践教学须修 1 门 8 学分。当时开设的课程学位基础课有:外语、政治理论、教育学科的历史发展与现状、课程与教学论、教育研究方法、青少年心理发展与教育。专业必修课(主要由复旦附中的教师开设)有:课程与教材分析(分学科方向)、教学设计与案例分析(分学科方向)、教育测量与评价、学科基础与前沿(分学科方向)、学校组织与领导。专业选修课有：教育学科发展前沿与教育改革、国际教育改革专题探究、课程改革与教师专业发展、校本课程开发专题研究、学校及班级管理实务、教师职业伦理。实践教学（主要由复旦附中、复旦二附中教师开设）有：教育见习、模拟教学、教育实习、实践研究。

2014年，教育硕士专业学科方向只设语文、英语、数学之后，学科方向的专业课指向性更加明确，从学科方向开设，并固定下来，有些课面向全市聘请特级教师开课。2018年，学校统一修订培养方案之后，总学分要求统一为36个学分。其中公共课4个学分，包括政治理论课和第一外国语各2分。学位核心课两类，学位基础课最少4门，最低学分要求8学分；学位专业课最少5门，最低学分10分，总共18个学分。专业选修课最少4门，6个学分。开出的学位基础课有：青少年心理发展与教育、课程与教学论、教育学原理、教育科学研究方法。学位专业课开出的有：学校组织与领导、课程与教材分析、教育测量与评价、学科基础与前沿、教学设计与案例分析（分学科方向）；学位专业课开出的有：教师职业伦理、学校课程的开发与实施、现代教育技术发展与应用、学校及班级管理实务、教育改革前沿、德育研究、教育政策与法规。

教育硕士学制2年，第一年不分学科，进行教师基本职业素养、教育基础教学实践和研究能力的培养；第二年根据本科专业背景和兴趣，在教学实践基地导师指导下，按中学学科分科进行学科教学能力培养，一边开展教学实习实践，一边进行学位论文写作。在学期间，必须保证不少于1年的实践教学。实践教学包括教育实习、教育见习、微格教学、教育调查、课例分析、班级与课堂管理实务等实践形式，其中到中学进行实践活动的时间不少于半年。

为契合专业学位强专业、重实践的特点，高等教育研究所与复旦大学附属中学以及复旦大学第二附属中学密切合作，组合教育、学科（专业）、教学实践三方联合的师资团队，聘请两校的特级教师以及一批骨干教师作为教育专业硕士的兼职导师,同时高等教育研究所也与中文、历史、哲学的相关院系协商,聘请部分教授为教育专业硕士学生开设专业课程,或允许教育专业硕士学生选修他们院系开设的研究生专业课程。

学位论文的选题要求紧密联系我国基础教育,着重考察研究生运用所学理论解决中学教育教学实际问题的能力。学位论文可采用调研报告、案例分析、校本课程开发、教材分析和教学案例设计等多种形式。

三、学术博士

在博士教育中,课程的作用与其他层次是非常不一样的,作为最高阶的课程,是高度专业化的、具有探索性的。高等教育研究所在初始设置博士学位点时,总学分:22学分,其中学位公共课6学分,包括政治理论课1门2学分、公共英语修1门2学分、专业英语课1门2学分;学位专业课按研究方向2门6学分;选修课8学分。专业选修课设置了3门供选:教育经济学专题、高等教育管理专题、教育评价专题,各3个学分,在第一学期开设。专业选修课有6门供选:高等教育治理问题、教育公共政策问题、高等教育研究方法论、院校研究专题、中外教育学名著选读、教育经济与财政热点前沿问题系列讲座,各2个学分,前4门在第二学期开设,后两门在第三个学期开设。跨一级学科课程设置有10门供选:中国社会政治分析、文化文明与国际关系、高级社会研究方法、经济转型与社会结构变迁、制度经济学、中国经济、经济和管理中的现代分析方法、管理学进展、法律经济学、社会公正理论研究,在第二或第三学期开设,学分为2分或3分。

2013年博士研究生正式招生后作了调整,专业选修课调整为5门:除去了高等教育研究方法论,中外教育名著选读改为中外教育制度专题。跨一级学科选修调整为6门:制度经济学研究、管理学进展、当代中国经济、中国社会政治分析、公共政策分析、高级社会研究方法论、经济转型与社会结构变迁。总学分要求修 19 学分以上，其中公共学位课 4 门 7 学分，包括外语 2 门 3 分，专业外语 2 分，政治 2 分；学位专业课 2 门 6 学分，专业选修课 2 门 4 学分；跨一级学科课程，需要修 1 门 2 学分。另有补修课：凡是同等学力或跨学科录取的博士生，必须按照导师要求补修本学科硕士课程 1—3 门，并且考试须与硕士生同堂同卷，记录成绩，但不计学分。

2018 年，在总结经验的基础上稍作调整，学位基础课中的教育经济学专题和高等教育治理专题分别改为高级教育管理学专题和高级教育经济学专题，增加了教育研究范式、英文文献研读。跨一级学科选修课调整为：制度经济学研究、社会公正理论研究、比较公共行政、中国社会政治分析、公共政策分析、高级社会研究方法论。为了与硕士教育相衔接，规定拥有非教育学科硕士学位的学生必须在教育学科补修两门学位基础课（教育经济与管理专业硕士毕业者除外），不计学分。

四、其他类型

2009 年，高校在职教师攻读课程与教学论专业硕士学位单证班的课程设置参照了全日制课程与教学论培养方案，总学分 41 分，其中公共学位课 2 门 7 学分，学位基础课 4 门 12 学分，学位专业课 4 门 12 学分，专业选修课 5 门 10 学分。学位基础课包括课程与教学原理、高等教育史、教育科学研究方法、教育心理学。学位专业课包括：比较高等教育、高等教育管理基础、课程管理与评价、大学课程论。专业选修课包括：人力资源开发管理与教育、高等学校管理实务、教育统计与软件、教育领导学、大学通识教育专题。因为是在职学习，课程采取寒暑假、法定节日长假集中授课方式。

本科辅修教育学第二专业开设的必修课有教育学、中外教育史、心理学概论、教育心理学、课程论、教育行政与学校管理,选修课有伦理学、教育研究方法、教学论、教育经济学、比较教育学、社会学导论、学习心理学、教育统计学、教育政策与法规、高等教育评价、高等教育学、人力资源管理与教育、教育财政学等。学分要求是必须修满教学计划规定的 40 个学分,其中专业必修课 20 个学分,专业选修课 20 个学分以上。达到规定要求者授予复旦大学教育学(第二)专业证书。

第三节　教　学　活　动

人才培养在过程中得以成就,是一个系统性的工作。高质量的人才培养,需要各个环节的有效实施,才能得到保障。

一、导师制度的优化

在研究生教育中,最重要的莫过于导师制度的合理性。高等教育研究所自开展研究生教育之始,就把导师制度建设当作大事来抓,不断优化。最早规定,有副研究员以上职称者具有硕士生导师资格。后来,随着各项制度的健全,导师具备资格者需要提出申请,经所学术委员会评议,通过后方可报学位分委员会审议。获得导师资格后,按照研究生院规定,必须参加研究生院的导师培训方可上岗。

为了保证导师有足够的精力指导研究生,规定每个导师每学年新增指导研究生不超过 2 人。并且尊重研究生的意愿,实行师生双向选择。新生第一学期末选导师,在不能够满足各方意向的情况下,才由秘书与其他导师协商后作出次优匹配。也允许研究生中途更换导师,以满足研究生学业发展的特殊需要。

复旦大学在 2008 年开始对导师工作规范化,高等教育研究所在严格执行学校规定的基础上,把过去行之有效的做法制度化。2009年出台了《高等教育研究所学生选导师工作的相关细则(科学学位)》,规定遵循"以学生为中心""师生双向选择"的原则,以使指导教师能充分挖掘研究生的潜力,在自己的研究领域内对研究生在科研和学业方面给予针对性的指导,同时将尽可能尊重研究生的专业、研究兴趣和自主选择。并根据当时情况提出了具体细则:① 每位具有导师资格的教师指导研究生人数原则上每学年不超过 2 人,总人数不超过 6 人;② 研究生提交的自主选择中可有"首选"导师和"次选"导师两项选择;③ 由于本所两个专业具有很强的相关性,研究生可根据自身的专业方向和研究兴趣,以及导师的研究方向进行选择,不受专业限制;④ 在研究生提交的两项自主选择均不能得到满足的情况下,将由所里与教师协商进行调剂安排,优先考虑指导任务相对较轻的导师;⑤ 今后研究生因学位论文研究课题的需要,经原导师同意,在其他具有导师资格的教师愿意参与指导的情况下,可以申请双导师;⑥ 如今后研究生因研究兴趣改变,希望变换导师,可以在原导师同意,同时其他具有导师资格的教师愿意接收的前提下,向所里提出申请,重新安排导师,但申请必须在第三学期结束前一个月提出;⑦ 今后出现由于教师人事变动或其他意外因素而不能继续指导研究生的情况,所里将考虑研究生的研究方向和意愿,与教师协商,为其重新安排导师。

高等教育研究所出于补充不足和加强外部连接性的考虑,一直聘请兼职导师。尤其在 2011 年教育硕士授权点申请成功后,兼职导师队伍扩大。为了保证兼职导师聘请合规合理,特制定了《复旦大学高等教育研究所兼职导师聘任规定》。2017 年,这个规定又根据新的情况进行了修订。修订后的规定有八条:

第一,在本所之外聘请兼职导师,应视学科发展的现实需要,符合复旦大学学位委员会和研究生院的相关规定。

第二，兼职导师分为博士生兼职导师、学术学位硕士生兼职导师、专业学位硕士生兼职导师。博士生兼职导师应当具有博士学位，获得正高级职称五年以上，担任过硕士生导师。学术学位硕士生兼职导师应当具有博士学位，一般应具有正高级职称。专业学位硕士生兼职导师一般应当具有研究生学历，具有中学高级教师以上职称，在中学从教十五年以上。

第三，兼职导师由所长提名，经教授委员会评议，学术委员会审议决定，通过后具有候选资格。兼职导师资格的正式获得，需按照复旦大学研究生院关于导师资格的相关规定，依照规范程序提出申请，获得批准后才实际享有导师资格。

第四，兼职导师的主要任务是：参与或独立指导本所培养博士研究生或硕士研究生。兼职导师参与指导工作的当在责任导师统一安排下开展工作，不负主要责任。独立指导研究生的兼职导师需对所指导的研究生完成学业进程负主要责任。

第五，兼职导师在正式上岗前，按规定须接受复旦大学研究生院的导师培训，并与本所签订聘任协议，具体约定任务、责任、权利和义务。

第六，兼职导师在履行责任期间，须遵守本校、本所关于研究生培养的各项规定，接受相关评估。

第七，兼职导师聘期届满，由所教学指导委员会进行评估，做出续聘或不续聘的决定。如无续聘，聘任自动解除。

第八，兼职导师在聘期内承担指导任务，应获得与在编导师同类工作的同等报酬，所需费用从本所发展经费或者科研项目经费中解决。

二、规范建立与完善

在研究生教育方面，高等教育研究所一方面遵守学校有关研究生教育的规范,另一方面不断努力地探索适合本机构实践的具体要求。

2000年,在开创摸索的基础上建立起了初步的工作规范,确定了中期考核的小论文制度和学位论文中期报告制度,明确了研究生经费使用制度,选课办法,定方向定导师办法,反复讨论调整了培养方案和教学计划,初步形成了教学管理制度,部分课程制定了详细的课程大纲,连续两个学期进行了教学评估。

2001年,在高等教育学硕士点获批准5年之际,进行了一次全面的总结,修订了研究生课程计划,实行了小论文答辩和学位论文中期检查及预答辩,实行了研究生第一学年第一学期选导师,研究生教育得到进一步的规范。还通过与上海市教育科学研究院高教所合作,为研究生开设了系列前沿讲座,初步建立起课外增设前沿讲座的制度。

为了使研究生更好地遵守制度规范,2009年,高等教育研究所制定了《学生手册》,2012年进行了修订。《学生手册》的内容有:第一,高等教育研究所简介,包括概况、组织结构、服务指南;第二,教学管理规定,包括学籍管理、课程及考核管理;学生事务管理规定,包括学生组织、学生刊物、班级制度建设、奖助体系、请假制度。还附录了各专业培养方案、选导师工作的相关细则、研二奖学金评定标准、研三奖学金评定标准、国内教育学期刊指导目录、学位论文规范。还制定了《高等教育研究所硕士研究生三年学习程序》,把从入学到毕业每个培养环节的内容与要求、时间节点、责任人,都详细列表,方便研究生通览。

提高教育质量核心在提升学生自主学习能力和探索、创新的能力,围绕这个核心,2010年高等教育研究所加大了教育教学改革的力度。无论在研究生课程还是在本科第二专业课程上,教师们都注重引导学生探索性、研究性学习。有的教师采用多种形式的案例教学与现场观摩,启发学生思考,把握专业知识的精髓。有的教师改变基础课的传统授课方式,指导学生分专题进行研讨,激发学生的学习自主性。有的教师引导学生开展小组研究活动,针对学校管理中的现实问题组织调研,使学生在研究实践中掌握科学研究的方法,指点学生竞争学校团委科创项目。还鼓励教师开出了本所第一门全英语授课的研究生课程,并尝试用更为具有灵活性和研究性的方式开展专业英语教学。

为了给专业硕士教育夯实基础,2014年,高等教育研究所一方面与复旦附中、复旦二附中反复协商,规范了见习、实习流程以及相关制度,增设了闸北八中见习实习基地,增加了外聘教师授课。对研究生开题、中期考核,开始实行严格的评估制度,评估小组导师回避,评估无记名打分,未通过者必须重新申请走流程,未通过上一流程不得进入下一流程。实施的结果,大大提高了开题与中期考核环节的严肃性、有效性,对改善学风起到了十分积极的作用。

2015年是高等教育研究所历史上毕业人数最多的一年,第二届教育专业硕士人数较第一届多出两倍,且学科面广、转专业的多。为了保证培养质量,所里严抓学位论文过程检查的环节,通过制度约束来规范行为,达不到要求的决不通过。另一方面,对出现的少数"问题"研究生,各方配合,开展深入细致的工作,既坚持质量标准,又保证稳定。这一年博士生培养还处在初始阶段,为了克服导师群体小、培养经验不足等困难,在制订工作规范时向兄弟院系取经,同时聘请国际关系与公共事务学院、社会发展与公共政策学院的博士生导师参与培养过程,主持博士生中期考核、资格考试,扎实做好每一个培养环节。

2018年7月,高等教育研究所为了建立起更加可靠的人才培养质量保障体系,根据复旦大学有关培养、学位授予、课程和教学管理的规定,结合本所研究生培养具体要求,制定了《研究生培养必修环节实施细则(试行)》,内容涉及导师选择、培养计划、资格考试、学位论文开题、中期考核、学位论文预答辩、学位论文答辩、学术活动、实践活动九个方面。

三、质量控制与评估

质量是人才培养的生命线。高等教育研究所从开展研究生教育以来,始终不渝地把质量摆在重要的位置。

招生是人才培养的起点,由于复旦大学没有教育学的本科专业,研究生招生一直存在生源来源的不确定性,不同层次、类型的高校,不同学科、专业的学生,不同途径的招生渠道,给招生带来很大的挑战。一方面要维护公平、公开、公正的原则,另一方面要把真正心向学术、有发展潜质的对象筛选出来,需要慎之又慎。早期,招生专业自主出题。为保障出题质量,同时要做到保密,高等教育研究所的做法是,成立所长为组长的出题小组,多人背靠背分出,小组面对面挑选统合,销毁多余,封存所选,签字担责。也试行过建题库、轮流参与等多项措施。在部分专业部分科目实行国家统考时,在复试时加试自主出题科目。招生考试阅卷通常采取集中阅卷,多人分题评阅,弥封试卷,避免各种因素可能产生的干扰。复试面试,教师共同参与,独立打分,集体把关。成绩公示,接受监督。专业硕士招生,为了甄别考生是否具有教师潜质,高等教育研究所特请复旦附中或复旦二附中兼职导师参与面试。博士生招生虽然最终以导师意见为主,但是仍然坚持前置集体把关。实行申请考核制后,由正高级职称教师组成的招生小组集体现场阅读考生申请材料,独立打分。过线的考生,才能参加复试面试。

生源较杂的好处是,具有多样性,跨校、跨学科、跨专业的生源少有束缚,有益于相互启发、学科借鉴和渗透。不利之处是,专业水平参差不齐,专业素养高低不平。为了补齐短板,要求非教育学科来源的研究生补学教育学的基础课,所里为此曾专门开设相关课程,或要求他们选修本科教育学辅修第二专业的相关课程,也鼓励他们通过其他渠道自学。博士生非教育学专业硕士毕业,则要求补修教育学专业硕士基础课。

质量控制更多在过程。从高等教育学专业硕士点开课起,就实施了课程评估,每学期让研究生为各门课匿名打分,在教师提交课程成绩之后,将打分情况分别向任课老师反馈。

当时的硕士生课程教学评估表一级指标分 4 项:教学态度占 15%、教学内容占 40%、教学水平占 25%、教学效果占 20%。二级指标当中,教学态度包括:教师是否无故迟到早退或缺课、教师授课是否认真、教师的言传身教是否体现为人师表和严谨的学风;教学内容包括:授课内容是否反映本课程基本理论和主要问题、授课内容是否吸收本学科的新成果、教学中是否注重对创新意识和方法能力的培养、推荐的教材参考书或文献的质与量是否得当、教学中是否做到课内讲授讨论与课外练习指导等的结合;教学水平包括:教师对本课程的内容是否熟悉运用自如、授课是否条理清楚重心突出、教学中是否善于启发和引导研究生主动学习思考、教师对教学进度的掌握是否合理;教学效果包括:参加本课程学习是否基本达到了你预期的愿望、通过本课程的学习,对你打下本专业扎实的基础或掌握系统的专门知识是否有较大的帮助、你对本课程教学的整体印象。高等教育研究所还积极参加研究生院组织的课程评估,结合本所的课程评估,定期组织教师们进行研讨,及时解决研究生提出的问题。为了帮助青年教师提高教学水平,有的老教师还主动带教。

定期对课程和教学进行研讨,是高等教育研究所的常规活动,有时分专业,有时全所共同进行。还会周期性地对国内同行的同类同专业课程进行比较分析,吸取经验,取长补短,开拓视野,经常性地更新课程设置和教学内容。所长会不定期听课、召开研究生座谈会或找研究生谈话听取意见,并及时向任课老师反馈意见,促进改进。

除了内部进行评估反馈来控制质量以外,也积极利用外部评估来促进培养质量提高。2009 年,高等教育研究所报名参加了教育部学位与研究生教育发展中心的第二轮学科评估。结果是,复旦大学"教育学"学科总分为 67 分,在参评的 34 个单位中,总体排名第 17位。按硕士类别来看,得分在同授权级别(硕士二级)平均分之上,位列第二①(见表 7-1)。

表 7-1　教育学学科"学科总分"按授权类别分类统计表

授权类别	最高分	平均分	最低分	参评单位数	在本类中排名
博士一级	89	76.56	71	9	
博士二级	73	69.71	67	7	
硕士一级	68	66.33	65	3	
硕士二级	68	65.40	63	15	2
总　体	89	69.32	63	34	17

从一级指标层面看,科学研究相对于其他一级指标略强(第 17名),但人才培养相对较弱(第 31 名);在所属的学位授权分类中,大部分一级指标排名居于前半部。从部分二级指标分析可以进一步看到,在所有参评单位中,"学生情况"排在该类单位第 30 位,"科研基础"指标在该类单位中排名第 23 位,"论文专著"排在第 15 位,"科研经费"排在该类单位中的第 8 位。可见,相对于总排名,二级指标"科

---

① 教育部学位与研究生教育发展中心:《复旦大学学科分析报告(教育学)》,2023 年 4 月 23 日。

研经费"排名状况最好,"学生情况"排名状况较差。

这次的评估,使高等教育研究所对研究生教育进行了一次很好的"体检",从全国范围来审视自己。可喜的是,尽管硕士研究生教育开展才 11 年,但是能够达到硕士二级学科同类的第二名,非常不容易。值得警醒的是,存在明显的短板,"学生情况"不佳,即生源不理想。这固然有客观因素,本校没有教育学本科,研究生教育起步晚,然而,主观努力不足,是显然的。通过这次评估,高等教育研究所明白了研究生教育提升质量的方向。

2010 年 4 月,按全国学位委员会的规范要求,高等教育研究所进行了硕士学位授权一级学科点自行审核,聘请了华东师范大学唐安国教授、上海交通大学董育常教授、同济大学章仁彪教授、上海师范大学夏人青教授、上海市教育科学研究院谢仁业研究员作为校外专家组成员实施同行评议。他们的评审意见是:"复旦大学高等教育研究所自批准为教育学一级学科硕士学位授权点以来,坚持质量第一,扎实开展学位点建设,取得了明显的成效。该学位点培养目标定位清楚,质量标准明确,办学基本条件能够满足培养需要,培养过程比较规范,质量保障体系较为完整,学位论文质量总体较佳,毕业生就业情况良好,学位点整体上达到了合格要求。存在的主要问题是:培养特色不明显,培养方向不够凝练,三个专业课程设置区分度不高,兼职导师队伍老化。建议在今后的学位点建设中,要充分利用复旦大学学术环境和学科条件,进一步发展特色;要适当聚焦,凝练学科方向,着眼未来,有重点的发展;要注意从实际出发,补齐短板;要从长计议,切实搞好队伍建设。"应当说,专家们的意见是非常中肯的,为改进提出的方略也是适切的。

高等教育研究所在 2010 年获得国务院学位委员会批准新增教育专业学位授权点后,2015 年 6 月按规定进行了自评。由本所教学指导委员会组织开展教学反思和讨论,收集研究生对课程教学和培养质量方面的反馈信息,组织全体教师进行回溯性反思,帮助任课教师和导师改进教学和培养工作,并与实践基地负责人和教师开展专题研讨。在此基础上,确定将学科方向收缩为数学、英语、历史三个方向,并提出了未来三年的建设目标:① 坚持"小规模,精英化,高品质"的培养方针;② 加强与教育实践基地的深度共建;③ 建立以研究生成长信息为基础的质量保障与跟踪系统。确定重点改进领域:① 加强个别专业课授课的规范性,提高专业课程的整体授课水平;② 推动专职教师的学习和培训,提升教师基础教育的教学研究能力;③ 聚焦培养目标和方向,集中有限资源提高培养质量;④ 加强双导师指导的协作,更好为研究生发展服务。

2018 年,由于实践实习基地学校领导和兼职导师都出现较大幅度的变动,一些培养环节出现空当,加上高等教育研究所自身人员配置也有变动,遂暂停招收教育硕士。

教育部学位与研究生教育发展中心实施的学科评估,从 2012 年的第三轮全国学科评估开始,覆盖所有一级学科。在那次评估中,根据学校的安排,高等教育研究所的所有学科材料统一在教育经济管理二级学科之中,归入公共管理学科(学科代码 1204)一级学科之下。复旦大学的公共管理学科获得 81 分,位列全国参评高校第三名。在 2017 年公布的第四轮全国学科评估中,复旦大学的公共管理学科评估结果为"A—"等级。该等级表示学科整体水平位列全国参评单位前 5%—10%区间。

四、学位论文的指导

学位论文的指导是研究生教育质量的关键环节之一,高等教育研究所在探索中不断优化制度,提高质量保障水平。论文指导是非常个人化,然而群体的支持是始终坚持的做法。集体参谋,导师主导,已经成为大家共同的意识。在研究生教育规模不大的时期,硕士研究生的开题、中期检查、论文预审，都是教师全员参加。对于兼职导师指导的研究生，大家给予更多的支持，以填补兼职导师因为本职工作繁忙可能出现的脱节。导师也可以自由组织论文指导小组，协同开展工作，得众之长，以惠研究生。

在研究生规模扩大之后，并没有严格划分教师的专业边界，研究生可以自由地选导师，也可以找导师以外的教师请教学位论文中的问题。在论文写作过程的各个阶段同样是这样，教师尽量系统地全方位地给研究生以学术支持。2013年以后，高等教育研究所陆续有新教师加入，由于新生力量的加持，给研究生学位论文的支持也得以升级。所里有意识地针对研究生学位论文工作的短缺，尤其是教育方法运用上，安排个性化的专门辅导，协助导师的论文指导。在教师们的共同努力下，硕士研究生学位论文质量稳定提升。2017届硕士毕业生郑雅君的学位论文获得全国教育实证研究优秀成果奖（十篇优秀学位论文之一），其发表在C刊的论文被《新华文摘》辑录。2018届硕士毕业生王帆的学位论文获得第二届全国教育实证研究优秀成果奖（十篇优秀学位论文之一）。

教育硕士实行本所导师和实习基地导师共同指导的双导师制，为了防止协同不能衔接，在经过一段时间实践之后，便作了新的规定，明确双导师主体责任的范围，即高等教育研究所导师对学位论文的理论和研究范式负主要指导责任，实习基地导师对研究涉及的实践内容负主要指导责任。

关于博士生学位论文的指导，高等教育研究所更加强了系统性的支持。开题、中期考核、预答辩，通常都会聘请本校公共管理学科、社会学学科的教授参加。而且，还聘请北京大学教育学院、华东师范大学教育学部、上海师范大学教育学部的教授参加中期考核和预答辩。在本所内部，把年轻教师也动员起来，协助博士生导师开展指导。

第四节 润泽化人

人才培养的目的是促进研究生的全面发展,作为教育学科的机构更懂得润物无声的价值。专业的培养和心灵的滋养同在,显性课程与隐性课程并行,知和行的统一,始终是高等教育研究所努力的方向。

一、服务学生的体制

高等教育研究所是复旦大学最小的二级机构之一,专职行政人员长期只有一人。教学秘书和研究生辅导员以及科研秘书、人事秘书、外事秘书都是所内教师兼职的。2011 年王丽到职后接替退休的邬雪帆负责行政办公室的工作。由于研究生规模扩大,教学秘书事务繁重,才不再由教师兼任,而由王丽担任。尽管行政事务和教学秘书工作叠加,但是她服务学生从来没有放松,数次在所内年终考核中被评为优秀,2018 年经学校组织部批准,被聘为科长。

当然,服务研究生最基础的还是辅导员的工作。研究生辅导员按照现行制度的规定,研究生 200 人规模才能配备一位辅导员,所以高等教育研究所自有研究生教育以来,始终无法配备专职的学生辅导员。但是研究生工作又是一个研究生培养单位不可缺少的部分,尤其在从事教育学科人才培养的机构,育才必须高度重视人的全面发展,因为毕业生未来是要去从事教育工作的。现实的环境条件,促使所里形成了一套特殊的兼职研究生工作体制,保证了人才培养目标的实现。

早期研究生数量还比较少,由所长助理熊庆年兼任辅导员。在他担任副所长以后,仍然坚持了数年辅导员工作。2005 年,宋京入职以后,接替了辅导员工作。自此以后,形成了一个惯例,新入职的中共党员教师,担任辅导员工作。宋京以出色的工作开创了新的局面。她曾经组织研究生们讨论高等教育研究所的愿景,凝练出了一句得到大家认同的"所训":"小集体承载大梦想!"成为高等教育研究所文化标识。

继宋京之后,有田凌晖、钱海燕担任过辅导员,再后便是《复旦教育论坛》编辑刘培。虽然最初是作为临时接替,但是后来却成了长期工作。从 2012 年 4 月到 2019 年,刘培成为研究生辅导员、研究生工作组组长。随着研究生教育规模的扩大,研究生人数增多,类型层次增加,一名兼职辅导员已经难以应对,便开始增加辅导员。或是由本所新进教师兼任,如陆一、李会春都担任过辅导员;或是学校研工部派其他学院在读博士研究生兼任。这样逐渐形成了一个更加完整的工作体制,即以所长为核心,兼职研工组长、两位兼职辅导员、导师和研究生骨干协助管理的研究生培养和管理体系。这种体制适合当时的现实情况,满足了服务需求。刘培的真情投入和扎实的工作,得到学校研究生工作部和高等教育研究所以及归口后社会与公共政策学院党委的高度认可,研究生工作考核年年优秀,她也数次被评为学校思想政治工作先进个人。

二、研究实践的展开

通过科研实践育人,既可以使研究生体验科学精神、学术意蕴,也可以促进他们知行统一,扎根大学的现实,提高动手能力,整体提升素养。

参与教师的课题,是最好的科研历练。当然,在高等教育研究所,研究生参与教师课题并不是强制性要求。研究生可以参与导师的课题,也可以参加其他教师的课题。学位论文的选题,可以与导师的科研课题相关,也可以不相关。尊重研究生科研实践的自主性,尊重研究生的学术兴趣,鼓励开拓、创新,是教师的基本共识。

为了激励研究生参与科研,所里把研究生发表学术论文,作为评奖评优的重要的条件。2001 年,研究生教育开始不久,为了评估培养质量,所里曾经把同城兄弟院校同专业硕士研究生在学术期刊上发表论文的情况作了比较,得到的数据是本所高于平均数,而且低年级撰写科研论文开始形成风气。2001 级的房欲飞在读三年期间,共在学术期刊上发表文章 15 篇,还不包括在报纸、论文集中刊发的文章。如果说学术型硕士研究生发表期刊论文有毕业的刚性需求,那么 2013 级入校后,取消了毕业必须发表期刊论文的规定后,刚性需求没有了,但是有的学术型硕士生甚至专业硕士生仍不断有期刊学术论文发表,甚至有的发表多篇。如 2014 级的学术型硕士生郑雅君,在学术期刊、学术会议上独立或与老师合作发表论文 5 篇。中国人民大学的复印报刊资料,是国内公认的顶尖文科学术文摘。截至 2019 年,复旦大学高等教育研究所研究生独立或与教师合作发表论文被转载的达 16 篇,其中硕士研究生的有 11 篇(包括 5 篇独立发表文章)。

为了提高研究生的外语水平,教师们有意识地组织研究生参加国外学术资料的翻译、摘编,使他们在这个过程中既提高外语水平,又接触到外文学术文献,提高学术敏感,一举两得。2001 年,曾经组织全所研究生翻译美国高等教育专业的研究生教材《课程》,大家在翻译中知晓了美国大学相同专业教材的大致内容,也提高了专业外文文献的阅读能力。有的硕士研究生还主动找文献来翻译。如 2011 年,2010 级黎子华翻译了十余万字美国国家科学基金会的《20 世纪美国博士教育统计报告》,2012 年,2011 级李竹梅翻译了美国大学联合会的《全球化新世纪的大学学习》。它们被作为内部参考资料,送达学校领导和相关职能部门。2004 级邵常盈、吕春辉翻译了美国约瑟夫·P.赫斯特著《应对校园暴力——学校安全信息指南》,2006 年

7月由中国轻工业出版社出版。2015级郑雅君组织同学翻译了美国《院校研究手册》第三版的27—38章,2021年收入了同济大学出版社出版、蔡三发等译的《院校研究手册》。

三、社会实践的展开

社会实践也是研究生发展的重要方面。高等教育研究所直到2012年的培养方案,都把实习作为必修环节,规定"顶岗实习,到高校、教育行政部门或其他教育机构从事教育行政管理或研究的实践活动,时间为一个月至一学期不等,考核的方式和内容是本人提交实习报告,由实习部门和所里进行综合评定"。这实质上就是一种社会实践,让研究生走出课堂,走出书斋,把学习到的专业知识应用到实践中,促进知识的内化,形成专业的"动手"能力,也为未来就业打下基础。有相当一部分研究生就是在实习中落实了就业的去处。在复旦大学一些机关部门、院系管理行政办公室,有10余名高等教育研究所的硕士毕业生,他们大多都是在实习时获得实践机会,被实习单位所认可,留下来工作。在上海市一些高校的机关或院系,也同样能够看到高等教育研究所硕士毕业生的身影。在上海市教育科学研究院,先后有4名高等教育研究所的硕士研究生在那里实习,毕业后就留在那里就职,成为研究骨干。

当然,高等教育研究所也鼓励研究生们开阔视野,走向更广阔的天地,在社会实践中确定未来发展的定位。有的毕业生去了政府机关,有的毕业生去了企业,有的毕业生去了社会服务机构,是社会实践给了他们指引。社会实践的本意,就是让研究生们发现自己,挖掘未来专业发展的潜能。2007级姜莹曾在学校就业指导中心实习,为本科生讲生涯规划课程,实习中她发现了自己的长处,后来成为社会生涯发展培训机构的骨干。2009级的硕士生岳跃峰,毕业后和复旦的同学自主创业办教育线上平台。还有的硕士毕业生心向学术,社会实践同样为她们找到自己的学术关注。

社会实践能厚植情怀,陶冶情操,磨炼意志,提升能力。在所研究生工作组的组织下,研究生们积极参加校内外的各种日常化社会实践和寒暑假社会实践,如做志愿者、园区服务、心理健康干预、城市农民工子女学校扶助、贫困地区支教、区域性教育调查等。在这些活动中,研究生们不断提升思想境界,超越小我,心存大我,更好地领会李登辉老校长提出的"团结、服务、牺牲的复旦精神",增长干事业、干实事的能力。

四、社团活动的展开

社团活动是研究生成长的载体,中共党的组织则是这个载体中的核心力量。在高等教育研究所研究生教育发轫之时,研究生党员较少,与教师合为一个支部。2006年9月,研究生党员数增加,经上级党委批准,决定成立研究生党小组,以便使组织活动更能契合研究生的实际。2014年9月,由于高等教育研究所党组织关系已经归入社会与公共政策学院党委,按照党组织规范,学生党组织划归条线,由学院党委副书记统管。其时,研究生党员数已经达到30人,遂组建高等教育研究所研究生党支部。为了使学院与研究所研究生工作能够衔接,经学院党委批准,所研究生党支部书记由教师党员兼任。研究生支部又按研究生类别分成学术学位党小组和专业学位党小组,便于党小组贴近专业开展活动,形成核心。由于党的组织能够因时制宜地调整,使得党的建设工作不断线,研究生党员群体不断壮大,成为研究生群体的中坚力量,起到示范、带头作用。

共青团和研究生会联合体(简称团学联),是研究生自我组织和管理的基层组织,它既是研究生课外交流学术心得的园地,也是自我成长、施展才干、展现青春风采的舞台。秉承"自我服务,自我成长"宗旨,团学联努力为同学们创造奉献热情、发挥才智的机会。2000

年,高等教育研究所成立了第一届团学联。早期研究生规模不大的时候,团学联设主席和 2—3 名委员,分理学术活动和文体活动。2010 年以后,研究生规模大了,类型和层次也多了,团学联便分为学术部、文体部、宣传部,设立主席 1 名,部长 3 名,三个部相互协作,分工不分家,不定期举办学术沙龙、体育锻炼、文化娱乐等活动。团学联每年度 9 月份进行换届选举,随后开始招新,换届工作由现任团学联主席负责,新一届团学联组建后即开展各部的招新工作。

2006 年,研究生创办了电子刊物《高教所研究生通讯》,研究生自己编写,双周发刊,面向全所师生发行,主要刊登所内要闻、学术讲座信息、团学联各项集体活动信息、所内研究生动态,以及研究生关心的热点话题和教育领域的焦点问题等。秉承"在探索中创新"的精神,在各年级研究生的努力下,栏目的设置及内容越来越多元、越来越有深度。2007 年,团学联组织为了纪念高等教育研究所招收研究生 10 年,编辑了本所研究生论文集第一辑,收录了 1997 级到 2006级研究生发表的期刊论文 75 篇。熊庆年为论文集写了卷首语。2011 年,研究生们自主创办了《一叶评论》,目的在练笔、交流。熊庆年又专为它写了《每天写一页(代发刊词)》,倡以李昌钰模范,每天写一页,提高写作能力。"一叶者,一页也。每周写一页,一学期便有 20页,不亦成宏篇么? 一页者,一叶也。积叶成绿,生机既现,不亦得学道么! 是以为记,与同学共勉。"编辑小组成员有:吴云香、徐嫣、姚建青、颜建超、赵洁慧。首期刊登了姚建青写的《教育改革的着力点在哪儿?》,颜建超写的《学生无小事,教育无重播》,吴云香写的《教育的目标——培养人才还是培养人》。正是因为有这样的活动,研究生们能够在全市研究生论坛中取得好成绩。

高等教育研究所还实行了按年级编班的班级制度,研究生类型、层次增加后,每年级又按类型、层次分别编班。为了使更多的研究生能参与到班级管理工作中,锻炼才干、丰富经历、服务团体,实行了班长自主申报和班级服务志愿队相结合的组织制度(新生入学第一学期由辅导员老师指定)。班级服务志愿队由班长、宣传委员、组织委员三人构成,任期一学期,每学期初换届改选,以充分吸纳有热情、有才智的同学来为班级和同学们贡献自己的力量。具体选举办法为:每学期初由各年级研究生向辅导员提交班长岗位申请,申报人数超过一人的情况,则由班会民主选举,得票最多者当选,然后由当选班长提名宣传委员和组织委员,共同组建班级服务志愿队。

五、研究生奖助体系

资助体系是保障研究生学业顺利进行的制度性政策性安排。20多年来虽有变化,但是大体结构稳定。

奖学金是最常规的。评选原则就是"公开、公正、公平"。每年会根据学校的奖学金评定条件,所内成立由所长、党支部书记、研工组长、教师代表组成的奖学金评定小组,根据各年级的学业特点,分别制定"高教所奖学金评定标准细则"。奖学金评定实行自愿申请、学业材料研究生秘书审核、个人提交书面自评材料、全所奖学金评定大会个人陈述和师生打分的民主评定方式。最终名次由课程、科研、教师评分和研究生评分四项加总后确定。评定时间为每学年的第一学期(9月中下旬),名额由学校按院系人数比例确定。

复旦大学2000年起实施"三助",即研究生当助教、助研、助管,既为研究生提供实践的机会,也为家庭经济困难的研究生提供部分经济来源。高等教育研究所主要是设置助管岗位,每年依照学校分配的助管名额和津贴来定,通常会分为《复旦教育论坛》编辑部助管、研工助管、科研助管等。岗位招聘对象主要为研一新生,具体招聘工作由辅导员负责。招聘采用自愿申请的方式,由申请人向辅导员提交岗位申请书,陈述申报岗位和理由,以及个人特长。岗位录用的基本原则是优先考虑家庭经济困难和未获得新生奖学金的研究生,在此基础上,将根据研究生在申请书中陈述的志愿和特长,及岗位指导老师的意见,协调安排相关岗位。此外,根据所里的工作和活动安排,还会增设一些临时助管。

2000 年,国家开始实施助学贷款政策,政策精神和特点每年会列入新生入学报到手册中,依照学校分配的名额,根据申请研究生提交的"经济困难调查表"的家庭经济情况和证明信息等,统一分配所内的贷款名额。

困难补助是对家庭经济困难研究生提供的额外资助,根据学校的困难补助发放标准,及分配给院系的等级和名额,结合研究生提供的申请材料、证明材料及实际生活情况,由所里研究决定困难补助名额的分配。申请时间常规于 9 月中下旬进行。

第八章　学术研究

学术研究是知识生产的源泉,是学科发展的原动力。高等教育研究所的主要功能之一便是发展学术。它与咨政服务、人才培养相互支撑,相互为用,这也是高等教育研究所的特殊之处。

第一节　高等教育学

"学科既是一套系统有序的知识体系,也是一套体现社会建构的学术制度。"①1983 年 3 月,国务院学位委员会将"高等教育学"正式列为教育学的二级学科,标志着高等教育学获得了学科建制的合法身份。这里主要是从知识体系的角度铺开,但不面面俱到,仅作大致的归类,实际是从高等教育研究发展的角度来观察的。

一、基本理论

高等教育学作为一门学问的基本理论包含哪一些,人们是有不同看法的。有人认为高等教育是个研究领域,不是一个学科,按照这个逻辑去推论,它自身不存在有基本的理论问题。也有人认为,高等教育学是一个学科,它应当有自身的理论,只不过还不成熟,还在建构当中,因此需要持续地研究、积累。

---

① 周光礼、武建鑫:《什么是世界一流学科》,《中国高教研究》2016 年第 1 期。

高等教育研究所早期,就十分重视高等教育学理论的建设。杜作润在这方面用力颇多。如他 1989 年在《高等工程教育研究》发表《教育竞争方法刍议》,1995 年在《高等工程教育研究》发表《服务的教育意义:培育服务精神》,都是对一些原理性的问题进行讨论。后一篇在当年的人大复印报刊资料《高等教育》上被全文转载。渐渐地对一些理论的研究越来越深入。1998 年,杜作润在《有色金属高教研究》发表《广义大学论》,认为"如果打破专业、学位和文凭之类的狭隘眼界,大学,无论处于什么样的发展阶段,都可以探讨它的广义情况。在当前,为了从更完整的意义上推进继续教育、终生教育和成人教育的事业,为了建立许多国外学者早已提出的'学习社会',为了使现有的包括品类繁多的正规大学在内的整个高等教育系统有更高的效率和效益,这种讨论的确有其重要性甚至紧迫性"。这篇文章被人大复印报刊资料《高等教育》全文转载。1999 年,杜作润在《电子科技大学学报(社科版)》第 2 期发表《再论广义大学——兼及大学改革种种》。后来,他又和湖南大学的高烽煜一道,写了本《大学论》,2000年 3 月由四川教育出版社出版。这本书可以说是作者进入高等教育研究领域十多年来思考的结晶。"大学究竟是什么? 大学应该是什么? 大学实际上在做什么? 它实际上又能做什么? 大学还会变成什么? 为什么会有大学的冷和热? 为什么会有大学的兴和衰? 为什么会有人去诊断'大学病'和'新大学病'? ……"①这些问题使作者"魂牵梦萦""寝食难安",于是去读书,去问难,去释疑,去解惑。作者虽然称这本 581 页的著作"只是一本学习之作,既无名家之作的高品位,更无时贤专著的大气概",但是,思想玑珠随处可见,妙语佳言不时蹦出,没有板起面孔的说教,也没有悬在空中的宏辞。有些散文化的表达,恰好把探幽寻渊的心路历程展现得淋漓尽致。

---

① 杜作润、高烽煜:《大学论》,四川教育出版社,2000 年,第 3 页。

2003 年,杜作润和廖文武共同编写了作为研究生教材的《高等教育学》,由复旦大学出版社出版。在此之前,全国有近 20 本以"高等教育学"为名的书出版。后出转精这是学问人所追求的。杜作润和廖文武在编写《高等教育学》的时候,确实有过深入思考。"编者前言"写道:"高等教育学,它的研究对象、方法,它的结构到底有没有新意? 是否真的有理由从教育学中脱颖而自成一体? 从许多版本的《高等教育学》著作的内容看,是否它们真的能指导高等教育活动? 这些问题,在高教研究界一直是有争议的。这些提问本身,就表达了人们对高等教育学的现状不满足。在许多著作中,除了那些阐释现行指导思想和教育方针、政策部分之外,确实没有什么鲜活的内容,很难激起人们的兴趣。本书虽然想有所改进,也采纳了一些新的研究成果,但结果仍不太理想。"这当中固然有自谦之词,但确实反映了作者的实际想法和努力。这本书首先讨论了"教育和教育学""高等教育和高等教育学"的论题,在概念方面给读者打下基础,已约定所要研究的对象和领域;其次,以"教育者和受教育者""学制和结构""目的""价值和功能"等论题开展讨论,使读者获得更加明晰的认识,更能把握"高等教育是什么"的原问题;第三,有专章讨论"高等教育的教学论",使读者进一步把握"高等教育怎样教"的原问题;其他的重要问题包括:"科学研究、研究生教育和学位制度"等一系列热点问题。与同类教材相比,它的内容更新,反映了包括编者自己的研究成果在内的许多新的研究成果①。所以,它的论述立足点更实,试图改变脱离现实高等教育实践而空论"原则"的情况;它特别重视读者对象,所以在方法上,除了必要的理论阐释,更重要的是重视问题的提出,重视概念的廓清,重视对论点的剖析。

杜作润对理论的探索并没有因为《高等教育学》出版而停止,也

---

① 杜作润、廖文武编:《高等教育学》,复旦大学出版社,2003 年,编者前言。

没有因为退休而搁笔。杜作润 2006 年在《大学教育科学》发表《浅论教育的素质》，2007 年在《复旦教育论坛》发表《智慧与智育漫话》，2008 年在《大学教育科学》发表《漫话教育反思和反思教育》，2011 在《复旦教育论坛》发表《如何认识我国高等教育的科学发展？》、在《江苏高教》发表《提高道德教育实效的若干教学方法》、在《大学教育科学》发表《大学教育"德育为先"学、思录》，2012 年在《现代大学教育》发表《大学教育的文化视阈》、在《教书育人》发表《如何认识我国高等教育的科学发展》、在《高教论坛》发表《大学精神何处觅？》、在《大学教育科学》发表《中国大学精神：如何才能有？》，2014 年在《高教论坛》发表《教育以人为本之我见》，2015 年在《现代大学教育》发表《如何重视我们的体育教育？》，其中有 2 篇被《新华文摘》转载。由此可见，杜作润对高等教育学理论的贡献。

杜作润还著有《大学教育科学发展学思录》，2015 年 1 月由四川出版集团巴蜀书社出版。这本书收录了作者相关学术论文 30 篇，既从宏观角度研究高等教育发展，又从微观角度对高等教育进行具体研究，反映了作者在高等教育学方面的思考。

杜作润并不是一个人在理论阵地上作战。袁惠松 1986 年在《上海高教研究》发表《教育发展的辩证趋势》，他和杜作润共同在《上海高教研究》发表了《论高等教育中的方法论教育》。张晓鹏 1988 年和张启航合作在《辽宁师范大学学报（社会科学版）》发表《教育学体系的历史考察》，1990 年在《科技导报》发表《高等教育——我国教育的薄弱环节》，1991 年和张启航合作在《教育理论与实践》发表《建立教育学体系的方法论思考》，1992 年在《江西教育科研》发表《关于教育学体系形式的历史考察》。这几篇文章先后都被《新华文摘》转载。进入 21 世纪后，高等教育研究所仍有一些教师关注基本理论问题。张慧洁 2008 年在《现代大学教育》发表了《西方教育理念中人及其创造力的培养》，乐毅与王霞 2013 年在《教育理论与实践》发表了《简论生命教育的迫切性及实施模式》。

二、高等教育与经济社会发展

改革开放之初,高等教育与经济社会发展的关系曾经广受关注。尤其是上海这座城市,如何通过高等教育的发展来推动社会的进步,成为一个战略性的问题。复旦大学高等教育研究所成立后的一段时期,有相当一部分精力放在上海教育发展战略研究方面。最重要的有两项课题:一是强连庆、郑礼、杜作润完成的"关于上海创办一流大学的研究"。当时上海已明确"到 21 世纪末,本市应建成一所具有世界第一流水平的大学"[①]。课题对一流大学的含义与标准、创一流大学的必要性与可能性、需要澄清的几个问题、上海创一流大学的措施和步骤、需要在近期内解决的问题一一做了详细的论证。二是杜作润、黄贞华、袁惠松完成的"上海高等教育对外开放研究"。研究报告认为,"上海高等教育对外开放的基础很好,背景优越、内在条件充实。上海要充分利用这些有利条件,抓住时机积极工作,在高等教育开放的国际舞台上,做出世人瞩目的成绩"[②]。报告提出了几个具体的设想:扩大招收外国留学生,甚至建立外向型专业和外向型大学;扩大科研合作与科技交流,建设一批高水平的研究中心;促进国际联合办学,共同培养人才;实施劳务输出教育方案。为此需要有一系列配套的对策,涉及政策调整、组织合作、资金、开展比较高等教育的研究。这两个课题的报告,收入了上海教育发展战略课题组所编的《上海教育发展战略研究》一书,复旦大学出版社 1988 年出版。第一个课题获得了国家著作一等奖,第二个课题获得了上海市著作一等奖。

---

① 上海教育发展战略课题组:《上海教育发展战略研究》,复旦大学出版社,1988 年,第 146—155 页。

② 上海教育发展战略课题组:《上海教育发展战略研究》,复旦大学出版社,1988 年,第 176—188 页。

强连庆等 1992 年还完成了《部委属院校为上海地方建设服务的问题》的报告，成果获得上海市教育科研一等奖。张晓鹏 1997 年主持了国家哲学社会科学暨教育科学规划重点课题"综合国力与教育发展关系的研究"。

2001 年，孙莱祥领衔获得全国《学位与研究生教育》发展中心课题"研究生教育科类、层次、地区布局结构研究"立项，课题组成员有熊庆年、黄芳、代林利、王秀军。课题运用历史分析和比较分析的方法，在客观把握现实状况的基础上，借助国际、地区的经验，对研究生教育科类、层次、地区布局结构的调整，提出了战略思路和行动策略。这一成果收入了谢桂华主编的《学位与研究生教育研究新进展》（教育部学位与研究生教育发展中心"十五"课题研究成果汇编），高等教育出版社 2006 年 6 月出版。

高等教育研究所延续了做高等教育与经济社会发展的战略研究的学术传统，获得了多个部、市项目立项。例如：2001 年王留栓的"上海市民办高等教育发展规划及政府对民办教育宏观管理对策研究"、2003 年刘凡丰的"远程高等教育发展战略研究"、2007 年张慧洁的"和谐社会与流动人口受教育权问题研究"、2007 年丁妍的"高等教育政策与中等职业教育的可持续发展模式研究"、2010 年张慧洁的"我国行业特色院校、划转共建时间及改革成效研究"、2010 年刘凡丰的"长江三角洲区域协同推进发展战略性新兴产业研究——高校地方研究院的角色"、2010 年张慧洁的"'十二五'上海行业特色划转院校融入地方经济发展研究"、2010 年刘凡丰的"'接口'与'积聚'——高校地方研究院在战略性新兴产业发展中的作用"、2013 年林荣日的"上海市属高校海外引进人才生态环境研究"、2014 年田凌晖的"国际大都市建设中的教育公共服务改进：比较研究的视角"、2016 年熊庆年的"深圳高等教育非常规发展研究"、2017 年刘凡丰的"建设社会主义创新型国家研究"、2018 年李会春的"'普二孩'背景下社区对家庭教育的支持调研"、2018年乐毅的"生命教育实施模式及存在问题研究——基于长三角三省一市40所学校的实地调查"、2018年张晓鹏等的"新时代企业教育培训发展路径探索"。

从学术文章的发表来看，涉及几个重要的议题：第一是高等教育发展的趋势。1992年张晓鹏在同济大学出版社出版的《高等教育为地方经济服务》一书中发表《美国高校为地方经济发展服务的途径和经验》和《中央部委属院校为上海地方建设服务》，1997年张晓鹏在《复旦教育》发表《科教兴国是国家总体战略》，刘凡丰2003年在《中国远程教育》发表《让市场竞争机制发挥教育质量的保证作用》，王留栓2003年在《国家教育行政学院学报》发表《中国发展大众化优质高等教育之我见》，张慧洁2004年在《黑龙江高教研究》上发表《高等教育全球化中政府作用的变化》，被人大复印报刊资料《高等教育》全文转载，王留栓2006年在《世界教育信息》发表《近10年来世界高等教育的大众化与普及化——联合国教科文组织最新统计数字分析》，杜作润2009年在《大学教育科学》上发表《大众化时代的大学之道》，熊庆年2010年在《上海教育》上发表《高等教育亟待解放思想》，刘凡丰和董金华2011年在《中国高教研究》上发表《长三角战略性产业发展中高校研究院的角色初探》，杜作润2017年在《现代大学教育》上发表《可持续发展教育，我们如何开始？》。

第二是教育服务贸易的发展。熊庆年2002年在《云南教育》上发表《WTO：新视野 新观念 新思路》，张慧洁2005年在《复旦教育论坛》上发表《跨境教育服务贸易中质量认证：进展与趋势》，张晓鹏和吴蔚芬2006年在中国教育经济学年会上发表《服务贸易语境下国际分校行为的理论解析》，张晓鹏2005年在《教育发展研究》上发表《沪港两地与境外合作办学相关法规比较研究》，张晓鹏2006年在《中国教育政策评论》上发表《大陆中外合作办学与香港非本地课程相关法规比较研究》、乐毅2016年在《上海教育》上发表《建设与国际大都市相匹配的高等教育》,蓝秋香和林荣日 2016 年在《重庆高教研究》上发表《省(市)属高校海外引进人才生存状态调查——基于上海10 所市属高校的调研》。

第三是高等教育发展与社会建设。熊庆年 2007 年在高等教育国际论坛上发表《引领社会文化需要大学的自觉》,熊庆年和吴正霞 2010 年在《教育发展研究》上发表《教育社会风险略论》,林荣日 2015 年在高等教育国际论坛上发表《浅析影响我国教育改革和发展的不利的社会环境因素》,林荣日和师玉生 2016 年在《岭南师范学院学报》上发表《教育改革和发展的社会负面影响因素及其优化》,师玉生和林荣日 2016 年在《现代大学教育》上发表《中国教育的"塔西佗陷阱":表现、原因及应对策略》,易茂华和林荣日 2015 年在《高教论坛》上发表《基于 SWOT 分析的行业院校发展战略》,熊庆年 2014 年在《职业技术教育》上发表《以高职改革为"切口"重塑高教体系》。

第四是民办学校的发展。王留栓较早较多关注民办教育的发展。他 2001 年在《教育发展研究》上发表《适度超前发展中国民办高等教育》,和林丽 2002 年在《浙江树人大学学报》上发表《民办高等教育必须走可持续发展之路》,2003 年在《浙江树人大学学报》上发表《论民办普通高校的可持续发展》,2004 年在《复旦教育论坛》上发表《民办普通高校的可持续发展》,2005 年在《黄河科技大学学报》上发表《21 世纪我国民办普通高校的办学特色》,在《浙江树人大学学报》上发表《世界私立高等教育发展模式及其对中国的启示》,和唐瑾在《湖北招生考试》上发表《民办本科院校如何做大做强》。杜作润也较早地关注到民办高校的办学,2002 年,在《河南大学学报(教育科学版)》发表《论我国民办高等院校管理》,在《高教论坛》上发表《我们应当怎样管理民办院校》,后一篇被《新华文摘》转载。

第五是非普通高等教育的发展。杜作润 1996 年在《高等工程教育研究》上发表《高等教育向成人开放：情况述评》，孙莱祥和张晓鹏 2001 年在《科技导报》上发表《网络教学与我国高等教育大众化》，王留栓 2002 年在《职教论坛》上发表《对中国成人高等教育发展战略的思考》，刘凡丰和徐辉 2002 年在《比较教育研究》上发表《当代远程教育理论发展述评》，刘凡丰 2003 年在《中国远程教育》上发表《谁来管制高校远程教育的发展?》《推进课程改革 重建高校远程教育》、在《江苏高教》上发表《略论我国高校网络教育的定位》，刘凡丰和陈垚犇 2010 年在《教学仪器与实验》上发表《国际网络教育发展现状与趋势的比较分析》，杜作润 2013 年在《复旦教育论坛》上发表《普通高校如何正视老年教育?》等。

第六是民族高等教育的发展。邬蕾 2002 年在《现代教育科学》上发表《试论中国民族教育的历程及发展》，林荣日和陈王姝睿 2017 年在《民族高等教育研究》上发表《我国七所民族大学民族学科学术发展现况浅析》。

三、大学改革和发展

高等教育学的研究起于对大学本身的研究，在改革开放最初的年代，高等教育研究所研究的主要内容就是本校的改革和发展，后来才慢慢延伸到一般的大学改革问题。

复旦大学出版社 1987 年 5 月出版了复旦大学高等教育研究所编的《复旦大学的改革与探索》。谢希德校长写了序："我校高等教育研究所汇编的这本文集，正如它的名字一样，是我校改革与探索历程的记录与写照。五年多来，我校不少同志，对高等教育改革特别是复旦的改革，进行了大量的研究。其研究报告和论文成果不下三百篇，散登在各种报刊上。现在把它们作一次有选择的汇集，公开出版，这既有回首往事，总结经验教训的意义，又有鼓励继续研究和探索的意义；如果能由此得到国内外兄弟院校的评论和指正，复旦的改革必定又可以从中受益，这对逐步实现把复旦办成第一流大学的目标来说，也是很有意义的。所以，我非常赞赏编者所做的这一工作。"① 由此可见，当时的高等教育研究所得到了学校领导怎样的支持。该书把强连庆在《复旦教育》创刊号上发表《不断改革和探索，培养更多高质量的人才》作为代前言，指出，"和其他各个领域的改革一样，高等学校的改革过程是一个实践、认识、再实践、再认识，循环往复，不断前进的过程，它需要人们的远见卓识，需要勇气，同时也需要探索者的坚毅和耐心。回顾、分析和不断研究这个过程，将有助于我们加深对高等教育规律的了解，因而也有助于我们把这一改革沿着正确的方向向前推进"②。该书应当说全面反映了 20 世纪 80 年代初复旦大学的改革和探索，尤其值得注意的是，"把复旦办成第一流的综合性大学"，"办成有中国特色的具有世界先进水平的社会主义大学"，"迎接新技术革命的挑战"，"转变教育思想，搞好教学改革"，"努力开拓大学生思想政治工作的新路"，这些想法充分体现出复旦大学改革和探索的站位。而苏步青、谷超豪、蔡尚思、谭其骧、朱维铮等一批著名教授在教学改革中的实践和思考，更体现复旦大学教师对改革的巨大热情和科学精神。该书获得国家首届教育科学二等奖，说明已经产生了广泛的影响。

杜作润所著《复旦校长薪传录》，2005 年 6 月由四川出版集团巴蜀书社出版。这本书是高等教育研究所又一本专门反映本校发展的书。该书以马相伯、李登辉、吴南轩、章益、陈望道、苏步青、谢希德七位校长为对象，描述了他们的办学思想和业绩，作者"希望只是借机

---

① 复旦大学高等教育研究所编：《复旦大学的改革与探索》，复旦大学出版社，1987年，第 12 页。

② 复旦大学高等教育研究所编：《复旦大学的改革与探索》，复旦大学出版社，1987年，第 16 页。

为百年校庆提供一个话题：如何传承先辈们留给我们的丰功伟业，如何发扬他们洞悉教育真义的优良传统，如何创造我们复旦下一个百年的真实辉煌！"

高等教育研究所在研究大学内部改革上，发表了不少有针对性、现实性的期刊论文。张晓鹏 1986 年在《高等教育研究》发表《当前特别要注意纠正"重科研、轻教学"的思想吗?》；郑礼 1986 年在《高等教育研究》上发表《综合化——现代高等教育发展趋势》，1987 年在《高等教育研究》上发表《浅谈高等学校考试改革》，1990 年在《高等教育研究》上发表《造就青年学术带头人——一个现实而紧迫的问题》，都触及当时大学改革中的重要问题。从学理性研究转向问题研究，是国内高等教育研究共同体的一种集体意识。20 世纪 90 年代中后期，大学组织规模快速增长，逐渐从过去的校、系两级管理转变为校、院、系三级管理，学院依据什么标准来建，怎么建，是实体还是虚体，如何运行，等等，都需要探索。1993 年，杜作润在《高等工程教育研究》发表《学院识别及大学学术结构模式粗探》，2001 年，张晓鹏在《全球教育展望》发表《学院建制与管理分权——从国外名牌大学经验得到的启示》。一些大学开始探索学分制的时候，杜作润 1994 年在《高等工程教育研究》发表《试论教育的量度与中国学分制》。当一些大学提出办研究型大学的时候，杜作润 2002 年在《现代大学教育》发表《让"研究型大学"可望又可即》。这些文章都是回应改革的现实诉求，后 2 篇被《新华文摘》转载。大家在关心问题的同时，也特别注意从思想的高度去挖掘深层次的东西。1997 年，杜作润在《高等工程教育研究》发表《中国大学理想的回首与新探》，站在全球大学史的历史高度，反思了改革中的一些根本性问题。这篇文章被人大复印报刊资料《高等教育》全文转载。杜作润和贾志兰 2003 年在《复旦教育论坛》发表《21 世纪我国大学改革动力分析》，对进入 21 世纪后我国大学的发展问题进行了分析，被人大复印报刊资料《高等教育》全文转载。2010 年杜作润再在《复旦教育论坛》发表《新一轮院校改革：问题讨论》，从中可以看到他对改革问题的高度关注。1999 年中国高等教育大扩招后，大学建新校园成为普遍现象，熊庆年 2000 年在《江苏高教》发表《21 世纪大学校园的生态》，用教育生态学的观点论述了大学校园建设问题，该文被人大复印报刊资料《高等教育》全文转载。复旦大学校长苏步青是改革开放后最早呼吁给大学自主权的，落实办学自主权成为人们长期关注的改革问题。王修娥和熊庆年 2001 年在《江苏高教》发表了《高等学校办学自主权问题研究的综述》，熊庆年 2004 年在《复旦教育论坛》发表了《对落实高等学校办学自主权的再认识》，两篇文章皆被人大复印报刊资料《高等教育》全文转载。

"985 工程计划"开始实施以后，世界一流大学建设成为高等教育研究所的重要研究议题。2002 年，孙莱祥、熊庆年在《教育发展研究》发表《开放、动态：世界一流大学评价标准形成的基点》，张晓鹏在《上海教育》上发表《"COE 计划"引领日本大学迈一流》。2003 年，熊庆年在《清华大学教育研究》发表《制度创新与世界一流大学建设》，2005 年，张晓鹏在《复旦教育论坛》发表了《大学排名与世界一流大学建设——第一届"世界一流大学"国际研讨会述评》，这两篇文章都被人大复印报刊资料《高等教育》全文转载。熊庆年和张珊珊、何树彬 2008 年在《上海教育》发表《十七年成就一所世界一流大学》，熊庆年 2011 年在美国 *Journal Production Editor* 发表了《中国"985工程"大学的治理变革》，张慧洁 2011 年在《高教探索》发表了《利益、责任、信仰：世界一流大学治理结构的梳理与检讨》，后 1 篇被《新华文摘》转载。熊庆年 2016 年在《中国社会科学报》发表《从制度入手建设世界一流大学》，被人大复印报刊资料《高等教育》全文转载。

四、高等教育评估

中国高等教育在越过大众化的门槛后，评估成为质量保障的工具，相关研究也逐渐增多。从获得的课题，可以反映出全所同仁为之所作的努力。纵向课题有：张慧洁 2004 年获得"高等教育国际认证问题研究"，2007 年获得"教育评估反馈有效性研究"，林荣日 2012 年获得"高校学科专业评估理论、方法和技术研究"，张晓鹏 2013 年获得"上海高职高专院校专业评估研究"和"高校内部本科教学质量保障体系的研究与构建"，熊庆年 2013 年获得"基于数据挖掘的上海市优势与潜力学科研究"和"研究型大学学科评估标准研究"，丁妍 2014 年获得"在线教育质量评估工具的本土化研究及设计"，陆一 2018 年获得"中国教育评价问题系统化改革"。横向课题有：熊庆年 2009 年获得"宏观高等教育评估学研究"，林荣日 2010 年获得"上海高校学科内建设自主评估方案研究（子课题）"，张晓鹏 2013 年获得"应用型本科高校教学质量监控与保障体系建设"，熊庆年 2018 年获得"上海市民办高校年检情况横向比较研究"。

围绕高等教育评估，高等教育研究所在 2001 年、2005 年组织过专题研讨会。最早在评估方面发表论文的是刘凡丰，他 2002 年在《教育评论》发表了《简论作为过程量的教育质量》，2003 年在《学位与研究生教育》发表了《教育质量的概念及评价方法》。张慧洁 2005 年在《煤炭高等教育》发表《高等教育认证国际化的新视野》，在《清华大学教育研究》上发表《监督、问责：评估与现代大学制度》，均被人大复印报刊资料《高等教育》全文转载，她和张云霞 2009 年还在《国家教育行政学院学报》发表了《我国第一轮本科教学评估中师资建设反馈调研报告》。

张晓鹏在高等教育评估主题上论文发表较多。2008 年在《中国高等教育评估》发表《新一轮本科教学评估总体框架的若干探讨》，2009 年在《上海教育》发表《全球共谱"质量"主旋律》，在《中国大学教学》发表《国际高等教育评估模式的演进及我们的选择》，2010 年在日本《中国科学技术月报》上发表《国际的视野における中国大学本科教育評価モデルの改革》(该文收入日本科学技术振兴机构中国综合研究中心出版的《动态变革：中国高等教育的发展与动向》)。他在国内倡导审核评估,这方面发表论文尤其多,如 2009 年在《中国高等教育评估》发表《境外对高等学校进行审核评估的经验》,在《中国大学教学》发表了《国际高等教育评估模式的演进及我们的选择》,在《上海教育》发表《审核评估：最为个性化的高等教育评估模式》,2011 年他和姜洁在《中国大学教学》发表《美国的高等教育审核评估——以田纳西州为例》,2011 年黄帅和他在《中国高等教育》发表了《新西兰的大学审核评估》。张晓鹏也对教育评估中关注学生发展发表了见解,2009 年在《上海教育》发表了《当今高等教育应更注重学生类型差异》,与岳小力合作在《复旦教育论坛》发表了《构建以学生为中心的本科教育质量评价指标体系——试析美国"本科教育良好实践指标"手册》。

在宏观层面上关注评估问题的论文还有：林荣日、孙莱祥和宋彩萍 2011 年在《中国高等教育》发表了《上海高校学科内涵建设自主评估指标体系研究》,廖文武和郭代军 2011 年在《研究生教育研究》发表《学位与研究生教育评估研究现状与发展趋势——基于对全国〈学位与研究生教育〉评估学术会议论文的分析》。也有关注大学内部评估的作品,丁妍、王颖和陈侃 2011 年在《复旦教育论坛》上发表《大学教育目标如何在学生评教中得到体现——以 24 所世界著名大学为例》,被人大复印报刊资料《高等教育》全文转载。一些文章关注到评估的方方面面,如张慧洁和黎子华 2013 年在《高教探索》上发表《美国高校评估反馈有效性问题研究》,田凌晖 2013 年在《复旦教育论坛》上发表《澳大利亚高等教育质量问责：绩效指标的开发》,廖文武、刘文和李冰如 2014 年在《当代教育论坛》发表《略论专业学位研究生教育评估信息的采集与处理问题》,程燃、闫明和林荣日在《上海教育评估研究》上发表《全日制专业硕士教育质量保障内部影响因素实证研究——基于上海 12 所高校专业硕士调研》,师玉生和林荣日 2015 年在《高教探索》上发表《我国普通本科教学评估制度改革中的政策工具研究》,熊庆年和张端鸿 2017 年在《教育发展研究》上发表《学科评估中的价值评估及其类型》,田凌晖 2017 年在《化工高等教育》上发表《一流大学的本科教学质量:外部问责与自主改进之间的张力》,李会春和杜瑞军 2018 年在《上海教育评估研究》上发表《一流大学评估:功能及省思》。

高等教育研究所在完成课题时,还产出了几本著作。2006 年,张慧洁在吉林大学出版社出版了《高等教育国际认证问题研究》,该书对高等教育国际认证的产生、发展的历史进行了描述,全面介绍了国际组织的认证情况,并对一些发达国家的案例进行了分析,提出了我国高等教育国际认证体系的基本构想。2007 年,上海市教育评估院开始组织有关教育评估研究课题的招标。2009 年第三次课题公开招标,熊庆年中标了宏观高等教育评估课题。《宏观高等教育评估学引论》一书是课题的成果,由熊庆年、田凌晖、任佳、叶林、俞可共同完成,高等教育出版社 2011 年 11 月出版。此书是上海市教育评估院组织编写的教育评估文库中的一本,它以丰富的国内外研究资料为基础,对宏观高等教育评估现象进行全面的分析和归纳,进而抽象出一定的理论要素,初步构建了宏观高等教育评估学的概念体系,确立其作为学科知识体系的逻辑结构和研究的基本范式。

2010 年上海市教育评估院又把"重点建设大学评估指标研究"的任务交给了熊庆年。这项研究实际上是学校教育评估研究中"高等院校教育评估指标研究"的子项之一。课题团队成员有本校同事林荣日、田凌晖、曾勇,以及硕士研究生赵洁慧、吴云香,还有上海市教育评估院的杨雪。《重点建设大学教育评估指标研究》一书便是课题的成果,高等教育出版社 2014 年 9 月出版。该书主要研究我国重点建设大学的教育评估指标。该书根据国家对重点建设大学发展的目标、任务和要求,以世界著名大学教育质量为参照,从教育公共管理的角度,比较系统地提出此类大学教育评估标准及其指标体系、评估规程,为政府和评估机构实施评估、促进重点建设大学提高办学质量提供工具,同时也为此类大学改进领导与管理提供参照。

《上海市高等学校优势与潜力学科评估》是上海市教委科创项目的研究成果,由熊庆年、张端鸿主编,同济大学出版社 2017 年 11 月出版。该书聚焦上海市高等学校优势与潜力学科 2014 年和 2016 年两个不同的时间点,综合运用不同评估工具对上海市高等学校优势与潜力学科展开预测及检验。此外,在通过前后一次性的结果研判得到对比与总结的基础上,给出对学科评估的深度反思与未来展望。本书对于多角度动态了解上海市高等学校优势与潜力学科发展情况、反思及把握学科评估本质,进一步促进学科评估向着正确方向发展具有重要意义。

第二节　比较高等教育

比较教育学和高等教育学都是改革开放以后确立的学科,而且都是教育学一级学科下的二级学科。复旦大学高等教育研究所未设有比较教育学二级学科,而是把比较高等教育作为高等教育学学科下一个重点方向来建设的。

一、国别高等教育

早期高等教育研究所的比较研究是从出版著作开始的。第一本出版的书,是郭玉贵著《美国和苏联学位制度比较研究——兼论中国学位制度》,复旦大学出版社 1991 年 9 月出版。该书回溯了学位制度的起源和发展,对美国和苏联的学位制度的历史发展、管理结构进行了比较,再将美苏的学位制度与中国学位制度进行比较,为中国学位制度的发展完善提出了方略。该书是国内较早的一本研究学位制度的书,1991 年获得国务院学位委员会和国家教育委员会"七五"重点科研项目二等奖,1992 年获得复旦大学优秀科研成果奖。

杜作润、郑礼与上海工业大学高教所王一鸣、上海市教育科学院高等教育研究所夏天阳编著《高等教育的民办和私立——比较研究》,1993 年 4 月由上海科学技术文献出版社出版。原中央教育行政学院(后改名国家教育行政学院)常务副院长兼党委书记于北辰为本书作序:"以古今中外的事实论证了民办高等教育这个大问题。这对十几年来民办反民办和中国大学毕业生太多还是太少的争论的解决,无疑将发挥很大的作用。""邓小平同志在南方谈话后,民办高等教育起死回生。形势大好。国家教育委员会主任李铁映同志'学习无罪,办学有功'的讲话,已半年了。杜作润《高等教育的民办和私立——比较研究》的出版发行,对我国民办高等教育必将起大力推动作用。中国民办高等教育幸甚!"①由此可见,这本书在当时所具有的特殊价值和影响力。

由强连庆任主编,张晓鹏、王留栓任副主编的《中美日三国高等教育比较研究》一书,由复旦大学出版社 1995 年 10 月出版②。这本书是国家教育委员会人文、社会科学规划(1993—1995 年)项目"中美日三国高等教育比较研究"阶段性成果的汇编。强连庆在该书前言中指出:"1978 年,中国共产党和政府提出以经济建设为中心,实行'改革、开放'的方针,推动了经济体制改革,促进了科技和教育体制改革。邓小平同志指出,建设'四个现代化'强国,关键是科技,基

---

① 杜作润等编著:《高等教育的民办和私立——比较研究》,上海科学技术文献出版社出版,1993 年,第 1—2 页。
② 强连庆主编:《中美日三国高等教育比较研究》,复旦大学出版社,1995 年,第 2 页。

础是教育。有比较才有鉴别,'他山之石,可以攻玉'。处在改革中的我国高等教育,学习别国之长,特别是西方的美国和东方的日本改革的经验和教训,可以作为我国高等教育改革的借鉴。"该书通过对三国高等教育的比较分析,为我国高校与社会、经济相结合,为高等教育改革和为在我国创办世界一流大学提供借鉴与参考。

王留栓编著的《亚非拉十国高等教育》,学林出版社 2001 年 8 月出版。孙莱祥在为此书所作序中指出:"研究发展中国家的高等教育不仅是学术理论界的一个新兴研究领域,而且对作为发展中国家的中国来说更具有现实意义。""《亚非拉十国高等教育》一书,是国内首次对 10 个发展中国家(包括中国)近现代高等教育进行的系统性、尝试性研究。""而且根据 1999 年全球经济竞争力排名,上述 10 个国家均位居前 55 个国家之列。""本书以发展与改革为主线概要地描述和分析所选国家的高等教育历史沿革、主要特征和经验教训(含问题),并且选择有代表性的公、私立大学进行个案研究。""本书能围绕高等教育办学方向(大众化和国际化)、办学经费(教育基金和教育彩票)、办学形式(民办大学和虚拟大学)等高等教育的热点问题进行大胆和认真探索,充分显示了作者的研究功力和创造性思维能力。"①

2007 年 8 月,福建教育出版社出版了加拿大格兰·琼斯主编,林荣日翻译,加拿大潘乃容校订的《加拿大高等教育——不同体系与不同视角(扩展版)》。格兰教授专门为本书的中文版写了序言,他指出:"加拿大高等教育在国际文献或者比较教育文献中较少受到关注,部分原因是由于加拿大在高等教育领域的研究人员数量较少,而且在高等教育政策领域,致力于国际学术交流的学者更是寥寥无几。与此同时,国内外许多学者一般都认为,加拿大的高等教育体制,大体与我们的南方大邻居美国类似。由于在知识的生产和传播方面,

---

① 王留栓编著:《亚非拉十国高等教育》,学林出版社,2001 年,第 1—2 页。

美国高等教育具有十分重要的战略意义,因此,国际上的学者自然而然地倾向于将注意力集中在美国高等教育体制方面。事实上,加拿大与美国高等教育体制之间,还是存在很大差异的,而且加拿大高等教育的发展历程也独具特色。""据我了解,以中文发表的、关于加拿大高等教育研究的信息却极其匮乏。我希望这本书能为那些旨在更好地了解加拿大高等教育的人们,提供一定的基础;或许,本书还能够促进加中两国(在高等教育领域)比较研究和分析方面的发展。"

以国别高等教育比较为主题的学术论文也有不少。郭玉贵 1989 年在《学位与研究生教育》发表《美苏现行学位制度及其各级学位水平比较概述》;施穆 1994 年在《高教研究》发表《中美研究生教育比较》;张晓鹏 1995 年在《学位与研究生教育》发表《美国学位与研究生教育现状浅析》;王留栓 2002 年在《世界教育信息》发表《澳大利亚高等教育的主要特征及其经验》,2005 年在《世界教育信息》发表《澳大利亚教育出口战略的法律保障机制》;田凌晖 2008 年在《复旦教育论坛》发表《澳大利亚高等教育发展:战略分析的视角》;王留栓 1997 年在《当代韩国》发表《韩国高等教育的主要特征——兼谈韩国发展私立高等教育的经验》,2003 年在《世界教育信息》发表《韩国高等教育、职业教育与经济同步发展的举措》,在《上海教育》发表《"BK21 计划"推进韩国一流大学建设》和《向世界一流大学迈进的韩国私立大学》;宋京 2009 年在《复旦教育论坛》发表《从"教育先行"到"国家人力资源发展"——韩国发展战略的研究及启示》。

日本高等教育比较的论文相对是最多的。张晓鹏 2003 年在《复旦教育论坛》上发表译文《高等教育的结构变化》(天野郁夫著),发表《日本的"大学结构改革":进展、背景及意义》,均被人大复印报刊资料《高等教育》全文转载。熊庆年 2004 年在《学位与研究生教育》发表《日本研究生教育改革十五年》。张慧洁 2004 年翻译了有本章的《日本的高等教育改革——以社会条件、职能、构造为中心》在《复旦教育论坛》上发表。王留栓 2004 年在《浙江树人大学学报》发表《日本私立高等教育对高等教育大众化与普及化的贡献》。张晓鹏 2004 年在《上海教育》发表《日本高等教育"地震级变革"——日本〈国立大学法人法〉解读》,被人大复印报刊资料《高等教育》全文转载。丁妍 2005 年在《教育发展研究》发表《日本研究生教育扩充政策的矛盾分析》。熊庆年 2007 年在《中国高等教育》发表《日本建设世界一流大学的战略路径》。2008 年张晓鹏翻译了广田照幸的《现代日本教育改革的政治学分析》在《复旦教育论坛》上发表,此文被人大复印报刊资料《教育学》全文转载。熊庆年和长生拓磨 2009 年在《复旦教育论坛》发表《具有划时代意义的教育改革尝试——日本特色 GP 的形成和特点》。陆一 2013 年在《清华大学教育研究》发表《国际化焦虑下的日本大学学制改革——日本大学"秋季入学"讨论的观察评析》,2016 年在《复旦教育论坛》发表《日本国立大学文科"关停并转"相关政策分析——兼论两种文科的现代命运》,2 篇文章都被人大复印报刊资料《高等教育》全文转载。

　　关于拉美国家高等教育比较的文章也不少,而且作者都是王留栓,这是他作为西班牙语专业出身的独特优势,而且他是迄今为止国内发表研究西班牙语国家高等教育文章最多的作者。1994 年,他在《外国教育资料》发表《秘鲁公立大学自筹资金之路》,1995 年在《外国教育资料》发表《拉丁美洲国家公私立高等教育的主要特征》,1996 年在《比较教育研究》发表《拉丁美洲私立大学的楷模——墨西哥蒙特雷理工学院》,1997 年在《外国教育研究》发表《智利私立高等教育的主要特征及其经验》,1999 年在《拉丁美洲研究》发表《拉美国家的高等教育改革与发展》,2011 年在《世界教育信息》发表《智利高等教育的大众化和普及化》,5 篇文章均被人大复印报刊资料《高等教育》全文转载。2005 年他还在《拉丁美洲研究》发表《从联合国教科文组织统计数据看今日拉美国家高等教育》。

除上述文章以外,王留栓还对其他一些国家的高等教育进行了比较研究,如 2000 年在《外国教育资料》发表《西班牙高等教育的发展与改革之路》,2002 年在《高等教育研究》发表《西班牙高等教育的主要特征及其对我国的启示》,2001 年在《西亚非洲》发表《南非高等教育发展简况》,2002 年在《西亚非洲》发表《面向大众的埃及高教》。

二、外国大学教育

复旦大学高等教育研究所初期出了 2 本很有影响的关于外国大学教育的书。一本是集体翻译的美国学者欧内斯特·博耶所著《美国大学教育——现状·经验·问题及对策》,复旦大学出版社 1988 年 7 月出版。"本书于 1987 年初在美国问世之后,获得了广泛赞誉。美国《洛杉矶时报》认为,它是'每个学校的必读书'。""我国高等教育,必须首先重视本科生教育。'在这类呼声的鞭策之下,我们翻译了博耶先生的这本新作。""译者认为,在我国目前的国情之下,也可能包括我国整个社会主义初级阶段,本科生教育乃至低层次的专科教育,都处于确实必须优先考虑的地位,这就是目前人们正在谈论的我国教育的'壮腰'问题。我们的愿望是,本书对'壮腰'问题的讨论能提供一些参考材料和想法。"[①]本书作者美国卡耐基教学促进基金会主席博耶博士特地写来中文版序,复旦大学校长谢希德也为译本写了序。她指出:"党的十三大的工作报告将教育、科学技术作为经济发展战略的重点,并明确指出'百年大计,教育为本'。我国高等教育也面临着如何进一步改革,培养可以适应经济建设的本科生的严峻考验。我国是社会主义国家,经济发展还比较落后,高等教育应具有自己的特色。但本着'洋为中用'的原则,书中提出的一些好经验,有些值得我们借鉴,也有些必须经过改造才能吸收,特别是一些存在的

---

① [美]欧内斯特·博耶:《美国大学教育——现状·经验·问题及对策》,复旦大学高等教育研究所译,复旦大学出版社,1988 年,第 3 页。

问题,我们要引以为戒,避免重蹈覆辙。"①1993 年,北京师范大学出版社出版了另一个译本,由徐芃、李长兰、丁申桃翻译,书名为《大学:美国大学生的就读经验》。说明了这本书对中国高等教育发展的价值。

高等教育研究所出的另一本书,是杜作润主编,由四川人民出版社 1994 年 2 月出版的《世界著名大学概览》。"本书收录世界各国著名的大学 104 所,分别介绍:各校的通讯联络信息,简明校史沿革,目前的各类规模数据及院、系或专业、研究机构设置,行政管理及决策系统结构,其他附属机构及教育资源,教育和教学现状或特点,科学研究状况及成就,学校与社区公众、与政府当局的联系,最近年代几位校长的教育思想、办学心得和经验、对学校的贡献等。""所谓'著名',只是一个相对的、模糊的概念",所依据的一是一些重要报刊的专栏报道,一些国外友人包括一些国家驻华使领馆的建议和意见,联合国教科文组织的一些材料,以及国内一些研究人员的建议。该书未收录中国的著名大学②。本书的资料来源是一手的,有向大学直接征集的,有各国驻华使馆提供的,有来访朋友赠送的。"本书酝酿选题始于 1989 年底。1990 年初,开始收集材料。夏末秋初,各大学的原始材料陆续送来。许多学校还一再自动或应我们的要求送寄补充材料。如哈佛大学,直到本月上旬,还给我们寄送 1993 年的'Facts'。可以认为,这是举世公认的顶尖大学对我们工作的巨大支持。还有许多国家,如日本、荷兰、印度、英国、瑞典、挪威、加拿大、德国、巴基斯坦、尼日利亚、孟加拉国、古巴、法国、新加坡等国的驻华使馆,也给我们寄来了许多大学的材料以及选择大学的

---

① [美]欧内斯特·博耶:《美国大学教育——现状·经验·问题及对策》,复旦大学高等教育研究所译,复旦大学出版社,1988 年,第 5 页。
② 杜作润主编:《世界著名大学概览》,四川人民出版社,1994 年,第 1—2 页。

建议。"①30 多位同仁参加了本书的编译。主编杜作润为这本书所写的《前言：大学之道》，洋洋洒洒 2 万多字，表达了编者对大学历史发展的种种思考，更透露了编者目的所在：为中国建设一流大学提供参考。本书出版后不久，就被某大学出版社将其分解为十多集小册子再出版，因而引发了一场知识产权官司，可以从侧面证明这本书的价值。

　　有关外国大学的研究论文发表也是不少的。袁惠松 1987 年在《上海高教研究》上发表《为新世纪准备大学生——麻省理工学院院长格雷谈教育改革》，1988 年与 A.阿斯廷在《上海高教研究》上发表《论高等教育的竞争与合作》，在《高等教育研究》发表《美国大学教育现状、经验、问题及对策》，与 E.博耶在《上海高教研究》上发表《美国本科教育存在的八大问题》，在《外国教育动态》上发表《〈美国大学教育：现状、经验、问题及对策〉》，1989 年在《上海高教研究》上发表《西欧的大学——工业界合作出现问题》，与 E.博耶在《外国教育动态》上发表《美国高等教育机构的发展》。1997 年张晓鹏在《高教研究简报》上发表《牛津大学为进入下世纪正在进行的主要准备工作是筹措资金》。刘凡丰 2002 年在《清华大学教育研究》上发表《西方大学评价的权力模式》，在《宁波大学学报（教育科学版）》上发表《独具特色的牛津大学本科教学管理制度》，在《比较教育研究》上发表《美国研究型大学本科教育改革透视》。王留栓 2004 年在《高等教育研究学报》发表《韩国和亚洲著名理工大学——浦项科技大学》。2005 年刘凡丰在《高教探索》发表《耶鲁大学治理结构的剖析》。丁妍在《清华大学教育研究》发表《日本高校创造性人才培养研究——以东京工业大学的课程改革为例》。2006 年代林利在《比较教育研究》发表《大学内部学术质量保障体系的系统建构——以悉尼大学为例》。2007

---

① 杜作润主编：《世界著名大学概览》，四川人民出版社，1994 年，第 740—741 页。

年熊庆年在《清华大学教育研究》发表《站在时代的前列 迈向世界知识的顶点——东京大学的战略》。2011 年,刘凡丰、项伟央和谢盛艳在《清华大学教育研究》发表《美国威斯康星大学麦迪逊分校集群聘任模式剖析》。2015 年,张红娜和田凌晖在《复旦教育论坛》发表《新加坡国立大学向创业型大学转型之战略》,乐毅和谭晓妹在《比较教育研究》发表《韩国研究型大学本科生培养模式特点浅析——以韩国高等科学技术学院、首尔大学、延世大学为例》,牛新春在《高等教育研究》(*Research in Higher Education*)上发表《离开本州上大学:基于种族和家庭的差异》(Leave Home State for College:Differences by Race/Ethnicity and Parental Education),在《教育评价和政策分析》(*Educational Evaluation and Policy Analysis*)发表《缅因州问题:强制高考对四年制大学招生有何影响》(The Maine Question:How Is 4-Year College Enrollment Affected by Mandatory College Entrance Exams?)。2019 年,Ming Cheng(外),Olalekan Adeban Adekola(外),Gayle Pringle Barnes(外)和田凌晖在《教育研究的 3C 原则》(*The Three Cs of Higher Education*)上发表论文《跨文化意识对同伴互动的感知影响:英国一所大学的研究》(The Perceived Impact of Intercultural Awareness on Peer Interaction:Study of a UK University)。

三、专题比较教育

针对一些特定专题进行的教育比较,也是不少的。2002 年,熊庆年获得上海市教委科研创新重点项目"知识经济时代的研究生教育:各国比较研究",2003 年,刘凡丰获得上海市教育科学研究项目"一流大学组织结构设计的比较研究与实证分析",2005 年,张慧洁获得横向课题"'日本远山计划'下的世界一流大学建设",2006 年,丁妍获得上海市教育科学研究项目"关于中等职业教育发展模式与高等教育政策的研究——中日比较的视点"。

在这方面也出过几本著作。2001年，贾志兰、杜作润为主编，熊庆年、罗晋辉为副主编的《国外高校改革探析》，由上海大学出版社出版。该书首先介绍了哈佛大学的多层次多方位变革，筑波大学管理体制的创新，英国伦敦大学的管理与改革等外国大学改革的实例，然后分别对它们进行了综合评说。

2002年，刘凡丰在吉林人民出版社11月出版了《网络教育的理论与实践》。该书从系统、组织、教学等多个层面考察网络教育的理论与实践，并提供了英国、美国两所大学的案例。

期刊论文也发表了不少这类主题的文章。贾志兰、杜作润和王一鸣1995年在《上海大学学报（社会科学版）》发表《美日名牌大学与我国"211工程"》，该文被人大复印报刊资料《高等教育》全文转载。2001年，熊庆年在《学位与研究生教育》发表《东京大学研究生院重点化改革步入新阶段》，和刘莉在《高教探索》发表《战后美国大学普通教育课程设置的价值取向》。2002年，王留栓在《比较教育研究》发表《从世界现代远程教育看中国的虚拟大学》。2003年，刘凡丰与理查德·列文在《学位与研究生教育》发表《全球性大学》。2004年，杜作润在《北京大学教育评论》发表《国外高校内部的民主管理——特征、案例及启示》，并被人大复印报刊资料《高等教育》全文转载，王留栓在《浙江树人大学学报》发表《早稻田大学的办学特点及其经验借鉴》。2005年，刘凡丰和沈兰芳在《高等教育研究》发表《耶鲁大学教师聘任制度剖析》。2008年，郭斌和张晓鹏在《比较教育研究》发表《印度高等院校评估与鉴定新方法述评》。2009年，田凌晖在《复旦教育论坛》发表《多元与创新——美国教育研究学会2009年会纪实》，刘凡丰、王颖和朱军在《高等工程教育研究》发表《医学高等教育的国际概况及其策略启示》，张慧洁在《教师教育研究》发表《从价值取向看美、英、日三国高校教师工资制度改革》，该文被人大复印报刊资料《高等教育》全文转载,熊庆年和毛丹在《外国教育研究》发表《北美比较教育研究"CIES 人员统计分析"述略》。2010 年,刘凡丰在《科学时报》发表《国外医学教育的基本态势和改革趋向》。2013 年,熊庆年和赵洁慧在《清华大学教育研究》发表《美国大学联合会入会"门槛"之变》,被人大复印报刊资料《高等教育》全文转载,杭玉婷和熊庆年在《复旦教育论坛》发表《美国加州公立高等学校的财务问责》。2014 年,程燃和林荣日在《现代教育科学》发表《丹麦、英国校外考官制度的变化对我国建立高校质量保障体系的启示》。2015年,乐毅在《中国高教研究》发表《亚洲一流大学本科课程设置与课程管理特点评析》。2016 年,牛新春在《苏州大学学报(教育科学版)》发表《美国院校数据在招生政策评估研究中的使用——以"德克萨斯州高等教育机会"项目为例》。2017 年,乐毅和蒋璐安在《外国教育研究》发表《美国学困生诊断、干预和帮扶体系研究》。2018 年,李会春和杜翔云在《重庆高教研究》发表《面向未来的课程设计:奥尔堡大学 PBL 课程模式与教育理念探析》,汪卫平和牛新春在《中国青年研究》发表《美国农村青年大学之路:关于大学期望、入学机会与学业完成的文献梳理》。2019 年,李会春、邹义欢、王黎和陈园园在《高教探索》发表《丹麦博士生教育:制度、特征及启示》,刘凡丰和李晓强在《中国高校科技》发表《荷兰标准评价协议的指标变革及其启示》。

关于比较教育学科建设,张晓鹏数有涉及,1992 年在《高等教育研究》发表《积极开展"外国人眼里的中国教育"之研究》,在《辽宁高等教育研究》发表《我国"比较高等教育"学科建设刍议》。

四、高等教育国际化

高等教育国际化是世界高等教育发展的一个趋势,从比较的视角来审视国际化,也是高等教育研究者所用心的。高等教育研究所的同仁获得了数个有关这个主题的项目,如王留栓 2002 年获得横向项目"上海高校国际化",张晓鹏 2010 年获得横向项目"大力发展来沪留学生教育,推进上海教育国际化的研究",乐毅 2019 年获得中央部委局办项目"一带一路教育合作交流的问题与对策研究——以东南亚五国为例"。

这方面研究也陆续发表了一些文章,如 1998 年王留栓在《上海高教研究》上发表《高等教育的国际化及其中国特色之路》,被人大复印报刊资料《高等教育》全文转载。2001 年,王留栓与小柳佐和子在《日本问题研究》发表《日本大学国际化的进程与回顾》,也被人大复印报刊资料《高等教育》全文转载;王修娥在《现代大学教育》发表《试论高等教育大众化和高等教育国际化的关系》,在《高教探索》发表《美国人眼中的高等教育国际化》。王留栓 2003 年在《世界教育信息》发表《韩国高等教育的国际化进程》,2004 年在《世界教育信息》发表《日本大学国际化发展战略及其经验探析》,2006 年和夏艺在《浙江树人大学学报》发表《日本私立大学的国际化发展战略及其成效》,和唐瑾在《西亚非洲》发表《埃及高等教育走向国际化》。2005 年,许美德、查强和林荣日在《复旦教育论坛》发表《追求世界一流:面对全球化和国际化的中国大学》。2010 年,乐毅和 Glen A. Jones 在《复旦教育论坛》发表《加拿大高等教育国际化政策面临的三个挑战》。

2005 年,丁妍在《复旦教育论坛》上发表《U21 的战略告诉我们什么?》。2006 年,王留栓在《当代教育论坛》上发表《再论我国大力发展来华留学生教育》。2007 年,丁妍在《复旦教育论坛》发表《国家发展战略框架下我国留学生教育的课题——从美、澳、新(加坡)的视点》。2015 年,李威、熊庆年、蔡樱华在《高等教育研究》发表《试论"慕课"条件下高等教育国际化中的教育主权问题》。2018 年,金鑫、田凌晖、廖炳华、程诗婷、廖文武在《学位与研究生教育》上发表《国际研究生教与学的体验调查——基于某研究型大学的个案分析》。

第三节　教育经济与管理

教育经济与管理作为二级学科,具有交叉性,也就带来内涵与外延的模糊性。正因为如此,它的内容包容很广。

一、教育经济学理论

运用经济学的理论来研究教育,于是就衍生出了教育经济学理论。这个理论本身是在发展中的,复旦大学高等教育研究所很早就在着眼教育经济学理论的建设,起步从翻译国外有关的著作开始。鲍怡军、杜作润、施穆、林荣日翻译了英国 G.B.J.阿特金森所著《教育经济学引论》,1991 年 10 月由同济大学出版社出版[①]。本书作者阿特金森系美国雷布斯顿大学经济学教授,本书是作者为"教育计划与管理"课程编写的教材之一。译者指出:"在我们国家,教育经济学的研究是从 80 年代初兴起的。适合我国国情的教育经济学学科体系正在建立。比如,在对象范围和研究内容方面,包括教育上的人力资源、物质条件、结构效能、机构效能、成果效用、功能效验、计划方法、经验研究等方面,都已有了不少研究成果。今后,随着我国社会经济的发展,教育必将会有巨大的发展。因此,进一步研究教育经济学的理论体系,特别是使其为现实的教育发展服务,当然,也包括引进和介绍一些国外教育经济学研究的新成果和新经验,我们认为是十分必要的。我们翻译这本书的目的也在于此。"这本书是为高等教育研究所建所五周年的献礼。

引进、学习、消化之后,那就是自主的建设。林荣日编著了《教育

---

① ［英］G.B.J.阿特金森:《教育经济学引论》,鲍怡军、杜作润、施穆、林荣日译,同济大学出版社,1991 年,第 2 页。

经济学》,2001 年 6 月由复旦大学出版社出版,就是一个尝试。作者指出:"教育经济学是一门新兴的交叉学科,它主要是借助经济学中的有关理论和方法,来研究教育领域中的经济问题。这门学科诞生于 20 世纪 60 年代初的英、美等国,70 年代末才传入我国。""由于这门学科比较年轻,许多理论和观点尚未成熟,加之不同学者的出发点不同、侧重点有异,因而在有关理论和问题的表述与理解上,均存在不少混乱和偏差。"与已经出版的同类著作相比,该书有新的创获:"一是提出了测算中国教育对经济增长的贡献的新方法——'人力资本存量-教育收益率测算法';二是提出了研究教育经济问题的一个新视野——教育层次论;三是对教育收益、教育收益率以及教育回收贴现率的概念,进行明确的区分和重新界定;四是首次对教育的负作用及经济增长的负作用问题,进行初步探讨。"这本书 2008 年再版。

　　林荣日在 2001 年获得了上海市教育科学研究项目和上海市教委科研创新重点项目"上海教育对经济增长的贡献测算及提高教育效益的对策研究"、2007 年获得了上海市教育科学研究项目和上海市浦江人才计划项目"上海城乡居民家庭教育投资行为与教育支付能力实证研究",2008 年获得了上海市政府部门项目"高等学校政府拨款和经费管理制度研究"。他还发表了不少相关的学术论文,具体讨论一些具体的理论问题。2001 年在《现代大学教育》发表《教育间接收益散议》,2004 年在《教育与经济》发表《我国研究生教育成本内涵与估算方法初探》,2004 年在《复旦教育论坛》发表《复旦大学各类学生年度人均培养成本研究》,2005 年在《开放教育研究》发表《研究生个人教育成本的实证研究》,2005 年在《体制改革》发表《略论研究生教育成本分担的若干问题》,2009 年和李立荣在《上海教育科研》发表《上海居民家庭教育投资行为的调查》,2009 年和涂瑞珍在《教育发展研究》发表《上海城乡居民家庭教育支出及教育负担状况的调查分析》,2016 年和师玉生在《现代大学教育》发表《中国教育的"塔西伦陷阱":表现、原因及应对策略》。

张晓鹏翻译了日本矢野真和所著《高等教育的经济分析与政策》,该书 2006 年由北京大学出版社出版。该书堪称日本教育经济学和教育政策学领域的一部经典著作。它运用经济学的方法和大量的统计图表、调查数据开展实证研究,从社会必要和个人需求两个方面,对日本高等教育政策的成败及其原因作了深入的分析。强调要为制定可实际操作的政策提供理论上的依据,并从经济学角度探讨高等教育政策问题,着重考察高等教育与家庭及社会的关系,得出了一些具有一定普遍意义的结论。日本高等教育所走过的道路,所经历的挫折和失败,从某种意义上来说中国也正在经历。深入了解日本高等教育发展过程中出现的问题,并将从中获得的智慧运用到我国教育政策的制定和实施过程中去,无疑将有助于我们避免今后工作中出现一些失误。

其他师生也发表了一些相关的论文,如 2002 年,陈敏在《比较教育研究》发表《中美家庭高等教育消费比较》,被人大复印报刊资料《高等教育》全文转载。2006 年,张晓鹏在中国教育经济学年会发表《科学的教育决策离不开教育经济学分析——〈高等教育的经济分析与政策〉简介》。2011 年,沈百福和高菁澴在《复旦教育论坛》发表《我国普通高校投资的几点变化》,被人大复印报刊资料《高等教育》全文转载。2017 年,李甜甜和王颖在《高教论坛》发表《教育部直属高校人文社科科研投入与产出相关性分析——基于 2013 年的统计数据》。

二、教育管理学理论

教育管理学理论问题的研究,主要放在高等教育管理理论研究方面。2007 年 7 月复旦大学出版社出版了熊庆年编著《高等教育管理引论》。这是一本"磨"了 8 年的教材。作者 1999 年担纲"高等教育管理学"课,和研究生们一道开始探索、研究高等教育管理的各种问题,在教学相长中,逐步形成了教学的知识体系。王婷、蒋莱、史雯婷、代林利、朱照定、魏芬等几位硕士研究生直接参加了教材的讨论并撰写了部分章节的初稿。这门课的教材编写列入了香港孔安道纪念金有限公司的捐助项目,后来又被复旦大学研究生院列入重点课程建设计划。该书与当时已经出版的其他高等教育管理学的著作不同之处在于,它以多学科的视野,系统介绍和阐述了高等教育宏观管理、高等学校管理各个方面的基本理论和基本问题,并结合现实的案例展开分析,力图引导读者作价值的评价与批判,对高等教育管理应然与实然进行思考。书中所述高等教育的国家控制、执政党领导、经营管理、校园生态等方面的内容是同类著作和教材当中所难以看到的。华东师范大学教育管理系李明华教授当时认为,该书是国内高等教育管理研究的最新成果,把它作为授课的教材,事隔 15 年后,他们仍然觉得这本教材有不可替代之处。

其他教师也在教育管理学理论方面进行了探索,拿到了一些相关的课题。2006 年,田凌晖获得了上海市教育科学研究项目"基于高校内涵发展的绩效问责:基准与实现路径"。2007 年,刘凡丰获得了上海市浦江人才计划项目"跨学科研究的政策、组织与评价",获批自然科学基金面上项目亚类青年科学基金项目"跨学科研究的网络治理研究",2011 年获得了教育部人文社会科学研究规划基金项目"大学研究中心的组际网络与人际网络研究"。2014 年,张晓鹏获得了上海市政府部门项目"新形势与大学生综合素质培养新路径研究"。2015 年,刘凡丰获得了上海市教育委员会其他项目"高校与业界之间的科技创新体制障碍与产学研联通机制研究",2016 年获得了上海市教育科学研究项目"上海市高校与企业协同创新的案例研究",2018 年获得了上海市科学技术委员会科学发展基金软科学研究项目"新型科研机构案例研究"。也有面向普通学校管理的项目,如 2018 年,徐冬青获得横向项目"义务教育阶段五四学制课程建设研究"。

刘凡丰的项目研究成果形成了一部著作《跨学科研究的组织与管理》,2014 年,由复旦大学出版社出版。该书紧密结合我国高校创新能力提升计划(简称"2011 计划")等政策以及国内外政产学研协同创新的实践,对跨学科研究的组织模式、适应跨学科研究的教师聘任与评价制度、研究生培养模式革新提出新见解,还提出了分析学术活动的三维空间(性质、内容、组织)和分析政产学研协同创新实践的三种网络交流机制等理论框架,并对我国高校正在实践中的产业技术研究院、协同创新中心等科研组织的创建与发展提出具有可行性的体制机制改革建议。

徐冬青的理论探索主要在基础教育领域。2009 年,他与杨小微、李伟胜合作在广西师范大学出版社出版了《"新基础教育"学校领导与管理改革指导纲要》,该书总结了国内中小学校改革实践与主要经验,对"新基础教育"学校领导与管理改革进行了全面的阐述,尤其对学校组织变革、制度更新、运行机制创新、文化建设、领导发展进行了深入的讨论,对学校领导与管理改革的推进过程与实施要领作了重点提示。2015 年,他又在华东师范大学出版社出了《教育基础:社会发展的教育学求索》。该书提出了教育学原理建构的核心概念应该从"教育的社会基础"向"社会的教育基础"转换这一具有原创意义的基本理论命题,借助于若干政策主题的聚焦分析,作者构建了一个分析和透视社会教育基础的结构框架,对若干中国教育改革中的重大问题进行了剖析,提出了教育基础的自主性、均衡性、发展性、公平性等特征。书中集中从教育学学科发展的角度对"社会的教育基础"这一命题的重大理论改造意义进行了阐述,指出未来中国教育学的发展,必须依托"社会的教育基础"为关键载体进行探索,拓展理论辐射的空间。

论文发表涉及学校管理方方面面。2005 年,田凌晖在《上海教育科研》发表《校本评价的管理学分析——挪威 Hovseter 中学的个案研究》。2006 年,徐冬青在《思想·理论·教育》发表《走向民主的课堂生活》。2006 年,乐毅在《上海教育科研》发表《美国基于标准的学区整体教育质量管理实践》。2006 年,宋京在《清华大学教育研究》发表《中国研究型大学知识创新活动的制度环境分析——基于单位制度的解说》。2006 年,田凌晖在中国教育经济学年会发表《高校人才集聚的绩效评价——五所"985"高校人才集聚指数之研究》。张晓鹏 2006 年在《化工高等教育》发表《全球化下的世界大学排名——2005 年三个全球大学排行榜解读》。2006 年,叶绍梁和刘丽华在《学位与研究生教育》发表《试论我国研究生教育及学位的知识生产属性》。2007 年,乐毅在《上海教育科研》发表《教学优异:提高所有学生学习成绩的关键策略——从新西兰教育部 2003—2008 年的教育使命说起》。2007 年,熊庆年在《教育发展研究》发表《我国高等教育公共管理中的行为失范及其矫正》。2007 年,刘凡丰和沈兰芳在《高等教育研究》发表《美国州立大学科研组织模式变革》。2007 年,田凌晖在《上海教育科研》发表《薄弱学校改造的政策及实现路径:美国的经验》。2008 年,乐毅在《现代大学教育》发表《美国本科招生模式及录取标准:启示、借鉴与本土实践》,在《上海教育科研》发表《我国教育督导与评估亟待解决的三大问题》。2008 年,徐冬青在《基础教育》发表《当代中国社会的教育基础之变革初探》。2008 年,张晓鹏在《上海教育》发表《俄罗斯教育:影响国家命运的力量》、《现代日本教育改革的政治学分析》(与广田照幸合作)、《教育的发展铸就"美国第一"》。2008 年,董金华和刘凡丰在《中国软科学》发表《研究型大学跨学科研究的组织模式初探》。2009 年,徐冬青在《复旦教育论坛》发表《教育哲学主题之变换及其启示》,在《基础教育》发表《事理研究:基于学校教育实践的科研观》,在《教育发展研究》发表《教师工作的复杂性剖析》，在《中国教师》发表《教育为何？教育何为?》，在《复旦教育论坛》发表《观察、参与、介入：教育学方法论的演变趋势》，在《思想理论教育》发表《班主任的班级建设哲学》。2010年，刘凡丰和董金华在《科学学与科学技术管理》发表《促进高校跨学科研究发展的治理机制》《创建区域大型研发平台的组织分析和政策建议——以长三角为例》。2010年，徐冬青在《基础教育》发表《谁之质量？何种质量？——关于提高义务教育质量的思考》，与杨小微在《基础教育》发表《走出困境，走向未来：灾后学校教育重建的思考——以四川省汶川县某中为例》。2010年，钱海燕在《复旦教育论坛》发表《西方质的教育领导研究的兴起及其启示》。2011年，乐毅在《中国教育政策评论》发表《简论制定国家教育质量标准的意义、问题与方法》。2011年，徐冬青在《基础教育》发表《从封闭走向开放：当代课堂教学改革的走向》。2012年，刘凡丰和董金华在《学位与研究生教育》发表《技术创新：产生经济成果——美国培养技术创新人才的跨学科项目》，刘凡丰、董金华和李成明在《清华大学教育研究》发表《高校产业技术研究院的网络交流机制》，刘凡丰、项伟央和余诗诗在《高教发展与评估》发表《宾夕法尼亚州立大学促进跨学科研究的共同资助聘任模式》。2014年，刘凡丰在《复旦教育论坛》发表《利益相关者视角的协同创新中心培育策略探析》。2014年，乐毅在《教育研究》发表《试论制定国家学业质量标准的若干基本问题》。2016年，魏巍、刘凡丰、刘仲林在《中国科学基金》发表《改进跨学科研究项目评审的对策与建议》。2017年，林红、彭坚、田凌晖在《教育发展研究》发表《基于大数据的"科学取向"小学教学模式构建》。2017年，刘凡丰、徐晓创、周辉、邓宁在《清华大学教育研究》发表《高校促进跨学科研究的组织设计策略》。2018年，徐冬青在《现代教学》发表《一个提高学校中层领导力的有益探索》，在《中小学管理》发表《文化新建：初中学业质量改进新思路》。

三、教育公共政策

无论教育经济研究还是教育管理研究,都可能会落脚到教育公共政策上。这方面的课题很多。2005 年,宋京获得了横向课题"公共教育财政支出的绩效评价——以高中阶段教育为例"。2010 年,田凌晖获得了上海市浦江人才计划项目"薄弱学校质量改进政策分析:基于上海市的调查"。2006 年,乐毅获得了教育部其他项目"复旦大学 2006 年度自主选拔录取申请资格测试与高考的相关性研究"。2007 年,张慧洁获得了上海市教育科学研究项目"自主招生改革研究"。2009 年,乐毅获得了上海市教育科学研究项目"教育督导与学校评估指标体系研究—以沪苏两地的实践为例"。2009 年,张慧洁获得了教育部人文社会科学研究规划基金项目"二战后各国迁徙人口教育保护政策的影响——兼论农民工受教育权的法学问题"。2010 年,田凌晖获得了上海市哲学社会科学规划青年课题"数据驱动的公共政策制定:以美国基础教育改革为例"。2011 年,田凌晖获得了教育部人文社会科学研究青年基金项目"从 PISA 看义务教育的质量与公平:基于上海的实证研究"。2014 年,林荣日获得了上海市府发展研究中心决策咨询项目"教育政策改革趋势分析与优化教育改革发展社会环境的研究"。2014 年,陆一获得了上海市哲学社会科学规划专项课题"高水平研究型大学招生选才能力与绩效的评价方案研究:基于中外大学案例比较"。2015 年,乐毅获得了全国教育科学规划教育部重点课题"学者与高考'挂钩'政策与实施策略的省级比较研究——基于江浙沪三地高考改革的跟踪调查"。2016 年,乐毅获得了上海市教育科学研究项目"教育管办评分离改革政策实施效果的调查研究——以 6 家全国教育管办评分离改革综合试点单位为例"。2017 年,林荣日获得了上海市教育规划项目"上海市属院校转型发展的目标、困境及政策供给问题研究"。2018 年,林荣日获得了全国教育科学规划国家一般课题"我国农村贫困家庭教育支付能力及其影响因素研究"。

学术论文发表较多的主要在几个方面。

第一,高等学校招生政策。因为复旦大学破冰试水自主招生改革,引起了高等教育研究所研究者的高度重视。最早是蔡达峰 2005年在《复旦教育论坛》发表了《关于高考招生改革的建议》,被人大复印报刊资料《高等教育》全文转载。2006 年,张晓鹏在《复旦教育论坛》发表《我国高校自主招生改革若干问题的探讨》,被人大复印报刊资料《高等教育》全文转载。2007 年,张晓鹏在《招生考试研究》发表《高校自主招生中的面试之反思》。2007 年,张慧洁在《中国高等教育》发表《没有一种选拔制度可以取代高考》,在《教育》发表《有没有一种选拔制度可以取代高考》。

在期刊上发表有关高考论文最多的是乐毅,他 2006 年在《复旦教育论坛》发表《美国高校本科招生录取标准及其价值取向》,2008年在《湖北招生考试》发表《试论高考改革对推进素质教育的作用及其局限性》,2009 年在《国家教育行政学院学报》发表《大学本科自主招生面试之我见——以复旦大学"自主选拔录取"为例》,2014 年在《江苏高教》发表《简论我国现行高考制度的改革路径与模式选择》,和程付羚在《湖北招生考试》发表《从学生和教师发展的视角看取消高中文理分科的必要性》,在《中国教育报》发表《高考制度改革需要厘清三大关系》,被《新华文摘》论点摘编,在《江苏高教》发表《简论我国现行高考制度的改革路径与模式选择》,被《新华文摘》全文转载。2016 年乐毅和李晓颖在《湖北招生考试》发表《新形势下高考考试内容改革需整体把握的几个基本问题》,2017 年和陈雯在《教育理论与实践》发表《新一轮高考改革对普通高中教育的影响》,2018 年和杨蕾在《湖北招生考试》发表《新一轮高考改革背景下班级管理面临的问题与对策》,和归鹏程、卢颖嘉在《湖北招生考试》发表《也谈新一轮高考综改背景下的"一科两考"》,2019 年和温莉莉、李文倩在《高校教育管理》发表《高考综合改革试点增加学生选择性的举措及问题论析——以上海市和浙江省为例》。

关注自主招生改革的还有其他教师。2011 年,徐冬青在《基础教育》发表《自主招生与中国社会教育基础的变革》。2015 年,陆一、黄傲寒和黄温馨在《清华大学教育研究》发表《考后双向自主选择的招生体系成本研究:以美国大学为参照》,2018 年,在《中国改革》发表《大道至简:高考改革不应使选择高度复杂化》。后期关于高考招生的改革比较多关注了招生的倾斜政策。2017 年,牛新春在《复旦教育论坛》发表《招生倾斜政策下重点大学农村学生的学业准备和初期学业表现——基于 X 大学的实证案例研究》,被人大复印报刊资料《高等教育》全文转载。2018 年,牛新春、杨菲、熊庆年在《中国高教研究》发表《高考分数和高中排名在招生中的甄别价值——基于招生倾斜政策的视角》,被《新华文摘》论点摘编。2018 年,牛新春和 Guofang Wan 在《亚太教育评论》(*Asia Pacific Education Review*)上发表了《中国特殊招生政策的有效性与效率——以 X 大学为例》(The Effectiveness and Efficiency of China's Special Admission Policies — The Case of X University)。2019 年,牛新春、杨菲和杨滢在《教育发展研究》发表《保研制度筛选了怎样的学生——基于一所研究型大学的实证案例研究》,被人大复印报刊资料《高等教育》全文转载。2018 年,牛新春和郑雅君在《现代大学教育》发表《重点大学城乡学生的生涯定向:基于跟踪调研的过程研究》,被人大复印报刊资料《高等教育》全文转载。2018 年,王佳、林荣日、吕旭峰在《现代大学教育》发表《激烈竞争下的博弈:对美国名校招生制度异化的分析与思考》。2018 年,刘阳和林荣日在《研究生教育研究》发表《博士生申请考核制招生制度的现状、问题与改进——基于 2017 年 6 所"985 高校"博士生招生简章的分析》。

第二,高等教育调控政策。2005 年,熊庆年在日本『大学财务经营研究』(《大学财务经营研究》)第 2 号发表『中国にぉける国立大学经营の自主化——教育部直属大学を中心に——』(《中国公立大学经营的自主化——以教育部直属高等学校为例》)。2005 年,朱照定在《国家教育行政学院学报》发表《完善我国高教评估中政府行为模式的对策研究》。2007 年,吕春辉在《现代教育科学》发表《20 世纪 20 年代的高师转型及其借鉴》,被人大复印报刊资料《高等教育》全文转载。2008 年,刘凡丰和董金华在《科学学与科学技术管理》发表《知识经济时代的美国州级政府科技政策评述》。2008 年,涂瑞珍和林荣日在《高等工程教育研究》发表《教育券制度——我国高等教育财政体制改革的新思路》。2011 年,林荣日在《开放教育研究》发表《我国高校财务管理若干问题实证研究》,和陈垚犇在《开放教育研究》发表《我国高校政府拨款模式的特点及存在问题初探》。2011 年,田凌晖在《教育发展研究》发表《系统化教育改革:澳大利亚维多利亚州的案例》。2014 年,张晓鹏在《上海教育》发表《科教产深度融合 培育创新创业人才(回应 3A〈上科大:低调的创新者〉)》。2016 年,陆一在《复旦教育论坛》发表《日本国立大学文科"关停并转"相关政策分析——兼论两种文科的现代命运》。2018 年,牛新春和郑雅君在《中国高等教育评论》发表《弱势中的亮光:农村大学生的公益投入》。

第三,基础教育公共政策。首先是基础教育的公平、均衡化问题。2008 年,徐冬青在国际学术研讨会上发表《走向均衡与和谐的办学体制改革"公平、均衡、效率"——多元社会背景下的教育改革》。2013 年,徐冬青、孙阳和杨小微在《教育研究》发表《中国教育公平指标体系研究之探讨》,在《教育发展研究》发表《遭遇瓶颈的义务教育均衡化实践》。2014 年,田凌晖在《教育发展研究》发表《超越分数:从 PISA 数据看上海基础教育公平》,被《新华文摘》全文转载。

也多方面研究了基础教育改革政策的其他方面。2001 年,周洪林、吴国平在《科学时报》上发表《赢在起点,输在终点——对我国传统教育所谓基础扎实的思考》,被《新华文摘》全文转载。2009 年,徐冬青在国际学术研讨会上发表《学校变革与教师发展：历史、理论与方法》,2011 年,徐冬青在《复旦教育论坛》发表《关于学校道德教育重建的思考》。2013 年,徐冬青在《教育发展研究》发表《未来中国教育政策的价值选择》,被《新华文摘》和人大复印报刊资料《教育学》全文转载。2018 年,徐冬青在《中国教育报》发表《义务教育办学迈向"标准时代"》,被《新华文摘》全文转载。

乐毅 2006 年在《教育发展研究》发表《构建"三位一体"的学校评估体系——机构与机制的视角》,在《教育理论与实践》发表《构建"三位一体"的学校评估体系——标准的视角》,2007 年在《现代教育论丛》发表《构建"三位一体"的学校评估体系——中美比较的视角》,被人大复印报刊资料《中小学学校管理》全文转载。2007 年,乐毅在《教育理论与实践》发表《关于制定我国国家质量教育标准的几点思考——基于美国波多里奇国家质量奖教育标准的比较研究》。2014 年,乐毅在《教育研究》发表《试论制定国家学业质量标准的若干基本问题》,被人大复印报刊资料《中小学教育》全文转载。2015 年,乐毅在《中国教育学刊》发表《地方政府教育督导机构改革应从依附走向独立》,被人大复印报刊资料《中小学学校管理》全文转载。

2011 年张慧洁在吉林大学出版社出版了《二战以来各国迁徙人口教育保护政策——兼论流动人口及子女受教育权》,该书研究了流动人口子女受教育权问题的政策法律进程、二战后各国迁徙人口受教育权与宪法的关系、流动人口及子女受教育权问题与社会法的关系等内容。

对于一些舆论焦点问题也予以了关注。2017 年,陆一在《云南教育(视界综合版)》发表《日本教育减负 30 年反思》,被人大复印报刊资料《中小学教育》全文转载。2018 年,陆一在《科学大观园》发表

《日本教育减负 30 年反思如何避免重蹈覆辙》。2018 年,徐冬青在《云南教育(视界时政版)》发表《今天,我们为什么要大力"减负"?》。2019 年,陆一在《文化纵横》发表《"堵式减负"困局与中国基础教育改革》。

第四,教育公共政策的理论和相关问题。2005 年,熊庆年和朱照定在《现代大学教育》发表《国家利益和公共利益——从我国高等教育公共政策的视角》,被人大复印报刊资料《高等教育》全文转载。2006 年,田凌晖在《外国中小学教育》发表《新西兰公共教育改革:制度变迁与组织重构》。2007 年,乐毅在《全球教育展望》发表《新西兰教育发展战略规划的绘制——〈新西兰教育部 2003—2008 年教育目标陈述〉述评》。2009 年,田凌晖和陈粤秀在《复旦教育论坛》发表《NCLB 与美国教育政策研究机构发展——以范德堡大学国家择校研究中心为例》,被人大复印报刊资料《教育学》全文转载。2011 年,熊庆年在俄罗斯《自由思想》2011 年 9 月号上发表《中国的教育和科学政策——昨天、今天和明天》。

四、教育制度和治理

教育制度建设和推进教育治理,是改革开放后教育发展最重要的议题,也是教育研究的重要主题。高等教育研究所的教师在这方面着力不少,尤其是进入 21 世纪之后更是如此。通过看看申请课题的情况,就能够清楚这一点。

熊庆年 2001 年获得上海市教育委员会其他项目"落实学校依法办学自主权的政策研究",2004 年获得上海市教育科学研究项目"现代大学制度的顶层结构",2005 年获得上海市教委科研创新重点项目"现代大学制度的顶层设计",2015 年获得上海市教育委员会其他项目"校务委员会设置、定位与优化高校治理结构研究",2015 年获得教育部人文社会科学研究规划基金项目"我国公立大学章程文本效力及后续建设研究",以及上海市教委处室项目"管办评分离中的法律问题研究""依法治校中的法律风险问题研究",2016 年获得教育部委托项目"推进现代大学制度建设研究",2017 年获得上海市哲学社会科学规划-其他课题"建国以来中国大学学术制度变迁研究",教育部委托项目"'现代大学制度建设指南'研究"。

林荣日 2014 年获得上海市政府部门项目"制定上海教育法制建设行动计划",2015 年获得上海市教育委员会其他项目"上海市教育法治建设'十三五'规划编制",其他上海市政府部门项目"上海市教育行政处罚裁量基准研制",其他上海市政府部门项目"教育行政处罚裁量基准制度研究",2016 年获得其他上海市政府部门项目"高校师生权益纠纷解决与权益保障机制研究",2017 年获得上海市府发展研究中心决策咨询项目"博士生'申请—审核'制招生制度研究",2019 年获得横向项目"学校党组织领导基层治理、推动教育改革发展的研究"。

还有张晓鹏 2005 年获得横向项目"关于《高等教育法》修改若干问题探讨",丁妍 2015 年获得其他上海市政府部门项目"大学章程关于学术权力制约机制的域外比较研究及对上海高校的借鉴",徐冬青 2017 年获得横向项目"关于'五四'学制和'六三'学制研究"。

从研究成果来看,著作有 5 本。20 世纪末,出版了《中华人民共和国教育制度》。1997 年后香港和澳门先后回归祖国,为了帮助港澳同胞了解内地的教育制度,复旦大学高等教育研究所与上海教育科学研究院合作编撰了这本书。该书由杜作润主编,熊庆年副主编,三联书店(香港)有限公司 1999 年出版。作者有:杜作润、王留栓、张晓鹏、熊庆年、夏天阳、董秀华、张敏、洪清华、沈越、葛泉、杨恒。全书共 10 章,包括中华人民共和国教育制度沿革,教育的立法、管理与领导,学前教育,基础教育,高等教育制度,基础教育,师范教育,成人教育制度,起步中的民办教育,其他类型的教育。

2007 年,林荣日在复旦大学出版社出版了《制度变迁中的权力博弈——以转型期中国高等教育制度为研究重点》。该书以制度变迁理论和博弈论为研究工具,在扼要分析中国历代高等教育制度特征及权力关系特点的基础上,运用独创的权利博弈模型和权力量化手段,着重对转型期中国内地高等教育制度环境、各权力主体的权力场演变特征、权力博弈的方式与性质等进行了仔细研究,得出了一些独特的结论。全书共分九章,分别阐明了有关概念、理论、高等教育制度及其变迁特点、权力博弈的模式与性质以及未来高等教育权利结构模式的演化趋势等。

丁妍 2008 年在日本星云社出版了《現代中国の中等職業教育:市場経済移行期における技術労働者学校の変容》(《现代中国的中等职业教育——市场经济转型期技术工人学校的变革》),分析了中国在经济转型的过程中培养技术劳动者的中等职业学校发生了怎样的变化,及其对社会产生的正负效应,提出了市场化条件下中国产业转型对职业教育的牵引。

徐冬青 2009 年在辽宁人民出版社出版了《市场引入与主体重构——现代学校制度若干问题研究》,该书主要论述了市场引入现代学校制度所出现的若干问题。作者对教育公益性与营利性的关系问题、公办学校与民办学校共同发展问题、建立现代学校制度的设计问题、在建立现代学校制度过程中政府、教育中介组织和学校各自的定位问题与关系问题,从现实发展的角度进行了理论研究。

田凌晖 2011 年在复旦大学出版社出版了《公共教育改革——利益与博弈》,该书从利益博弈的视角,以英国、新西兰、澳大利亚和美国等公共教育改革的领跑者的改革实践为分析样本,尝试在变动的外部环境与生动的利益博弈交互中,理解公共教育改革的本质和作用机制,并就如何在制度层面延展和深化我国公共教育系统的改革做了进一步思考。

学术论文也不少。林荣日继续沿着研究权力发表文章,2006 年在《学校党建与思想教育》发表《制度创新是促进高等教育发展的重要保障》,2007 年在《清华大学教育研究》发表《论我国转型期中央与地方高等教育权力博弈的性质》,在《复旦教育论坛》发表《我国转型期中央与地方高教权力博弈的方式和特点》,在《开放教育研究》发表《中外政府与高校权力博弈模式比较研究》,后一篇被人大复印报刊资料全文转载。他还与研究生一道涉猎了治理问题研究,2016 年与师玉生在《重庆高教研究》发表《法国学生参与大学内部治理的历史演变及启示》,2018 年与张天骄在《中国高教研究》发表《试论我国公立高校内部权力的规制与监控》。

熊庆年在高等教育治理和现代大学制度建设方面用力较多,2002 年在《江苏高教》发表《大学法人化趋势与我们的对策》,被人大复印报刊资料《高等教育》全文转载。2003 年在《上海教育》发表《抓住机遇 创新制度》。2006 年和代林利在《高教探索》发表《大学治理结构的历史演进与文化变异》。2007 年在《教育发展研究》发表《我国高等教育公共管理中的行为失范及其矫正》,被人大复印报刊资料《高等教育》全文转载。2009 年与张珊珊在《教育发展研究》发表《我国高等教育社会治理的过渡性特征》,被人大复印报刊资料《高等教育》全文转载。2012 年陆一与熊庆年在《复旦教育论坛》发表《大学章程文本的构成——美日比较的视角》,被人大复印报刊资料《高等教育》全文转载。2013 年熊庆年在《大学(学术版)》发表《关于现代大学制度顶层架构的思考》,与吴云香在《重庆高教研究》发表《英国大学治理模式的多样性及其存在基础》,与吴云香在《复旦教育论坛》发表《大学章程中师生权利的规定性》,后一篇被人大复印报刊资料《高等教育》全文转载。2015 年熊庆年在《教书育人(高教论坛)》发表《一味靠校长威权难实现大学善治》,在上海《社会科学报》发表《高校信息透明度折射高等教育治理成熟度》。2016 年查自力、熊庆年、李威在《现代大学教育》发表《我国高校信息公开第三方评估机制研究》，李威与熊庆年在《复旦教育论坛》发表《大学章程实施中的权力惯性》。2017 年查自力和熊庆年在高等教育国际论坛上发表《我国高等教育综合改革的二重逻辑与路径选择》。2018 年熊庆年在《清华大学教育研究》发表《清华、北大学术委员会章程建设的治理意蕴》，与蔡樱华在《复旦教育论坛》发表《高校学术权力组织的制度再造与政府规制》，后一篇被人大复印报刊资料《高等教育》全文转载。2018 年熊庆年在马来西亚大学《当代中国研究期刊》发表《40 年来中国大陆高等学校学术制度的因革——以学术委员会制度为中心》。2019 年和钱益民在上海社联网站发表《70 年来中国大学学术制度的经验与反思》，获得上海市社联"庆祝新中国成立 70 周年"理论征文优秀论文奖。

在治理问题上，还有若干论文，如 2004 年徐冬青在《复旦教育论坛》发表《民办学校的治理结构》，被《新华文摘》全文转载。张晓鹏 2005 年在《中国教育报》发表《大学章程不可无》。张慧洁 2005 年在《清华大学教育研究》发表《监督、问责：评估与现代大学制度》。代林利 2006 年在《现代教育科学》发表《试析大学法人治理结构的构成要素》，被人大复印报刊资料《高等教育》全文转载。2008 年徐冬青在《教育发展研究》发表《现阶段基础教育办学体制改革特征分析》。2009 年徐冬青在《中国教师》发表《上海市教育体制改革回顾与展望》。2013 年陆一在《复旦教育论坛》发表《理事会与教授会的"协治"——透视日本私立大学治理模式》。2016 年，孙建荣（外）和田凌晖在《质量保证与高等教育教与学的加强》(*Quality Assurance and the Enhancement of teaching and learning in Higher Education*) 上发表《加强高等教育质量保证的前提：提高学生的学习成果》(Premises for Enhancing Quality Assurance in Higher Education：Enhancement of Student Learning Outcomes)。2016 年，丁妍在《中国教育前沿》(*Frontiers of Education in China*)上发表《提升中国上海农民工子女的社会包容度：一项为期四年的非政府志愿者主导的课后项目纵向研究》(Increasing Social Inclusion for the Children of Migrant Workers in Shanghai，China：A Four-Year Longitudinal Study of a Non-Governmental，Volunteer-Led，After-School Program)。2019 年林荣日在《人民论坛》发表《教育培训机构乱象怎么治》。2019 年熊庆年在《探索与争鸣》发表《大学如何回应"任正非之问"》。

第四节　课程与教学论

作为教育学的一个分支学科，课程和教学论既注重理论研究，揭示课程与教学的规律，又强调理论对实践的指导作用。这个学科以往主要关注基础教育，对高等教育课程与教学的研究少而又少。

一、大学课程改革

课程是大学人才培养最基本的载体，改革开放以后的高等学校改革，很多就是从课程开始的，复旦大学也一样，所以催生了关于课程改革的研究。高等教育研究所早期的研究已经涉及课程问题，张晓鹏 1986 年在《交叉科学》就发表了《现代课程论与跨学科的一部杰作》。杜作润 2010 年在《现代大学教育》上发表《课程整合的现实性解说》，这篇文章被人大复印报刊资料《教育学》全文转载。

高等教育出版社 2005 年 9 月出版的《研究型大学的课程改革与教育创新》，由孙莱祥主编，张晓鹏为副主编。该书是全国教育科学十五规划教育部重点课题的一项重要成果，也是全所教师 2000 年以来多个课题研究成果的结晶。该书分为"理论研究""比较借鉴"和

"实践探索"三部分：阐明了本科教育在研究型大学中的地位，从课程的价值、目标、内容和类型等 4 个方面，探讨了研究型大学本科课程改革的理论基础，提出研究型大学要构建探索型本科教育；详细介绍和深入剖析了斯坦福大学、哈佛大学、牛津大学、剑桥大学、东京大学等世界一流的研究型大学课程改革与教育创新的成功经验及最新进展；结合复旦大学近年来在本科课程改革与教育创新方面所做的一些调查与探索，提出了在我国研究性大学的课程改革中应坚持的原则，并对完善复旦大学 2002 年提出的大文大理教育课程体系做了进一步思考。

一般性地研究课程的成果相对较少，从论文来看，有 2001 年王留栓在《清华大学教育研究》发表《建立我国研究型大学本科教育课程新框架—学习＋研究模式》，2014 年乐毅和王霞在《现代大学教育》发表《试论本世纪以来"九校联盟"本科课程设置改革的现状与问题》。

高等教育研究所对课程的研究有鲜明的实践性，即与复旦大学的课程改革密切相关。学校通识教育改革的推进，激发了大家的研究热情。从课题项目来看，2007 年乐毅获得了全国教育科学规划-教育部重点课题"亚洲一流大学的通识教育及本科生培养模式的比较研究"。李会春 2016 年获得了上海市浦江人才计划项目"通识教育话语体系的中国化构建"，2017 年获得了上海市教育规划办公室教育科学研究项目"通识教育中科学教育的价值及课程模式研究"，2019 年获得了全国教育科学规划教育部重点课题"一流本科教育战略下的'通专融合'问题研究"。陆一 2019 年获得全国教育科学规划国家青年基金课题"中国大学通识教育建设成效分类评估研究"。

从出版著作来看，陆一 2017 年在北京生活·读书·新知三联书店出版了《教养与文明：日本通识教育小史》的增补版。该书对一百多年来日本现代通识教育的梳理与分析，一方面可供我们一窥日本现代化道路之深层思想根源;另一方面也可为我们正在实践的大学通识教育提供借鉴。

还有李会春所著《通识教育理论、方法及中国实践》,2018 年由中国科学技术大学出版社出版。该书从多个维度呈现通识教育的多样性,展现通识教育在中国大地实践的动态性和丰富性,对建构中国特色通识教育话语体系进行了深入讨论。

关于通识教育研究的论文就比较多了。2002 年陈敏和熊庆年在《高教探索》发表《走进哈佛核心课程——"历史研究"课程的架构》。2004 年刘凡丰在《高等工程教育研究》发表《通识教育的理想与现实》。2006 年周洪林在《复旦教育论坛》发表《"功夫在诗外"——关于通识的思考札记之二》。2006 年张慧洁在《复旦教育论坛》发表《通识教育课程设置:经典与多元》,被人大复印报刊资料《高等教育》全文转载。2006 年张晓鹏在《江苏大学学报(高教研究版)》发表《港台地区大学通识教育的发展及其启示》,还在《中国教育报》发表《通识教育中外比较:我们的理念偏差》,被《新华文摘》全文转载。2007 年乐毅在《江苏高教》发表《影响"通识教育"实施的"专业教育"因素分析》,在《世界教育信息》发表《首尔国立大学的通识教育及启示》,在《高教探索》发表《新加坡国立大学通识教育及其启示》,在《现代大学教育》发表《90 年代以来我国通识教育研究的缺憾与偏颇》,后一篇被人大复印报刊资料《高等教育》全文转载。2007 年徐冬青在《复旦教育论坛》发表《关于大学推进通识教育的思考》。2007 年张慧洁在《高教发展与评估》发表《论通识教育组织构造》。2007 年丁妍在《上海教育》发表《日本通识教育改革成败启示录》。2009 年张慧洁和孙中涛在《高等工程教育研究》发表《我国大学通识教育研究综述》。2010 年张晓鹏在《青少年日记(教育教学交流版)》发表《通识教育中外比较理念的偏差》。2011 年张晓鹏在《上海教育》发表《美国大学的通识教育与学生选专业的时间安排》。2012 年张晓鹏在《上海教育》发表《去掉光环看通识教育》。2013 年徐冬青在《基础教育》发表《异化与回归：追问通识学习的本质》。2014 年熊庆年在《中国教育报》9 月 15 日第 11 版发表《通识教育的理念与实践》，被《新华文摘》和人大复印报刊资料《高等教育》全文转载。2014 年熊庆年在日本《IDE 现代の教育》发表《中国大陆大学通识教育的现状和未来》(《中国大陆の大学における一般教育の现状と未来》)。2016 年，陆一和史静寰在《中国教育国际期刊》(*International Journal of Chinese Education*)上发表《经验主义与理念主义：中国通识教育是否需要模式转变》(Empiricism and Idealism：Do We Need a Mode Shift of General Education in China?)。2015 年李会春在高等教育国际论坛发表《分布必修制通识教育课程的反思及 PBL 模式探讨》，在《教育学术月刊》发表《通识教育的意义：一个话语分析的视角》，后者被人大复印报刊资料《高等教育》全文转载。2015 年陆一在《北京大学教育评论》发表《21 世纪日本大学通识教育再出发：东京大学与京都大学两种模式的比较》，被人大复印报刊资料《高等教育》全文转载。2016 年陆一和徐渊在《清华大学教育研究》发表《制名以指实："通识教育"概念的本语境辨析》，被人大复印报刊资料《高等教育》全文转载，被 *Chinese Education and Society* 全文翻译转载。2016 年陆一在《复旦教育论坛》发表《把握通识教育的真实效果："复旦大学通识教育学生调查"工具的研制与信度、效度检证》，在《中国大学教学》发表《从"通识教育在中国"到"中国大学的通识教育"——兼论中国大学专业教育与通识教育多种可能的结合》，后一篇被《新华文摘》全文转载。2016 年陆一在中国高等教育学会院校研究分会年会发表《通识教育如何摆脱"水课"——基于学生调查的核心课程质量保障理念与实务》。2016 年刘阳和林荣日在高等教育国际论坛发表《大学通识教育的目标及其实现》。2017 年，陆一在《复旦教育论坛》发表《通识教育核心课程质量监测诊断："高能课"与"吹水课"的成因分析与甄别》,在中国高等教育学会大学素质教育研究分会年会发表《建构中国大学通识教育的主体性》,与刘敏、冷帝豪在《高等教育研究》发表《通识教育核心课程"大班授课、小班研讨"的效果评析》。2017年乐毅和于塈在《教育发展研究》发表《台湾地区研究型大学通识教育课程管理及实施模式——以台湾大学、台湾成功大学、台湾淡江大学为例》。2017年李会春在《高教探索》发表《通识教育的知识类型、生产和传授机制》,被人大复印报刊资料《高等教育》全文转载。2018年李会春在《高教探索》发表《多元化时代的通识教育实践:哈佛大学新一轮通识教育改革省思》。2018年陆一在《清华大学教育研究》发表《"通识教育"在教育实践中的名实互动》。2019年陆一和黄天慧在《复旦教育论坛》发表《通识教育效果的影响因素辨析》,被人大复印报刊资料《高等教育》全文转载。同年,熊庆年和牛新春在《中国教育和社会》(*Chinese Education & Society*)发表了《基于学生教学评价的通识核心课程质量保证——以复旦大学为例》(Liberal Arts Core Curriculum Quality Assurance Based on Teaching Evaluation by Students — A Case Study of Fudan University)。

与通识教育密切相关的书院教育,也有所研究,实际上它可以算是一种隐性课程。2008年乐毅在《国家教育行政学院学报》发表《简论复旦学院的书院学生管理模式》。2012年熊庆年在《解放日报》9月11日10版发表对话《大学书院:如何寻找自身定位》。2017年李会春在《教育学术月刊》发表《书院建设在中国:制度与张力》。

二、大学教学改革

教学是课程实施的过程。高等教育研究所对这方面也予以了一定的关注。早期就发表了这方面的论文。1984年杜作润、郑礼在《高教战线》发表《漫谈理科人才的培养》,被《新华文摘》全文转载。

1987 年郑礼在《教育评论》发表《英才教育探析》，被《新华文摘》全文转载。1987 年郑礼在《高等教育研究》发表《书院教学制度与讨论式教学方法》。1997 年叶绍梁和廖文武在《学位与研究生教育》发表《对高校研究生院建设中若干基本关系的研究》，被人大复印报刊资料《高等教育》全文转载。1999 年叶绍梁在《学位与研究生教育》发表《学位的概念及其与研究生教育关系的辨析》，被人大复印报刊资料《高等教育》全文转载。

　　高等教育研究所获得了一些相关课题项目。如 2007 年徐冬青获得上海市教育科学研究项目"大学生的学习需要与学习方式的变革"。2007 年张晓鹏获得横向项目"关于影响本科教学质量主要因素的研究"。2008 年张晓鹏获得横向项目"提高高等教育质量研究"。2014 年陆一获得教育部人文社会科学研究青年基金项目"从'少年班'到'珠峰计划'：中国大学科技精英教育发展史研究"。2015 年丁妍获得其他上海市政府部门项目"现代信息技术条件下高等教育的教与学创新研究"。2016 年牛新春获得教育部人文社会科学研究规划基金项目"重点大学学生学业表现和影响因素研究-基于学生生源地域的分析"。2019 年丁妍获得横向项目"提升混合式在线课程质量的教师研修项目"。

　　对教学改革的研究论文大致集中在几个方面。

　　一是关于人才培养模式的。2002 年刘凡丰在《外国教育研究》发表《基于技术的教学新模式：投入学习理论》。2005 年吴宏翔、熊庆年、顾云深在《学位与研究生教育》发表《我国研究生创新能力不足的表现》，被人大复印报刊资料《高等教育》全文转载。2006 年张晓鹏在《中国大学教学》发表《美国大学创新人才培养模式探析》。2008 年孙莱祥和张晓鹏在《中国大学教学》发表《以提高学生发展能力为目标分析影响本科教学质量主要因素的研究》。2010 年熊庆年在《中国高等教育》发表《改革人才培养模式要着眼于价值重建》，被人大复印报刊资料《高等教育》全文转载。2013 年徐冬青在《复旦教育论坛》发表《缺失与需要：当前大学学习"八大"问题分析》。2017 年，丁妍在《第六声》(*Sixth Tone*,澎湃英文版)上发表《一所中国精英高校如何使课堂有趣》(How an elite Chinese College is Making Class Interesting Again)。2018 年牛新春在《清华大学教育研究》发表《迎头赶上：来自不同地域学生的大学学业表现的实证案例研究》,被人大复印报刊资料《高等教育》全文转载。2018 年,李会春在《学习,教学和教育研究》(*International Journal of Learning,Teaching and Educational Research*)上发表了《在中国语境下通过 PBL 促进学习——学生的学习成果和态度》(Facilitating Learning through PBL in a Chinese Context- Students' Learning Outcomes and Attitudes)。2018 年,牛新春和杨滢在《美国-中国教育评论 A》(*US-China Education Review A*)发表了《进一步落后：高级课程中种族差异的潜在动力》(Falling Further Behind：Underlying Dynamics of Racial Disparities in Advanced Course Taking)。2019 年汪卫平、杨菲、牛新春在《苏州大学学报(教育科学版)》发表《本科教学质量提升：基于海外交流经历学生的视角》。

二是关于拔尖人才培养的。2012 年熊庆年与徐虹在澳门理工学院出版的《高等教育战略规划与人才培养国际学术研讨会论文集》发表《为拔尖人才的成长搭建平台——复旦大学的探索》。2012 年,陆一在《教育学术月刊》发表《大学文化：固有传统与新思想的均衡取舍——近五年四所大学校长典礼讲话的文本解析》,被人大复印报刊资料《高等教育》全文转载。2014 年陆一、史静寰在《教育研究》发表《志趣：大学拔尖创新人才培养的基础》,被人大复印报刊资料《高等教育》全文转载。2015 年陆一、史静寰在《教育研究》发表《拔尖创新人才培养中影响学术志趣的教育因素探析——以清华大学生命科学专业本科生为例》。2016 年陆一、于海琴在《高等教育研究》发表

《"拔尖计划"学生的学习有何不同——基于生命科学学生调查和科学家访谈的混合研究》。2018年陆一、史静寰、何雪冰在《教育研究》发表《封闭与开放之间：中国特色大学拔尖创新人才培养模式分类体系与特征研究》，被《新华文摘》全文转载。

三是关于学生评价和满意度的。2017年牛新春在《现代大学教育》发表《应试教育的印记：重点大学学生自主学习策略的实证案例研究》。2018年郑雅君、李晓、牛新春在《高教发展与评估》发表《"大二低谷"现象探究》。2018年牛新春、郑雅君在《现代大学教育》发表《重点大学城乡学生的生涯定向：基于跟踪调研的过程研究》。2018年牛新春和熊庆年在《中国教育与社会》(*Chinese Education & Society*)发表《基于学生教学评价的文科核心课程质量保证——以复旦大学为例》(Liberal Arts Core Curriculum Quality Assurance Based on Teaching Evaluation by Students：A Case Study of Fudan University)。2016年郑雅君、熊庆年在《江苏高教》发表《"高校学生满意度"再认识》。2016年郑雅君、牛新春在"院校研究与高等教育质量提升"中国高等教育学会院校研究分会年会发表《学生满意度与家庭背景之间的非线性关系——基于某"985"高校的个案研究》。2016年郑雅君、牛新春在《教育发展研究》发表《家境越好对大学越满意？——双因素激励理论视域下学生满意度与家庭背景之间的非线性关系》。2017年黄天慧、牛新春在《高教探索》发表《本科生满意度、绩点和深度学习体验关系探究——基于一所研究型大学的实证研究》。

创新人才培养是大学追求的目标。2001年复旦大学出版社出版了周洪林编著的48万余字的《站在巨人的肩膀上——名家论创新》。它实际上一本关于创新教育的书，宽泛地讲也算是教学研究。作者在"序·写给年轻的大学生"中说，"这是一部以近500年来世界著名大学大师名家的重大知识科技创新经验之谈为考察对象，编著者以数十年来教学与研究中收集积累的专题资料为基础,配合国家关于培养创新精神创新人才是'全党全社会的战略性任务'、'高等教育实施素质教育的重点'而推出的著作。全书精选在国内外素负盛名的北大、清华、复旦、哈佛、芝加哥、剑桥、柏林、莫斯科大学的培根、牛顿、达尔文、马克思、杜威、爱因斯坦、蔡元培、鲁迅、胡适等 50 位大师名家的 447 节文字。"大师名家的思路历程直面现实、不事文饰、观点新颖、语言简洁,所论者既是其成功的切身体会,也是当时最先进的思想方法论。它对于当今教育科技界,特别是正兢兢业业、发愤图强的莘莘学子的学习研究、开拓创新,具有借鉴意义。

三、大学教师发展

教师是教学中的主体,起着主导作用。教师的素质、教学质量至关重要。教师发展的概念 21 世纪以来逐渐被人们接受。复旦大学高等教育研究所也成为国内推动大学教师教育发展的一支力量。

学术方面的关注很早就有了。早在 1989 年,郑礼就在《高等教育研究》发表《高校教师队伍的"全方位"组建》。进入 21 世纪,从日本留学归来的丁妍在这方面走在了前面。2006 年丁妍在《复旦教育论坛》发表译文《教师发展(FD)的课题——日本的视角》(有本章著)。2007 年她获得了教育部其他项目-教育部留学回国人员科研启动基金项目"世界一流大学建设中的人力资源管理问题及对策的研究",丁妍 2012 年翻译了日本广岛大学高等教育中心教授有本章著《大学学术职业与教师发展(FD)——美日两国透视》,由复旦大学出版社出版。该书以当今日益重要的学术职业和 FD 为研究对象,主要围绕日本实情展开分析。同时,书中也力求从国际角度对相关主题进行理论与实践的探讨。该书的出版传播了大学教学学术和教师发展的思想。

2015 年,王颖、丁妍、高洁翻译了澳大利亚约翰·比克斯、凯瑟琳·唐所著《卓越的大学教学：建构教与学的一致性》（第 4 版），由复旦大学出版社出版。该书是在澳大利亚最畅销的教学方法著作，解释了如何在成效为本的教学中建构一致性。该书为教师提供了一种全新的视角和方法，帮助教师明确预期学习成效，设计教学活动，并评价学生完成预期学习成效的程度。而教师所做的一切，最终将支持学生高效地完成学业。书中的每一章都设计了学习任务以及操练指南，便于将一致性建构用于教师的教学实践。2017 年，丁妍和 Yaping Gao（外）在《美国远程教育期刊》（*American Journal of Distance Education*）上发表了《QM 复旦适应量表的发展：一些结果和分析》（The Development of QM-Fudan Adapted Rubrics: Some Results and Analysis）。

"慕课"的海啸 2012 年后冲击世界。2015 年丁妍在《群言》发表了《"慕课"挑战与我国大学教师发展的应对》。2017 年丁妍获得横向合作项目"关于高校教师队伍教学能力研究成果资料收集分析、综述"，2018 年获得教育部人文社会科学研究规划基金项目"改善混合教学质量的路径研究：课堂互动的脚手架构建与在线课程质量标准研制"。

2019 年，丁妍、高亚萍翻译了加拿大兰迪·加里森、诺曼·D.沃恩所著《高校教学中的混合式学习：框架、原则和指导》，由复旦大学出版社出版。此书全面考察了混合式学习这一议题，为高等教育界实际应用混合式学习提供了切实可行的途径。书中阐明了混合式学习如何对接传统的面对面教学，如何将两者整合成最高效的在线学习实践。这种方法在高等教育的不同学科已被证实能提高教学效率与效果，对于混合式教学开始普遍被接受的大学教师都是来说是"及时雨"。

教师发展其实是一个比较宽泛的概念，不仅涉及教师教学能力提升和教学学术的开展，而且涉及教师学术职业的很多方面。高等教育研究所的其他同事也予以了关注。2007 年，宋京在《复旦教育论坛》发表了《终身教职：一项有效激励研究型大学教师发展的制度安排——基于信息经济学的分析》，被人大复印报刊资料《高等教育》全文转载。2009 年张慧洁在《教师教育研究》发表《从价值取向看美、英、日三国高校教师工资制度改革》。2010 年项伟央、刘凡丰在《教育发展研究》发表《美国大学"双聘制"的困境与密歇根大学的实践》。2018 年，李会春在《学习，教学和教育研究》(*International Journal of Learning，Teaching and Educational Research*)上发表了《PBL 学习促进者的理念：中国教师的观点》(Conceptions On PBL Facilitators Role：A Perspective of Chinese Teacher)。

第五节　教育史及其他

教育史虽然不是高等教育研究所设置的学科，但是教师们也时有涉猎。其他的一些方面也是如此。从学术发展而言，是非常有益的，因为这样可以拓宽学术的视野。

一、外国高等教育史

外国高等教育史研究在学术上是基础性的。被列入普通高等教育"十一五"国家级规划教材的《外国高等教育史》，由黄福涛主编，上海教育出版社 2003 年出版社。该书是国内出版的第一部外国高等教育史。张晓鹏受邀参编了该书四章各一节。潘懋元先生为该书所作的序指出了该书的特点："一、史料充实。本书大部分是利用第一手资料描述高等教育历史的真相。""二、分清历史源流。本书将近代六个高等教育发达国家，分为两类：一类是法、英、德，另一类是俄、美、日。这种独特的分类所根据的就是历史上的源与流。""三、重视课程演变。"2008 年该书出版了第二版。"增加了著名高等教育思想家和高等教育流派等方面的内容","更加重视高等教育历史变化与高等教育现实改革之间的关系","始终关注国内外有关最新研究成果和研究动向,并尽可能地将这些研究成果反映到第二版内容中"①。

二、中国教育文化史

教育是一种文化的存在,在历史的继承、发展中传递,滋养着一代又一代人的成长。高等教育研究所的研究者们也有着这种历史研究的意识,并付诸实践。

杜作润在退休后笔耕不辍,其中内容之一就是关注大学文化的传承。他特别意识到校长对于一所大学的文化建设的价值。2005年逢复旦大学百年校庆,他从2014年起在《复旦教育论坛》上连发了5篇关于复旦大学校长的文章,汇聚以后再经过补充,写成了《大学校长传薪录》。该书选择了复旦大学建校百年来具有特别贡献的七位校长马相伯、李登辉、吴南轩、章益、陈望道、苏步青、谢希德,记述了他们在复旦大学的创建以及发展过程中所作的贡献,总结了他们的治校经验。

近年口述史在教育学术界兴起。张晓鹏2013年获得了其他上海市政府部门项目"关于卢于道、笪移今等复旦前辈教授与九三学社的口述采访实录"。他编写的《卢鹤绂先生与九三学社》收入了复旦大学出版社2014年出版的《卢鹤绂院士百年诞辰纪念文集》,所编写的《卢于道传略》《谭其骧传略》《卢鹤绂传略》编入学苑出版社2017年出版的《九三学社上海先贤》第一辑,所编《郑祖康传略》编入2019年学苑出版社出版的《九三学社上海先贤》第二辑。

熊庆年攻读了中国古代教育史专业的博士学位,所以依旧保留着

---

① 黄福涛主编:《外国高等教育史(第二版)》,上海教育出版社,2008年,第一版序、第二版前言。

对教育史的关注。1999 年在巴蜀书社出版了《十七世纪至十九世纪中叶中日教育发展比较》。该书选择与中国文化教育传统及历史条件相近的日本作为参照系,试图通过中日前代教育史的比较,探讨中国近代教育发展的历史基础,以弥补这个研究领域的不足。该书采取比较历史学的方法,遵循可比性原则,选取具有矛盾同一性的若干问题,进行横向比较。在此基础上,分析综合,对历史的差异和独特性作出解释,以期分离出那些造成特殊条件的因素,作出客观的历史概括。

熊庆年还参与了潘富恩、徐洪兴主编《中国理学》(四卷本)写作,他负责第三卷的编写,主要介绍了宋以来直到清初一些有代表性的理学著述及相关作品。该套丛书 2002 年由上海东方出版中心出版,获上海市第七届哲学社会科学优秀成果奖著作类三等奖。

2003 年复旦大学出版社出版了薛明扬主编的《中国传统文化概论》,熊庆年负责该书中卷第 5 章"科举"的撰写,介绍了在古代科举制度下形成的社会文化。2008 年上海东方出版中心再版了熊庆年编著的《古代科举》,该书广搜博采唐宋以来文人学者记录亲历或耳闻的随笔、札记,运用大量富有故事情节的事例,具体介绍历代科举考试的名目、程序、制度沿革等有关知识,生动地展现科场内外纷繁多彩的历史画面,并对科举制度和科举现象进行一定程度的剖析,从而提供了一个审视中国古代社会的独特视角。

三、其他

2004 年复旦大学人权研究中心编的《复旦人权研究》在复旦大学出版社出版。其中有"人权研究与教育学"主题,收录了房欲飞、熊庆年的《当今中国高等教育受教育权的突出问题》。随着高等教育大众化和知识经济时代的到来,高等教育权作为人权的一项基本内容已经开始走进人们的视野。该文出于对这一问题的关注,考察了我国高等教育受教育权的现实情况,对当前较为引人注目的高考分数线问题和特困生问题进行了分析，然后分别针对两个问题提出了促进教育权力均等的改革建议。该书还收录了王秀军、熊庆年的《从人权视角看美国大学多元文化教育课程》。该文讨论了人权文化和课程存在关联性，指出发展文化是人权的重要内容，学校课程设置体现人权状况；美国多元文化教育的兴起，主要为解决种族歧视和少数民族发展文化的人权问题，其课程政策和内容设置体现少数民族的教育人权，美国多元文化教育依然任重道远。

2009年，辽宁人民出版社出版了徐冬青的《教育学的学科发展与实践变革》。作者认为：当代教育学的学科发展走向是一种走向实践的教育学，是一种面向实践、通过实践、在实践变革中生成的教育学，是一种需要研究者走进真实教育世界的教育研究，这样才能达到学科自身的发展与批判变革实践相互统一。该书提出了教育批判理论的内涵与外延，认为教育批判理论的学术旨趣在于将学科发展与实践变革统一起来，让学术走出象牙塔，回归生活世界，促进生活实践，追求幸福生活，从而实现理论与实践、事实与价值、科学与哲学的有机统一。

企业教育研究曾被关注，张晓鹏发表了一系列企业教育相关的文章。1996年在《复旦教育》发表《产学合作，推进企业教育研究》《日本企业教育管窥》《关于企业教育发展若干战略思想的探讨》，在《宝钢教育》发表《企业教育：美国奇异公司发展战略的重要环节》，在《上海成人教育》发表《美国奇异公司：企业教育的楷模》，在《新闻报》发表《世界企业教育的一大潮流：重视与著名大学战略合作》《在岗学习重于脱产培训》。1997年在《工业职工教育》发表《关于企业教育与企业发展的若干思考》(上)(中)(下)，在《培养跨世纪的创造型人才——宝钢人才、教育发展战略研讨会文集》发表《宝钢要成为学习型企业》，在《复旦教育》发表《1996—2000年宝钢教育发展战略研究》。1998年在《工业职工教育》发表《学习型企业与企业教育》。

第九章　交流合作

开放、交流和合作,是学术共同体发展的基本条件。得益于中国改革开放,复旦大学高等教育研究所从创立起,就在开放的环境下积极开展与各方的交流与合作,激活了潜在的能量,焕发出学术的活力。

第一节　国内交流与合作

与国内社会各主体的交流与合作是最日常、最大量的,这是良好学术生态中的重要部分。

一、政府机关合作

无疑,政府是最重要的关系主体。有服从与执行,也有合作。执行政策、服从政令,这是一方面。配合政策需求进行研究、开展决策咨询服务,这是另一方面。

高等教育研究所早期就参加过教育部组织的全国性的人力资源大调查、高校教材建设大调查。进入 21 世纪后,孙莱祥和张晓鹏参加了大量的教育部有关部门组织的评估研究和评估活动。他们是教育部 2007 年"高等学校本科教学工作分类评估方案"及 2010 年"高等学校本科教学工作审核式评估方案"研究的主要参加者,而且作为教育部评估中心的专家参加了许多高等学校评估活动。2005 年,丁妍、田凌晖、徐冬青参加了复旦大学人事处处长周志成领衔的教育部人事司全国性高校教师调查项目,为教育部人事工作会议提供材料。2008 年 9 月《国家中长期教育改革和发展规划纲要(2010—2020)》制定工作启动,熊庆年参加调研协调会。中央教育科学研究所作为规划纲要制定的秘书处,2008 年 11 月邀请熊庆年参加《国家中长期教育改革和发展规划纲要》教育版的研制。2009 年 7 月 2 日熊庆年受邀面见全国人大常委会副委员长严隽琪,就《国家中长期教育改革和发展规划纲要》提建议。2010 年 2 月《国家中长期教育改革和发展规划纲要(2010—2020)》草案公开征求意见,熊庆年应邀参加了教育部意见征集平台的工作。2011 年 3 月教育部督导办借调乐毅赴京工作三个月,协助起草国家有关督导工作的文件。2015 年 7 月熊庆年参加教育部社科司第 7 届科研成果评奖。2016 年 6 月 3 日,熊庆年应邀参加教育部通气会及有关高考招生政策问题的座谈会。2016 年、2017 年,熊庆年先后受教育部政策法规司委托,开展了全国性的现代大学制度建设调查。2017 年以后,熊庆年多次通过教育部政策法规司在复旦大学设立的教育法治研究基地提交咨询建议。2018 年 5 月熊庆年应教育部综改司之约提交了有关高校综合改革问题的咨询报告。

因地利之便,高等教育研究所参与上海市政府及部门的工作是最多的。20 世纪 80 年代有关上海市教育战略发展的一些研究,都是由上海市教委及有关部门组织的。2000 年之后,大凡上海市教育发展规划、科技发展规划制定,都有高等教育研究所教师的参与。几乎所有的教师都拿到过上海市政府发展研究中心或上海市教委、科委乃至其他部门的委托项目。为上海服务、为上海教育和社会发展服务,是全所教师的自觉意识。所研究的内容也不限高等教育,涉及教育的方方面面。近十年来,随着国家长江三角洲地区发展战略的实施,长三角区域教育和科技发展成为焦点,部分教师也参与了有关研究。因为相当多的研究是多机构合作开展的，所以这里难以一一罗列。不仅如此，还有与其他省市政府或教育行政部门的合作，特别是跨省委托评估。浙江、江苏、福建、陕西、四川、广西、河南、深圳的教学成果评奖、哲学社会科学项目或成果评奖、发展战略研究、高校教师培训等，都有涉及。

通过民主党派参政议政，或许也可以算作与政府机关合作。高等教育研究所的张晓鹏、林荣日、刘凡丰、丁妍通过九三学社、民盟的渠道，为政府教育和科技政策决策提供了许多咨询报告、调查报告。

二、社会组织合作

社会组织是社会治理主体的一部分，学术社团是学者的共同体，在学科和专业认同、价值标准认同、学术范式认同上发挥着特殊的功能。参加学术社团的程度可以在一定意义上反映一个学科组织的成熟度、影响力和美誉度。

高等教育研究所很早就成为一些全国性的学术社团组织的成员，有的教师成为个人会员。成立于 1983 年 5 月 30 日的中国高等教育学会是一个全国性、学术性、非营利性社会组织。通俗地说，它就是中国最高级别的高等教育学领域的学术社团。现在已经无法考证高等教育研究所是哪一年成为中国高等教育学会会员的。但至少可以知道，第一任所长强连庆担任过中国高等教育学会的常务理事，第二任所长孙莱祥担任过中国高等教育学会第五届理事，第四任所长熊庆年担任过中国高等教育学会第七届理事。上海市高等教育学会是中国高等教育学会的地方机构，杜作润曾担任过理事，孙莱祥曾担任第七届副会长，熊庆年曾担任第八届理事、副秘书长、第九届副会长。中国高等教育学会高等教育学专业委员会、中国高等教育学会教育评估分会、中国高等教育学会院校研究分会、中国高等教育学会高等教育管理分会，也都是中国高等教育学会的分支机构，高等教育研究所是这些分会的成员,孙莱祥、熊庆年、刘凡丰分别担任过这些社团的常务理事或理事。张晓鹏 1991 年 5 月被上海市高等教育学会评为"1980—1990 年度先进个人";1992 年 12 月获上海市高等教育学会优秀课题一等奖;2005 年 10 月获中国高等教育学会"中国高等教育改革与发展研究"论文优秀奖。

成立于 1979 年的中国教育学会,是成立最早、规模最大的全国性教育学术团体。按通俗的说法,与中国高等教育学会一样,属于最高级别的学会。张晓鹏 1981 年就被中国教育学会吸纳为个人会员。中国教育学会比较教育分会是中国教育学会的分支机构,张晓鹏于 1990—2019 年担任中国教育学会比较教育分会理事。

2005 年成立的中国教育发展战略学会,也是全国性、学术性、非营利性社会组织。熊庆年是该学会高等教育专业委员会的学术委员会委员。

高等教育研究所的同仁们还活跃在一些上海市的学术社团中。孙莱祥担任过上海市教育评估协会高等院校委员会主任,张晓鹏是上海市教育评估协会高等院校委员会创会秘书长。熊庆年曾担任上海教育专业学位研究生教育指导委员会副主任,田凌晖担任过上海教育专业学位研究生教育指导委员会理事。

除了参与"官方"性质的学术社团外,也有参与"民间"性质学术社团的。丁妍是国内高校教师教育发展联盟学术委员会的副主任。张晓鹏还曾担任中国企业大学联席会专家委员会委员、中国企业大学评价标准专家指导委员会委员等职。

部分教师还参加了国际学术社团。张晓鹏是比较与国际教育学会会员,牛新春是美国教育研究协会会员、美国东北部教育研究协会会员、美国人口研究协会会员。

他们不仅通过各个社团的年会参加活动,而且合作组织各种学术活动。高等教育研究所就多次承办上海市高等教育学会的年度活动,参加学会年度项目申请的组织,以及立项、结项、评奖的评审。

三、高校和机构合作

和国内高等学校的合作可以说是贯穿在高等教育研究所日常学术活动当中的,很难一一记叙。很自然,"985 工程计划"大学的高等教育研究同行有较多的互动。世界一流大学系列研讨会每年的会议,就是 C9 高校同行共同协作的结果。这些高校还一起组织过一些专题的研讨会,共同开展课题攻关。高等教育研究所和上海市以外其他高校的合作,较多的是基于一些重大课题。比如,2011 年,浙江工业大学现代大学制度研究中心申请成功教育部重大课题招标项目"完善中国特色现代大学制度进程中的大学校长管理专业化研究",熊庆年就多次参与了这个项目的工作。

合作最密切的当然是上海市的兄弟高校。复旦大学高等教育研究所和华东师范大学高等教育研究所、上海交通大学高等教育研究所、同济大学高等教育研究所、上海师范大学高等教育研究所有长期合作的伙伴关系,特别在研究生教育方面得到这些伙伴许多支持和帮助,也力所能及地协助他们开展相关的活动。熊庆年 2014 年起成为华东师范大学教育学部高级职务评审委员会委员,2015 年 7 月到 2018 年 7 月受聘同济大学兼职教授,参与了同济大学高等教育研究所大量的学术活动。高等教育研究所与近邻上海财经大学高等教育研究所、规划处、研究室、教务处甚至一些学院,互通有无,多方面协作。孙莱祥曾经担任上海财经大学第一届通识教育委员会的主任,熊庆年常年担任上海财经大学通识课程评审专家和《财经高等教育研究》的编委,熊庆年、丁妍多次参加上海财经大学教师教育发展中心的培训活动。复旦大学高等教育研究所和上海财经大学高等教育研究所、同济大学高等教育研究所曾经发起过多次东北片各高校高等教育研究所的联谊活动,也组织过全市各高校高等教育研究同仁的沙龙、课题协作会。各高校举行的高等教育学术研讨会,复旦大学高等教育研究所都积极参与支持。

除了高等学校以外,高等教育研究所还与上海的教育专业研究机构密切合作。上海市教育科学研究院是长期的合作单位,上海市教育科学研究院的高等教育研究所、智力研究所的研究人员很早就与复旦大学高等教育研究所合作做课题,参与硕士生教育,有的担任硕士生导师。熊庆年一直是上海市教育科学研究院学术委员会的委员、职务晋升评审专家。上海市教育评估院也是多年合作的机构,孙莱祥担任过上海市教育评估院的首席专家,也是上海市教育评估协会高等院校委员会的首届主任。熊庆年担任了上海教育评估院期刊《上海教育评估研究》的编委,常年参加上海教育评估院有关高等教育方面的评估活动,承担了多个评估项目。

高等教育研究所还与 21 世纪教育研究院有过多次合作。2008年 6 月,合作在复旦大学举办了公益沙龙"创业促进教育创新"。2017 年 7 月,参与过组织 21 世纪教育研究院"高考改革实践与展望研讨会"。

在基础教育研究领域,也有不少合作。徐冬青兼任了华东师范大学基础教育改革与发展研究所研究员、新基础教育研究中心综合学科负责人、企业教育研究中心主任、广西基础教育研究院教育现代化研究所副所长。

四、港澳台交流合作

香港和澳门回归祖国以后,与内地的交流越来越多,高等教育研究同样如此。2000 年 12 月 4—5 日,熊庆年赴港参加了香港学术评审局和中国高等教育评估研究会联合举办的"新纪元高等教育之创新与质量保证"研讨会,会议期间与香港教育学院院长许美德相会,并受邀访问了香港教育学院。2001 年 1 月 20 日沪港联合发展研究所在复旦大学成立。香港中文大学香港教育研究所卢乃桂教授与会，和熊庆年商谈合作事宜，并以此为平台联合其他一些学校学者参加研究。自此，与香港中文大学香港教育研究所建立学术联系，卢乃桂教授多次来复旦大学高等教育研究所做讲座。2004 年 11 月 6 日，在沪港联合发展研究所的项目下，举办了"沪港教育改革与探索"学术年会，香港中文大学十多位教授来复旦大学参加会议。2006 年 10月 30 日，高等教育研究所邀香港中文大学香港教育研究所副所长、课程与教学系教授黄显华来复旦大学做香港课程改革的讲座。2010年 3 月 5 日香港中文大学教育学院教授汪雅量等来复旦大学，为上海市中小学教师做公益讲座。2013 年 2 月，田凌晖在香港中文大学出席"教育改革与社会变革：东西方的对话——香港比较教育学会年会"，作了《服务型政府建设背景下的薄弱学校品质改进——委托管理政策分析》的发言。2017 年 11 月 30 日，牛新春在香港教育大学出席世界教育研究学会会议暨香港教育研究学会国际研讨会，作《应试教育的印记：重点大学学生自主学习策略的实证案例研究》的发言，还出席世界教育研究学会 2017 年会焦点会议，作《太远的桥梁：学生职业发展与大学参与——以中国一所精英大学为例》的发言。2017 年 6 月 29 日，陆一在香港中文大学出席通识教育研讨会，作了《通识教育教学评估：北京大学和复旦大学的实践》的发言。

与香港大学交流也不少。2002 年 6 月 16 日，孙莱祥、熊庆年台湾返经香港，顺访了香港大学。2008 年熊庆年过香港，第 2 次访问香港大学。2010 年 9 月 19 日，熊庆年随陆昉副校长赴香港参加 C9＋1本科教育改革与前瞻研讨会，再次访问香港大学，在会上作了《旁观者言》的发言。2016 年 4 月 20 日，熊庆年在复旦大学参加接待香港大学代表团，与香港大学教育学院白杰瑞教授讨论合作事项。2019年 5 月 22 日赴港参加第一届复旦港大合作联席会议，在香港大学教育学院与白杰瑞教授、丘琪鸿副院长会谈。2014 年 4 月 9 日香港大学教育学院杨锐教授和李梅来访，与熊庆年进行学术访谈。2014 年 9 月，香港大学专业进修学院教师陈中杰、林嘉妍申请报考复旦大学高等教育研究所教育经济与管理专业博士研究生，经面试录取。

学校机关尤其是教务处、复旦书院、研究生院，接待香港特别行政区高校的客人，常常请高等教育研究所参与。相对而言，澳门特别行政区的来往较少，这大概与澳门高等学校较少有关。2010 年 11 月，田凌晖出席澳门理工学院"高等教育质量保障体系建设研究"国际学术研讨会，在会上作了《大学内部教学质量保障：学生评教制的个案调查》的发言。2011 年 10 月，熊庆年出席澳门理工学院"高等教育战略规划与人才培养"国际学术研讨会，在会上宣读了与复旦大学教务处徐虹合作的论文《为拔尖人才的成长搭建平台——复旦大学的探索》。2016 年 11 月，田凌晖出席澳门理工学院"高等教育质量保障体系的发展与前瞻"国际学术研讨会，作了《中国一流大学本科教学质量：外部问责与自主改进的张力》的发言。

与台湾地区高等学校的交流也是比较多的。主要的有：2000 年 10 月 24—26 日，首次海峡两岸高等教育跨世纪论坛在华中科技大学举行，熊庆年出席了会议。2000 年 11 月 16 日，台湾暨南大学比较教育研究所所长杨蓉教授、姜丽娟助理教授及两名学生到访，与张晓鹏、熊庆年座谈。2001 年 4 月 23—24 日，复旦大学高等教育研究所与台湾地区中原大学联合举办"海峡两岸高教理念——科技、人文、伦理整合的新思维"研讨会，中原大学校长熊慎干率 13 人到会。同年 4 月 27—28 日，再与台湾地区的台湾大学教育课程中心联合举办"21 世纪的高等教育"研讨会。2002 年 5 月 6—11 日，孙莱祥、熊庆年赴台参加了"21 世纪高等教育之改革与前瞻"学术研讨会，孙莱祥在会上作了《研究型大学的教学与课程改革——以复旦大学为例》的报告，熊庆年作了《大陆高等学校法人制度的现状与前瞻》的报告。

2004 年 8 月 23 日,台湾成功大学汤尧教授来访,做了关于中国台湾地区高等学校经营的主题报告。2007 年 6 月 29 日,台湾通识教育学会理事林孝信来做讲座,介绍台湾通识教育的经验。2008 年 4 月 7 日,台湾淡江大学高等教育研究所所长杨莹教授率 15 名硕士研究生来访,与复旦大学高等教育研究所师生进行交流,双方各有两位硕士研究生发言。2008 年 10 月 22—30 日,熊庆年参加中国高等教育学会会长周远清率领的大陆高等教育代表团,赴台湾出席"高等教育的发展与转型"研讨会,在会上作了《高等教育公共管理的社会治理形式——中国大陆的现状和反思》的发言。2009 年 10 月 29 日,台湾高教出版公司副总陈美琪和吴宜珈来访,就《复旦教育论坛》入台湾地区高等教育文献数据库达成协议。2011 年 5 月 25 日,钱海燕在台北市立教育大学参加学校评鉴与教师发展研讨会,并发言。2011 年秋,王鑫、石洋、姜洁三名硕士研究生赴台湾淡江大学交流半年。这是复旦大学高等教育研究所首次有学生申请赴台交流,后 5 年陆续有 7 名硕士研究生申请赴台成功。2011 年 11 月 12 日,台湾地区高等教育学会杨国赐、杨莹、侯永祺、薛雅宁来访。2016 年 7 月 13 日,台湾淡江大学杨莹教授率 20 名师生来访。2016 年 10 月 16 日—22 日,熊庆年赴台湾参加淡江大学主办的高等教育论坛。2017 年 9 月—12 月,台湾淡江大学高等教育研究所硕士生张淳宁来复旦大学高等教育研究所访学。

第二节　国际交流与合作

　　高等教育研究所一直把国际交流与合作当作大事来抓。尤其是进入 21 世纪后,复旦大学把国际化作为发展的战略来推动,高等教育研究所的国际交流与合作也日益活跃。

一、学生交流

　　高等教育研究所很早就开始了招收留学生,1998 年第 2 次招硕士研究生,就录取了一位日本留学生小柳佐和子。2006 年又录取了一位日本留学生长生拓磨。两位日本留学生都按期毕业获得了硕士学位。2019 年录取了一位韩国留学生崔永灿,后来也获得了硕士学位。除了攻读学位的留学生,也接收访学的留学生。2013 年接收美国哈佛大学硕士毕业生万子豪访学一年。短期访学或临时访问的留学生有不少。2008 年 5 月美国南加州大学教育学院 10 名研究生来访学。2006 年 6 月 28 日美国北卡州教育代表团来访,几所学校的数十名师生参加,高等教育研究所派老师给他们介绍中国高等教育以及复旦大学的情况。2007 年 3 月 18 日接待过美国弗吉尼亚州立大学 4 名本科生来访。2008 年 11 月 3 日数名美国大学的博士生到访。2009 年 1 月 20 日为美国德隆大学师生一行 15 人做中国高等教育发展概况报告。2013 年 3 月 6 日美国宾州大学新闻系三位学生来访。2013 年 4 月 22 日美国宾州大学的硕士生来访。2016 年 5 月 24 日,美国威廉玛丽学院教育学院吉姆·巴贝教授及 2 名带队教师、5 名教育咨询和基础教育管理专业博士生到访。

　　高等教育研究所也派学生出国访学。2012 年 8 月,硕士研究生李鹏赴韩国首尔高丽大学访学一年。当然,访学的主要还是博士研究生。2007 年,国家留学基金委推出"国家建设高水平大学公派研究生项目"。2011 年以后继续实施,而且范围进一步扩大。资助对象包括攻读博士学位研究生和联合培养博士研究生。高等教育研究所建博士点后,得益于这项政策,部分全日制博士生获得申请的机会。2015 年后有王佳、樊晓杰、李莉方、刘阳、张天骄 5 名博士研究生分别赴美国、加拿大学习一年,黄天慧到美国参加国际学术会议。

二、教师交流

比较而言,教师的国际交流要多很多,也广泛得多。请进来,是一种最便捷的方式。

美国是高等教育大国和强国,与美国高等教育的同行交流也是最多的。从来访者来看,有个人的,有集体的;有学校领导,也有普通教师。从高校来看,有名校的,也有一般学校的;有研究型大学的,也有职业高校的。从来访的频次看,有一次的,更有多次的。这里仅择要胪列数例。科罗拉多学院前校长、南京大学-约翰斯·霍普金斯大学中美文化研究中心莫玉琳女士,在 2003 年 3 月 24 日、2005 年 10 月 31 日两次到访,其中一次与高等教育研究所的师生长谈了一整个上午,讨论大学的治理结构。2008 年 11 月 12 日,国际著名高等教育研究专家、美国波士顿学院阿特巴赫教授来和师生们进行座谈交流。特别值得一提的是,与美国加州大学校长办公室院校研究与学术规划主任、加州大学伯克利高等教育研究中心高级研究员常桐善的交往。《复旦教育论坛》在 2009 年就刊发了他的论文《数据挖掘技术在美国院校研究中的应用》,他后来数次来复旦大学高等教育研究所做讲座,合作设计数据库建设的项目,并介绍加州大学伯克利高等教育中心道格拉斯教授来复旦大学高等教育研究所访问,寻求合作,促进了复旦大学高等教育研究所的院校研究。在与美国高等教育研究界的交往中,华人教授起到了桥梁作用。弗吉尼亚州立大学吴维平教授于 2005 年 7 月 4 日、2007 年 6 月 13 日两次来访。佛罗里达州立大学胡寿平教授 2011 年 12 月 24 日、2012 年 1 月 4 日两次到访做讲座。2010 年 5 月 25 日范德堡大学皮博迪教育学院张良教授来访,为师生做"美国高校教师共用关系及对教学和研究的影响"讲座。南加州大学教育学院的李晶博士,积极为合作出力,2008 年 2 月 28 日随学校代表团来访,促成了 2008 年 5 月 23 日南加州大学教育学院一行 12 人来做交流。2009 年 10 月 27 日南加州大学上海办事处成立，邀请熊庆年参加成立仪式。2009 年 10 月 28 日南加州大学前副校长、教育学院院长和高教中心主任来访，商量合作，提出三年计划。还有通过其他渠道开展的交流。如 2007 年 9 月 26 日，熊庆年受上海美国商会之邀，为他们主办的"哥伦比亚大学社会与公共政策学院讨论会"做演讲，介绍改革开放以来中国高等教育的发展。

与加拿大高等教育研究界的交流，是以加拿大多伦多大学安大略教育研究院为中心的，这主要是因为中心有许美德教授，她曾经在复旦大学做外教，对复旦大学有深厚的感情。担任过安大略教育研究院院长的许美德教授总是设法创造条件促进与复旦大学高等教育研究所交流，对复旦大学高等教育研究所教师和博士研究生的访学给予大力协助。她在卸任香港教育学院院长后，有一段时期继续担任香港教育学院的顾问，每年往返加拿大和中国香港之间，都争取路经上海，只要稍得空，都会来复旦大学，或做讲座，或作交流。加拿大多伦多大学的戈兰教授也是支持、协助复旦大学高等教育研究所的中坚，曾三次到访。

与加拿大的交流不得不提到加籍教授赵炬明，他在加拿大麦吉尔大学教育学院获得博士学位，先后在麦吉尔大学教育学院、魁北克大学蒙特利尔分校管理学院任教。2000 年后他成为华中科技大学教育学院院校发展研究中心副主任、院校研究所所长，每年来中国工作半年。2001 年 10 月 24 日高等教育研究所邀请赵炬明来复旦做关于美国院校研究的讲座。2003 年《复旦教育论坛》创刊后，他把翻译的 G.芬彻等三位学者选注的《美国高等教育名著百种》和美国研究生院协会发表的《博士论文的性质和作用》（1997）交《复旦教育论坛》发表。之后他又数次来复旦做讲座，多次与熊庆年面晤或通讯，邀请其参加中国高等教育学会院校研究分会的筹办，分享院校研究的经验体会，并慷慨地把购来的美国高等教育专业研究生教材数册复印给复旦高等教育研究所使用,把还未正式发表的期刊论文供分享。

　　欧洲方面,与英国高等教育同行的交往较多,其中牛津大学最多。从 2003 年到 2017 年,牛津大学教育系教授、博士研究生有 12 次到访,其中克林教授来过 3 次,夫伯尔教授来过 1 次。利兹大学沃尔森教授、东英吉利大学程铭教授分别于 2011 年和 2017 年来访过,并做讲座。其他国家高校同行亦有来访。2002 年 11 月 7 日有捷克高校代表团来访。2010 年 10 月 13 日德国美因兹大学社科院院长奥芬安格来访,在高等教育研究所作"德国在读大学生在校学习时间的分配"的讲座。2009 年 6 月 24 日法国国家科研中心人文和社会科学研究专员雷尚谦博士来访。2000 年 5 月 12 日熊庆年受邀参加瑞典瓦伦贝里协会在上海召开的受教育权利研讨会,以及瑞典教育和科学部部长托马斯·奥斯特罗斯举行的晚宴。2005 年 1 月 12 日宋京、代林利参加接待挪威奥斯陆大学阿立德·提勒德尔教授来访。2007 年 3 月下旬,复旦大学北欧中心和高等教育研究所联合举行了高等教育国际化研讨会,高等教育研究所教师还受芬兰驻沪领事之邀到其官邸和与会者自由交流。

　　大洋洲的澳大利亚,来往交流的大学主要是悉尼大学。2004 年 4 月 12 日悉尼大学的托尼教授和杨锐博士来做高等教育国际化的调查。2006 年 10 月 30 日悉尼大学教育学院颜史泉教授和沈惠泉博士来访。2009 年 5 月 14 日新西兰的奥克兰大学教育学院副院长来访,寻求合作。

　　在亚洲,学术交流最频繁的就是日本。日本作为中国一衣带水的近邻,在中日邦交正常化后,与中国高等教育同行的交流日益增多。交流与合作最多最深入的是东京大学教育学部。2001 年 4 月 7 日东京大学教育学部部长金子元久教授首次来复旦大学访问,4 月 9 日特地到高等教育研究所做关于本科教育改革的报告。2002 年 4 月 11 日复旦大学决定聘请金子元久为顾问教授。2002 年 10 月 11 日举行了受聘仪式。之后常年保持交流往来,有时一年数次到访。特别重要的来访有:2002 年 2 月,为纪念中日邦交正常化 30 周年,2002 年 3 月,日本高等教育学会、日本国立学校财务中心、东京大学大学综合教育研究中心组成代表团到中国北京、上海访问,联合举办中日高等教育研讨会。金子元久联络复旦大学高等教育研究所,3 月 8 日共同举办了在上海的研讨会。2009 年 3 月 25 日,金子元久教授来访,与蔡达峰副校长进行了长时间会谈,就开展通识教育、促进大学生学习开展了深度交流,并就复旦大学筹建教育学院,表达了合作的意向。2018 年,复旦大学向教育部教育评估中心建议,聘请金子元久教授作为国际审核评估专家参加复旦大学的审核评估。同年 12 月 3 日,金子元久教授参加了复旦大学本科教学审核评估,首先访问的就是高等教育研究所。东京大学教育学部原部长、日本国立学校财务中心研究部主任天野郁夫 2006 年 9 月 29 日专程到访复旦大学,为师生作了“高等教育大众化发展”的讲座。东京大学大学综合教育研究中心的小林雅之等同仁,也数次访问复旦大学。在东京大学教育学部留过学的中国博士研究生如黄梅英、苑复杰、马致远、鲍威、刘文君、窦兴浩等都是复旦大学高等教育研究所的常客。

与日本广岛大学高等教育研究中心的交往也非常密切。2000 年 11 月 3 日,广岛大学高等教育研究中心主任有本章教授受邀访问复旦大学高等教育研究所,作了“日本高等教育发展和高等教育研究”的讲座。广岛大学高等教育研究中心的黄福涛教授 1999 年就被复旦大学高等教育研究所聘为兼职研究员。2000 年 6 月 21 日来复旦大学作“从一般教育到教养教育——20 世纪 90 年代 日本大学本科教育的改革”的讲座,2004 年 9 月 28 日作“大学本科课程改革”的讲座,2006 年 3 月 21 日作“通识教育的历史与发展”的讲座,2007 年 11 月 9 日作“大学课程研究的视角与框架”讲座,2011 年 12 月 30 日作“高等学校专业教育模式的变迁与改革动向”的讲座。广岛大学高等教育研究中心的教授基本都来复旦大学高等教育研究所访问过，该中心的中国留学生多数也来访学过。广岛大学高等教育研究中心的资料中心定期给复旦大学高等教育研究所寄送他们编辑的各种刊物和资料。

日本名古屋大学教育学部与复旦大学高等教育研究所的交流也较频繁，2006年9月15日名古屋大学教育发达科学研究科2名教师8名学生来访。2007年9月11日名古屋大学教育学部近田、中井教授来访。2008年9月10日名古屋大学教育学部多名教师来访。2010年1月29日名古屋大学教育学部学部长早川等4位教授来访。2010年10月27日早川教授来访。2011年3月17日早川教授来复旦大学为师生做"日本大学改革的议题"的讲座。

曾任日本高等教育学会会长的东京工业大学教授矢野真和、日本国立大学财务中心教授丸山文裕都曾访问复旦大学高等教育研究所。还有多位日本大学、教育研究机构的同行来交流。

与韩国高等学校也有交流。2007年7月6日韩国私立高校代表团来访。2007年8月24日韩国私立建国大学师生120人来交流。与亚洲其他国家高校偶有交流。2003年11月3日参与接待过印度达斯沙波特学院院长。2006年11月16日参与接待过越南高校代表团。2010年1月18日泰国朱拉隆大学教育学院院长曾来函邀请复旦大学高等教育研究所所长赴泰访问。2016年10月12日熊庆年受邀到上海大学为泰国普吉岛校长作"中国教育发展的新追求"的讲座。

百闻不如一见，走出去交流，深入其境，当然是一种更好的方式。但是这需要更多的支持和条件。

2001年3月至6月，王留栓获得国家留学基金委资助，在西班牙马德里自治大学访学。2002年4月至2003年3月，张晓鹏作为交换学者，在日本东洋大学担任客座教授。2003年2月中旬，刘凡丰作为复旦大学访美考察团一员,赴耶鲁大学考察调研两周。2003年12月至2004年2月,熊庆年被日本国立学校财务中心聘为客座教授。2004年12月到2006年1月,林荣日获得"中加学者交换项目(CCSEP)"资助,赴加拿大多伦多大学安大略教育研究院做交换学者。2005年8月到2006年8月,刘凡丰得到国家留学基金委的资助,到美国纽约州立大学奥尔巴尼分校进修。2007年8月到2008年8月,宋京获得学校交流项目资助,到韩国首尔大学访学。2009年1月到2010年1月,田凌晖获得国家留学基金委资助,到美国范德比尔大学皮博迪学院访学。2010年3月至2011年3月,乐毅获得"中加学者交换项目(CCSEP)"资助,赴加拿大多伦多大学安大略教育研究院做交换学者。2011年9月至2012年8月,赵友良获得国家留学基金委资助,到美国南加州大学做访问学者。2015年3月至9月,丁妍获得国家留学基金委资助,在美国麻省大学教学与教师发展中心访学。

三、国际会议

除了访学之外,走出去最方便的方式是参加国际会议。高等教育研究所在早期,就想办法利用孔安道纪念金有限公司的捐赠出国参加会议。1990年8月19—25日,强连庆、杜作润赴美国出席第33届亚洲和北非研究国际会议,主题为"文化间的接触",并访问匹兹堡大学亚洲研究系、西自由州立学院、西弗吉尼亚大学。1991年3月,强连庆在美国匹茨堡大学出席国际教育和比较教育年会,作《大学的改革:面向社会和经济》的发言。1993年8月17日,杜作润和郑礼访问新加坡国立大学、南洋理工大学和新加坡理工学院。8月22—28日,杜作润赴香港参加第34届亚洲和北非研究国际会议,作《论教育中的竞争》的发言。1999年10月22—26日,熊庆年在日本福冈九州大学、简素书院访问,出席"王阳明书院思想演讲会"。

21 世纪以后,随着国家对高等学校外事政策的调整,以及大学财力的增强,教师出国参加国际会议的机会逐渐增加,学校支持力度加大,申请、办理也越来越便捷。

2009 年 4 月 12—13 日,熊庆年、林荣日、田凌晖在美国圣地亚哥参加美国教育研究协会 2009 年会和环太平洋研究型大学联盟博士生论坛、环太平洋研究型大学联盟教育学院院长圆桌会议。2009 年 12 月 7—8 日,熊庆年、钱海燕在新西兰参加奥克兰大学主办的环太平洋研究型大学联盟教育学院院长第二次会议。

2011 年 9 月 16—18 日,钱海燕到加拿大维多利亚参加领导与伦理研究中心教育领导、价值观和道德领导力研讨会。2011 年 11 月 16—20 日,钱海燕到美国匹磁堡参加教育管理学会 2011 年年会暨大学教育管理学会会议。2011 年 7 月 10—15 日,熊庆年在德国汉堡大学参加第三届中德高等教育论坛,作《中国大学本科教学范式的转变——以复旦大学为例》的发言,2011 年 7 月 19 日在奥地利阿尔卑斯·亚德里亚大学出席中奥高等教育沙龙。2011 年 9 月 19—20 日,丁妍出席在芬兰坦佩雷大学举办的"创新系统中的高等教育转型"会议,并做口头汇报。

2012 年 3 月 10—11 日,熊庆年、田凌晖在新加坡南洋理工大学公共管理研究生院参加"服务型政府的构建"国际学术研讨会。

2015 年 10 月 29 日,陆一到新加坡参加南洋理工大学第二届泛亚博雅教育研讨会,作《"通识教育"概念的本语境辨析》的报告。

2016 年 4 月 8 日,牛新春到美国华盛顿参加美国教育研究协会 2016 年会,作《中国欠发达省份一所精英大学的学生》的发言。

2017 年 11 月 4—8 日,林荣日、田凌晖、陆一参加了美国加州大学伯克利分校举办的"院校研究培训班",11 月 9—10 日,参加了"美国加州院校研究年会"。2017 年 5 月,丁妍受邀到立陶宛维尔纽斯格季米纳斯技术大学参加学术交流。2017 年 9 月 24 日至 27 日,丁妍参加了在美国德克萨斯州沃斯堡举办的美国质量中心年会,作了题为《通往卓越之路:适应文化与教学体系差异的质量标准——以中国为例》的报告。会后,与主办方就中国版在线课程质量标准的修订进行了深入探讨,为同年推出"FD-QM 在线课程质量标准"奠定了坚实基础。

2018 年 6 月 5 日,丁妍参加美国亚特兰大举办的 ICED 年会,作题为《在中国顶尖大学的国际学生眼中,什么是有效的教学?》的会议报告。2018 年 8 月 14—16 日,丁妍参加新加坡 Clariden Global"数字校园学习转型:沉浸式 AR/VR 与混合式学习"会议,做了题为《我们如何在中国的混合式学习改革中找到前进的方向》的主旨报告。2018 年 10 月 24—27 日,丁妍参加在挪威卑尔根举办的国际教学学术年会,作《促进跨文化学习:中丹合作》的报告。2018 年 8 月 18日,熊庆年在马来西亚参加马来西亚大学中国研究所举办的"中国教育改革的对话与反思"国际论坛,作了《40 年来中国大陆高等学校学术制度的因革——以学术委员会制度为中心》的发言。

2019 年 4 月 14 日,牛新春到美国旧金山参加比较与国际教育学会 2019 年年会,作《学生的社会出身、教育过程和大学毕业后的结果——以中国一所精英大学为例》的发言。2019 年 8 月 5 日,牛新春到日本东京出席世界教育研究协会 2019 年年会,作《高等教育扩张与非认知能力选择弱化——以中国为例》的发言。2019 年 10 月 11日,熊庆年到波兰弗罗茨瓦夫市参加弗罗茨瓦夫大学举办的中波高等教育研讨会。2019 年 10 月 14 日,熊庆年到德国柏林参加中国高等教育学专业委员会和德国大学教学研究会共同举办的中德高等教育论坛,作《中国"985"高校本科教学质量报告的可问责性》的发言。2019 年 10 月 25 日,在韩国 2019 博雅教育国际会议(International Forum on Liberal Education)上,陆一发表会议报告《利用课程评估信息技术系统提高通识教育教学质量的制度努力》(《Institutional

Effort to Improving General Education Teaching Quality Using Course Assessment IT system》），李会春发表会议报告《中国通识教育模式》（General education curriculum models in China）。

四、项目合作

开展国际项目合作，有利于深度交流，互利互惠。高等教育研究所也把谋求项目合作作为追求。

现在能查到的最早的合作协议，是 1991 年 3 月，强连庆、杜作润赴匹兹堡参加比较与国际教育学会年会时，顺访了西弗吉尼亚大学。1992 年 3 月 3 日，参加了西弗吉尼亚大学中国高等教育研究中心成立仪式并签署《复旦大学与西弗吉尼亚大学合作协议》。

谋求长期合作，需要付出更大的努力。与复旦大学高等教育研究所签署合作协议的有好几个机构，但真正能够付诸实施的不是很多，日本爱媛大学是个特例。1996 年 6 月 19 日，强连庆与日本爱媛大学教育学部部长向井康雄签署了复旦大学高等教育研究所和爱媛大学教育学部合作与交流协议书。1999 年 4 月 29 日，爱媛大学教育学部部长向井康雄来访。1999 年 8 月 29 日，爱媛大学教育学部菊川国夫教授书法展在复旦大学举行，中日师生开展了大型书法交流活动。1999 年 10 月下旬，强连庆所长到爱媛大学访问。2000 年 9—12月，复旦大学日本研究中心徐静波到爱媛大学做外国人特聘教授。2002 年 9 月 5 日，爱媛大学代表团来访，9 月 6 日，书画联展开展，下午中日学生交流。2006 年 9 月 5 日，爱媛大学教育学部代表团 27 人来访。2010 年 9 月 26 日，爱媛大学矢泽知行等师生十人来访。2016年 9 月 20 日，爱媛大学教育学部佐野荣教授等 4 人来访，爱媛大学教育学部张贵民教授作"改革途中的日本国立大学的地理教育"的报告。2017 年 9 月 19—23 日，复旦大学高等教育研究所与爱媛大学教育学部举行了国际交流 20 周年纪念活动，爱媛大学副校长寿卓三、教育学部部长佐野荣、川冈勉教授、张贵民教授一行出席了活动。

特别需要一提的是范德堡大学皮博迪教育学院,它在美国《新闻周刊》教育学院排行榜上多年排名第一。在知悉复旦大学筹备成立教育学院之后,2007年12月11日皮博迪教育学院院长首次访问复旦大学,达成了合作意向。2008年又有数次交流。尤其是11月21日,高等教育研究所所长与皮博迪教育学院院长达成协议:① 开设一次讲座;② 共同申请课题;③ 相互授权翻译刊登期刊文章,在《复旦教育论坛》开设范德堡之窗。这些都付诸了实施。复旦大学教育学院筹建被搁置后,高等教育研究所仍保持了与范德堡大学皮博迪教育学院的学术交往。2009年与皮博迪学院合作举办了面向长三角地区的基础教育公益性讲座。2011年5月19—22日,范德堡大学校长一行来访,皮博迪教育学院院长卡米拉·本博以及皮博迪教育学院国际事务副院长陈粤秀同行,复旦大学高等教育研究所丁妍参与了合作培养人才洽谈。

有些合作项目是在大学层面上签署的。2006年3月30日,复旦大学校长与德国卡塞尔大学校长在复旦大学签署合作谅解备忘录,合作的框架中包括两校高等教育研究机构的合作,涉及联合培养和交换学生,互换访问学者,共同申请和实施研究项目,组织和参加国际会议。事实上,高等教育研究所在2008年就改变了过去接待境外来访为主的策略,充分利用校级海外学者授课项目邀请国外教授来讲学。2012年利用学校"普通外国专家项目",4月26日—5月26日邀请德国多特蒙德工业大学高等教育中心约翰内斯·维尔特教授来访为高等教育研究所学生讲授政策课程,为高等教育研究所师生作《德国从"教"向"学"的缓慢转变——教与学的创新趋势》报告,并为复旦新教师开有关合作学习和探究式学习的教学培训工作坊。5月还邀请了卡塞尔大学国际高等教育研究中心芭芭拉·M.凯姆教授来访讲学,她作了《在欧洲博洛尼亚进程框架下教与学的新形态》的报告。

　　开展合作研究,也是一种项目合作的方式。2010 年 11 月 8 日,丹麦大都市大学学院和奥德舍里斯寄宿学校共同举办"教学创新工作坊"项目,丁妍组织高等教育研究所 8 名硕士生参加了该工作坊。同年 9—10 月,丁妍获得北欧中心资助,在丹麦哥本哈根大学教务部做访问学者一个月,其间又调研了丹麦的罗斯基勒大学、哥本哈根城市大学学院、瑞典的隆德大学和芬兰的坦佩雷大学。丁妍和美国威斯康星大学普拉特维尔分校丹尼尔·利奇教授在 2013—2016 年间数次调研上海民工子女学校教育情况,于 2016 年共同完成英文学术论文《提升上海外来务工人员子女的社会融入:一项为期四年的非政府组织纵向研究》的撰写。2019 年,丁妍和南丹麦大学教与学中心唐娜·赫福德博士合作申请丹麦教育部课题获批,赴丹麦交流两周,和唐娜·赫福德博士为该校师生做了一次有关"不同教学文化比较"的工作坊。

　　通过复旦大学发展研究院的智库平台开展项目合作是一种新渠道。2017 年,复旦大学发起成立了复旦-拉美大学联盟(Fudan-Latin America University Consortium,FLAUC)。2018 年 11 月,复旦-拉美大学联盟 2018 年年会在秘鲁圣马尔科斯国立大学举行。熊庆年随同校长许宁生参加年会,熊庆年在圣马尔科斯国立大学教育学院发表了演讲,并与该学院达成了合作协议。根据该协议,2019 年 5 月该学院副院长帕杰克教授到复旦大学工作一个月。2019 年 11 月 18 日,巴西坎皮纳斯州立大学教育学院罗杰里奥·阿道夫·德莫拉教授来复旦工作半年,高等教育研究所协助其开展 FLAUC 联盟的复旦项目,完成了"复旦国际化以及金砖国家在高等教育合作与伙伴关系中的角色"的研究。

第十章　学术期刊

学术期刊曾经被学界视为"无形学院"。伯顿·克拉克等一些学者指出,大学的知识分子有两个忠诚,一是忠于所在的大学,一是忠于所在的学科。前者是有形学院,后者更多的是在无形学院意义上的。"主宰学者工作生活的力量是学科而不是所在院校。"①

第一节　《复旦教育》创办运行

还在复旦大学高等教育研究室的时期,同仁们就在酝酿办自己的刊物,但是政府对办刊有一定的规制,在条件还不具备的时候只能先办内部刊物。

一、创办内部期刊的起点

据杜作润回忆:"申办我们自己的刊物《复旦教育》,大约是 1984 或 1985 年,或 1983 年,学校要让我们争取出版一种刊物。学校真的也反复讨论了好多次,校长书记很一致,很快通过了。我把申请报告(校办的)送到绍兴路的新闻出版局,没有多久就批下来了。"②由此可见,办刊物酝酿了很长时间,而且不单单是高等教育研究所的期待,

---

① ［美］伯顿·R.克拉克:《高等教育系统——学术组织的跨国研究》,王承绪等译,杭州大学出版社,1994 年,第 33—35 页。
② 杜作润在复旦大学高等教育研究所早期的工作手稿。

也是学校领导层的愿望。

　　"主编强（连庆），副主编杜（作润），学校已明确。（刊物）名称，苏（步青）校长有异议。这是我画蛇添足的结果。我想请苏校长题刊名，因为他的字还不错。结果他对我说，怎么叫《复旦教育》，不通。他说为什么不叫《复旦学报（教育科学版）》？我说你的这个意见很好，我去找两个学报商讨一下。结果，两个学报的同事都不认同，推到要由学校学术委员会、宣传部讨论再定。已经成形的事，还要去张罗，不知要何年何月，才会有定论。他们不赞同的原因当然我心知肚明，因为我们没有根基，学术水平根本不能和他们相比。后来名称的事我就自管自用了我想出的、学校校长办公会议同意的《复旦教育》。"这段回忆现场感很强，想象得到，苏校长是何其关心这个还在"襁褓"之中的期刊，想为它起个好名字。

　　"后来，请当时校办秘书喻蘅先生给我们题了个字：《复旦教育》。最初的一两期，通过强（连庆）、谢（希德）及其他人打招呼，有学校的许多名人题了字。各位可以查阅，后来也有。但我不知道到底对《复旦教育》的教育研究功能有何助益。不过除了谢（希德）、强（连庆）等人写文章外，后来的学校领导、教授们也为《复旦教育》写文章，包括华中一、杨福家、程天权、秦绍德、林克等。我觉得大家还是很齐心的，每期首列各位先生，对复旦高教所扬名还是有益的，我还因此当了好多年全国高教期刊研究会的常务理事呢。"

　　从高等教育研究所和《复旦教育》编辑部 1990 年 10 月 12 日呈报学校党委宣传部转呈上海市新闻出版局申请"转正"公开出版的报告，可以窥见办刊的情况。

　　　《复旦教育》是 1984 年 9 月创刊的。每年两至三期，到今年 5 月底出版了共 14 期。1988 年初获得上海市新闻出版局的上海市报刊准印证：（沪期）字第 094 号。并且从第

10 期开始,每期照章在封底刊上准印证号码。

《复旦教育》的创刊,是改革开放的产物。特别是复旦当时在教学改革和管理改革方面都做了不少工作,积累了一些经验。如何使改革沿着正确的道路向纵深发展,成为干部、教师常常思考讨论和争议的问题。国内许多同行,也常常要求了解复旦的想法。《复旦教育》就是在这样的内、外条件下,创办的研究教育改革问题、探讨教育规律、交流复旦教育改革动态和信息的一种杂志。

当时,我们拟定的办刊宗旨是:努力以马克思主义、毛泽东思想为指导,积极宣传和研究党的教育方针、政策和思想;积极反映本校本国高等教育改革经验、过程和成果,开展高等教育理论思想研究;本着理论和实践相结合的原则,探讨学校体制改革、学生思想政治教育和道德品质教育、教师教书育人等问题;探索讨论教学、科研、后勤服务等方面的管理科学化、现代化问题等。迄今,我们一直坚守这一办刊宗旨,从不逾矩。

我们的专业范围应属高等教育科学方面的综合杂志。我们没有刊登过教育以外的文章,校外的稿子和译稿比重都在10%以下。

我们的主办单位,明确的是复旦大学,具体编辑部门是复旦大学高等教育研究所。复旦大学副校长强连庆教授担任主编,副主编是复旦大学高等教育研究所副所长杜作润副研究员。我们没有设立名实不符的编委会,但有一套健全的稿件处理程序和一组相对稳定的审稿、评稿人员。刊物的原稿、审稿单位以及发稿签字均存入校内档案馆备查。这保证了刊物具有较高而且稳定的质量和水平。

我校每年拨有 2.5 万元的高教研究经费,用于刊物的经费约 1—1.2 万元。我们的印数每年常在 1 000—1 200 本，主要用于校内和兄弟院校及教育研究机构之间的赠阅和交流。《复旦教育》从未以营利为目的，事实上也从未卖过一分钱。

《复旦教育》录用稿的比例，在 1985—1988 年一般保持在 50％—40％的水平；目前也在 80％左右的水平。

国内各高校同行对《复旦教育》的非正式评价是：反应灵敏，研究问题有尝试，对国外研究成果和动态的介绍有分寸，没有赶风头、赶浪潮之嫌……目前，要求赠阅或交流，或对《复旦教育》的文章进行讨论、转载的情况仍然不少……①

从报告的几个附件可以看到，申请公开的努力多年未止。复旦大学在 1986 年、1987 年都曾正式发过文。

二、面向改革实践的初衷

《复旦教育》创刊时，党委书记林克写了发刊词："《复旦教育》的出版为大家提供一个园地，研究、探索高等教育人才培养的规律；从理论、实践上研究讨论高等教育改革中的问题；总结交流学校教学、科研改革，管理改革和思想政治工作改革的经验，以及借鉴外国教育的经验。《复旦教育》是一个综合性的刊物，既包括教育理论和学术问题的探讨，也有现实问题的研究；既有我国高等教育历史经验的研究，更要研究高等教育的新情况、新问题和新经验，从而起到活跃思想，促进改革的目的。《复旦教育》坚持以马列主义、毛泽东思想为指导，坚持'百花齐放、百家争鸣'的方针，坚持理论联系实际的原则，提倡踏实、朴实的学风和文风，提倡勇于探索，勇于创新的精神。殷切希望《复旦教育》能得到全校同志的关

---

① 复旦大学高等教育研究所、《复旦教育》编辑部关于《复旦教育》的情况报告。

心与支持，使它真正在学校改革、开创新局面工作中发挥积极的作用。"

谢希德校长在创刊号上发表《总结经验，发扬成绩，把我校办成有中国特色的具有世界先进水平的社会主义大学》。老校长苏步青题词"联系教学科研实际，总结 30 年来经验，改革创新，提高理论水平，积极地为实现我校教育三个面向而奋斗！"

创刊号的栏目有：庆祝建国 35 周年、教学计划修订、智力培养、课程教学改革、讨论式教学研究、研究生教育、思想政治工作、外语教学、体育教学、外国高等教育、校史研究。从栏目的设置也可以看到，内容涉及学校办学的方方面面。

强连庆作为《复旦教育》的主编，回忆当年办刊时的想法，很清楚地记得办刊的目标和定位：

> 说到《复旦教育》，要谈一谈高等教育很重要的问题。第一就是教师缺交流教育经验、反映教育成果的平台。你查一查我们保留的资料，发表文章的基本上都是名家，好多都是写自己怎么教学的，怎么搞改革的。所以期刊就是搭了一个教师交流的平台。第二就是介绍国内外高等教育改革的先进经验。第三就是反映国际改革动向，特别是各国高等教育改革。把教育提高到和国家的政治、经济、文化、军事一样的高度，密切关注。高等教育人才培养的质量是国家综合国力的标志。《复旦教育》经常发介绍文章，反映时代的要求。第四就是围绕大学提出改革的方案，这是我们高教所的责任。我们这么多年来对复旦大学的贡献，最重要的就是提出了关于教育改革、教学改革的方案。教学改革就是我当时提出的"三个提高、四个环节"。像历史系的姜义华，化学系的邓景发院士，数学系的李大潜、谷超豪

院士,都在第一线上基础课。我们要把他们的经验推广。《复旦教育》就起这个作用。围绕复旦大学来解决问题,让教师们看了感到亲切。[①]

从刊物的实际情况看也是这样。《复旦教育》从 1984 年到 2002 年总共出版了 65 期,发表文章 803 篇,真实地成为复旦大学改革发展研究的公共平台。翻开旧刊就可以看到,不仅承载了学校书记、校长们的思考,记载了管理干部们的探究,而且展现了各个学科教师们的钻研。它不仅成为复旦大学改革研究的园地,而且成为吸引校外研究者的沙龙。它是教育研究者成长的苗圃。

三、联接教育研究的纽带

《复旦教育》办刊是非常接地气的,牢牢抓住了学校的改革和发展这个关键。1985 年第 1 期的栏目设置有:高等教育研究、课程教学改革、教学方法研究、思想政治工作、师资队伍建设、拔尖学生培养、管理改革、学生论坛、校史研究。在拔尖学生培养栏目中发表了 4 篇文章,有葛乃福、饶炳林的《发现和培养优生是教改的重要命题》、贾起民,张祥生的《我们是怎样培养拔尖学生的》、肖真提的《漫谈拔尖学生的培养》,教务处的《优秀生培养工作条例》,紧扣学校改革当中的焦点问题。在学生论坛栏目里,有 5 位学生的文章:柏德山的《复旦大学应向全社会发挥多种功能》、杨鲁军的《对世界经济学科教学改革的一些看法》、罗靖的《建立"松—紧"教学机制》、秦义龙的《我对"教程教学法"的初步认识》、文贯中的《出国留学生来信》。让学生发出声音也是期刊的一个目标。1986 年第 3 期的学生论坛,发表了涂海霞、燕爽、吴犁的《青年知识分子成长之路考察报告》,记录了暑假三好学生及部分团干部考察平塑安太堡露天煤矿和大同煤

---

① 强连庆访谈录,录音整理稿。

矿的情况，呈现了 20 天考察的深刻体验。还刊登了董雅华的《要注意培养大学生的心理承受力》，鲍勇剑的《浅议校园文化建设》，反映校园的现实问题。1987 年第 2 期的学生论坛刊登了国际政治系 1983 级的《实习：窗子·镜子·尺子》，深刻地反映了学生实习的思考。

直面问题是《复旦教育》的追求。1988 年第 2 期有一个专栏"深化改革笔谈"，发表了 8 篇文章：秦绍德的《丢掉"老大思想"多一点危机感》，丁荣生的《要造成复旦人共同的紧迫感与责任感》，胡爱本的《为高校创造平等的竞争环境》，唐之敎的《高校科研也必须引入竞争机制》，张晓林的《教育战线也面临着竞争》，孟伯衡的《扩大系的办学自主权，真正使系成为办学的基点》，张祥生的《更新高校后勤管理改革的观念》，徐志伟的《高等学校机构设置小议》。风格生动活泼，畅快淋漓。很多期《复旦教育》设置"问题研究"栏目，提出一些急迫的需要解决的问题，引起改革者的关注。例如 1994 年第 1 期"问题研究"栏目，杨福家就发表了《给青年人创造机会》，杨望成发表了《增强高校活力是高教体制改革的中心环节》，万素珍发表了《适应市场经济需要加强文科应用人才培养》。这些文章不绕弯子直指问题的核心。

倡导调查研究也是《复旦教育》的一个特点。除了专栏，有时还会发专辑。1986 年第 1 期发表了 4 篇调查报告，有数学系的《数学学科多轨型的课程设计》，有化学系的《对国外大学化学教学的研究和对我国大学化学教学改革的意见》，有生物系的《从国外生物科学进展、生物学教学，看我国综合性大学生物学教改的方向》，有生物工程系的《关于国内外生物工程人才培养情况的调查报告》。编者在前言指出，"这是我们按照国家教委高教一司第 48 号文件的要求，对数学、化学、生物、生物工程四门学科进行了国外教育资料和情况的调查研究，并对我国当前的教学改革提出了一些建议。""我们认为我校现有的专业和即将新设的专业都应该去做这样的调查研究工作,避免专业设置上的盲目现象。我们把这 4 篇调查报告刊登出来,正是希望促进这样的调查研究工作的开展,起到抛砖引玉的作用。"

办专辑以集中研究某一个重大问题,是《复旦教育》的特别安排。1991 年第 3 期是复旦大学学生社会主义信念教育专辑,不仅有党委书记钱冬生的《把社会主义信念教育深入持久地进行下去(代序)》,有党委副书记王荣华的《提高认识,增强信心,重点突破》,有校党委学生工作部的《贯彻把德育放在首位的方针,理直气壮地开展大学生社会主义信念教育》,还有大特写、组织经验篇、专家讲述篇、学习体会篇、实践成果篇、众人评说篇,6 个专栏 25 篇文章,都是在一线的教师干部发表,并附有几个学生工作部门的材料附录,有强烈的冲击力。

1993 年第 4 期是外语教学改革的专辑,可人在《教海无涯苦作舟(代前言)》中说到,"这些年来,复旦大学的外语教学,特别是英语教学取得了令人瞩目的成绩,需要好好总结经验,以便更上一层楼。这些年来,复旦大学的外语教学面临着新的挑战,需要我们从理论和实践两方面来认真探讨外语教学的策略和方法问题,推进教学改革,以适应新形势对外语教学的要求"。此专辑总共收集了一线教师的 17 篇文章。

专辑有时是大栏目的形式,如 1991 年第 2 期"高等学校为地方建设服务的途径与对策专题",发表了 9 篇文章。有的是整本的形式,如 1994 年第 4 期关于成人高等教育的专辑。不拘一格的方式,有利于把握一些重点需要关注的问题。除了关注问题外,有的专栏以树典型的方式来呈现。比如,1993 年开辟了"来自教学第 1 线的报告"专栏,第 1 期刊登了《风格的追求——记教学一等奖获得者乔守怡》,第 2 期刊登了《为了高分子领域未标出的航线——记上海市科技精英杨玉良教授》,第 3 期刊登了《目标:中国的"兰德公司"——

复旦发展研究院起步记》。

《复旦教育》还为一些学科架起与外部交流的桥。1990年专门发了一期增刊,《1989年全国高等院校数学类外国教材研讨会论文集》,所收录的论文,均是在第一届全国高等院校数学类外国教材研讨会上宣读过的,内容涉及数学教学的各领域,作者除本校的外,还有21所高校和出版社的同行。

《复旦教育》之所以能够实现成为联接教育研究的纽带,是因为依托于高等教育研究所举所办刊体制,以及灵活机动的办刊方针。头十年,强连庆为主编,杜作润为副主编,在所的研究人员都参与编辑工作。若逢办专辑,增加相关部门的负责人作为副主编,增加相关部门的工作人员作为责任编辑。例如,1991年第3期的学生工作专辑,增加了党委学生部张德明为副主编、萧思健为责任编辑。1993年第4期外语教学改革专辑,增加外文系何刚强为副主编。1993年明确施穆为责任编辑,当年第3期增加王留栓为责任编辑。1994年强连庆为主编,王留栓为副主编并兼责任编辑,当年第4期曹珍芬开始做责任编辑。2000年起,孙莱祥为主编,王留栓为副主编,硕士研究生房欲飞兼做编辑。

第二节　《复旦教育论坛》的创办

从《复旦教育》到《复旦教育论坛》,尽管历经曲折,期刊公开出版的理想终于实现。

一、把握期刊发展的契机

我国新闻出版部门对期刊出版实行严格审批制度,自1995年来一直对期刊实施总量控制,原则上不增加新刊数量。尤其教育类期刊,已经有四百多种,原则上不批准创办新刊。《复旦教育论坛》创刊的契机,源于2000年4月复旦大学、上海医科大学合并组建新的复旦大学,推动实质性融合是基调。当时,原上海医科大学有一份1980年创办的公开发行期刊《国外医学·医学教育分册》,由医学教育研究室负责编辑出版。后医学教育研究室与卫生法学教研室合并成立卫生法学与卫生监督教研室,期刊由卫生法学与卫生监督教研室代管。2001年3月,《复旦教育》副主编王留栓提出动议,将《国外医学·医学教育分册》与《复旦教育》合并,成为公开发行的《复旦教育》。作为主编的孙莱祥副校长将这个动议提交到学校领导班子中讨论,审议结果,同意两刊合并,责成学校宣传部负责具体实施。

然而,两刊合并一波三折。首先是体制性障碍。2001年5月下旬,根据学校党委宣传部的要求,高等教育研究所草拟了两刊合并的报告,再由宣传部以学校的名义呈送教育部社科司。9月中旬,教育部社科司表示同意两刊合并。但是,付诸实施时才知道,《国外医学·医学教育分册》是国外医学系列杂志中的一种,这个系列杂志由卫生部主管。合并需要教育部与卫生部协商,并得到新闻出版总署的批准。10月份,熊庆年专门赴京,到教育部社科司出版处,请教育部出面协调。

2002年1月15日,教育部社政司出版处陈茅来电话告知,由于新闻出版总署严格控制新增刊号,经与各方协商,同意撤销《国外医学·医学教育分册》原刊号,由复旦大学重新申请创办新刊,拟予准给新刊号。并要求复旦大学次日办齐申办材料,以便本周末前能提交新闻出版总署审核。当日熊庆年即与上海市新闻出版局期刊处处长胡国强、复旦大学宣传部副部长董雅华沟通,通报信息,请求支持。次日完成申报材料并商请各有关方协同完成办刊审核程序。为了与老的《复旦教育》内刊相区别,高等教育研究所琢磨要为新刊起新的名称。哈佛大学有闻名全球的《哈佛教育评论》,曾想过套用其形式,定名为《复旦教育评论》,又觉得有模仿之嫌。经过反复斟酌,最后将新刊名确定为《复旦教育论坛》。经过一天多的紧张工作，新刊申办材料完成了本校和上海市新闻出版局的所有审核手续，并抢在下午5点半前将申办材料通过邮政快件发往北京。2002年3月19日，教育部社政司和上海市新闻出版局分别来电，告知新刊号已经获得批准。

两刊合并遇到的第二个麻烦是内部的分歧。两校合并后，卫生法学与卫生监督教研室划归公共卫生学院管理。2001年12月26日，《国外医学·医学教育分册》编辑部向孙莱祥副校长请示，指出"由于新教研究室的工作目标和任务均同以前明显的不同，该杂志的岗位编制、考核、办刊经费等也成为新的问题"，希望明确管理体制、编制和经费保障；并提交了第二届《国外医学·医学教育分册》编委会的建议名单。可见他们的心愿。

《复旦教育论坛》新刊号获得批准后，3月下旬，原《国外医学·医学教育分册》编辑部提出了改版计划，原《复旦教育》编辑部提交了出新刊计划。孙莱祥明确回复，《复旦教育论坛》是教育部主管、复旦大学承办的刊物，办刊体制应提交学校党委研究决定，党委已经明确宣传部参与谋划。当时党委宣传部部长是朱国宏，4月1日，电话与他联系，他明确答复，《复旦教育论坛》创刊由高等教育研究所出人事方案。4月底，熊庆年起草了《关于新刊〈复旦教育论坛〉的初步设想》和《〈复旦教育论坛〉章程》。经孙莱祥副校长和朱国宏部长审阅同意，呈报秦绍德书记。这个方案既不考虑在原《国外医学·医学教育分册》基础上改版，也不考虑在原《复旦教育》基础上翻牌，而是重新搭建期刊班底，新建运行体制。由此消解了两个编辑部由谁主导办刊的分歧。

二、深思熟虑做创刊方案

《复旦教育论坛》的创刊是在学校党委的直接领导下进行的。围绕办刊定位、办刊宗旨、编委会组建、编辑部人员组成，经过了反复讨论酝酿。2002年4月29日,高等教育研究所起草了《复旦教育论坛》章程草案。包括6个方面。第一,宗旨。"《复旦教育论坛》以马列主义、毛泽东思想、邓小平理论、江泽民'三个代表'重要思想为指导,反映高等教育理论探索的新进展,反映高等教育改革和发展研究的新成果,扶植创新,鼓励争鸣,开拓视野,引领风气,繁荣学术,促进高等教育学科的成熟与发展。"第二,性质。"《复旦教育论坛》是面向全国公开发行的高等教育研究的学术性双月刊,它由教育部主管,由复旦大学主办。《复旦教育论坛》在复旦大学党委的领导下,由复旦大学高等教育研究所具体承办。《复旦教育论坛》立足复旦,服务全国,是探索和研究高等教育改革理论与实践问题的重要宣传阵地。"第三,编委会。"《复旦教育论坛》实行编辑委员会领导下的主编负责制,编委会决定办刊的基本方针和重大事项,主编具体领导编辑事务。编辑委员会由校外编委和校内编委组成,编委会主任由复旦大学党委书记兼主任。主编由高等教育研究所所长兼任,副主编分别由党委宣传部长和编辑部主任担任。校外编委以通讯方式指导办刊,校内编委每半年举行一次会议,听取编辑部工作报告,决定重要事项。"第四,编辑部。"编辑部附设于复旦大学高等教育研究所,行政由高等教育研究所统一领导。编辑部在主编领导下具体负责编辑、出版和发行事务,编辑部主任由主编聘任。编辑部包括主任在内,设专职编辑三名。编辑部可另聘专家主持专题或栏目。编辑分别承担编辑责任,负责稿件的审核、版面安排、校对、送印等事务。稿件编辑严格执行三审制度,栏目编辑初审,责任编辑二审,编委会三审,主编核定发稿。"第五,经费。"《复旦教育论坛》作为学术性期刊,属于非营利性刊物。要本着勤俭节约的原则精打细算,妥善经营。复旦大学财务每年拨15万元作为办刊经费,收支单列,专款专用。不足部分可以通过订费收入、广告收入或服务性收费予以补充。"第六,发行。"为了提高经营效益,《复旦教育论坛》应通过邮局发行和自办发行两种方式,努力扩大发行量。编辑部应有专人负责发行事务。"实际为期刊准备了蓝图。2002 年 4 月 30 日,章程草案提交学校党委。2002 年 5 月 3 日,秦绍德书记批复:"孙莱祥、朱国宏、熊庆年同志:我访欧回来后,一起开个小会,听听你们的具体打算。"

5 月中下旬,孙莱祥、朱国宏和熊庆年多次就编委会组成人选问题进行商议。最后拟定,第一届编辑委员会由顾问和编委两部分组成。顾问既有著名教育学者,也有教育部、卫生部主管过高等教育的领导和专家。编委既有本校各学科的著名教授,也有校领导和相关部门负责人。6 月 20 日下午,秦绍德书记召集燕爽副书记、孙莱祥副校长、朱国宏部长和熊庆年,商讨办刊诸事项,初步确定由孙莱祥任主编、朱国宏和熊庆年任副主编,执行副主编以竞聘方式产生。6 月 21 日,熊庆年修订办刊方案,提交学校党政联席会议讨论。

6 月 24 日,孙莱祥召集会议,就《复旦教育论坛》办刊事项进行研讨。原《国外医学·医学教育分册》和《复旦教育》编辑部的人员都参加了会议。大家基本形成共识:不做纯高等教育学的理论刊物,理论与实践结合,关注大学办学,反映实际问题,尤其不回避实践中的重大问题;立足复旦,面向全国,面向世界,注重借鉴国外经验;保留医学教育特色,开设医学教育专栏。这些想法,最后浓缩到了发刊词中:"《复旦教育论坛》确立的宗旨是:紧密联系中国高等教育的实际,反映改革和发展的新进展,反映理论探索的新成果,繁荣学术,推动中国特色的社会主义现代大学制度建设。"6 月 29 日《复旦教育论坛》完成期刊登记表填报,并发出拟聘编委会委员的征询函。

三、精心策划实现新开张

把蓝图变为施工图,下了一番功夫。2002 年下半年,《复旦教育论坛》创刊进入具体实施阶段。经沟通,编辑委员会组成人选最终确定。校外委员以顾问为称,校内委员以编委为称。确定顾问为:王镭(国家医学教育中心)、卢乃桂(香港中文大学)、叶澜(华东师范大学)、刘凤泰(教育部教学评估中心)、闵维方(北京大学)、周远清(教育部)、顾明远(北京师范大学)、彭玉(卫生部)、潘懋元(厦门大学)。编委为：王生洪(校长)、朱国宏(宣传部部长)、孙莱祥(副校长)、陈思和(中文系)、俞吾金(哲学系)、姚泰(医学院)、倪光炯(物理系)、袁志刚(经济学院)、秦绍德(校党委书记)、鲁映青(医学院)、蔡达峰(副校长)、熊庆年(高教所副所长)、燕爽(校党委副书记)。编委会主任：秦绍德。9月，编委会主任秦绍德亲自签发了聘书。

7月1日，学校在《光明日报》刊出招聘《复旦教育论坛》编辑部主任启事。9月中旬在11名应聘者中，挑选了本校历史系博士后流动站在站人员王海利、华东师大在读博士研究生唐松林试用。8月征求原两刊编辑部人员去向的意见，原《国外医学·医学教育分册》编辑部赵友良表示乐意继续从事编辑工作，经人事处批准正式办理了内部调动手续，他成为《复旦教育论坛》编辑部的第一名正式工作人员。后编辑部又确定聘请《国外医学·医学教育分册》原主编梅人朗、高等教育研究所周洪林两位退休教授为特约编审。

组织稿件、设计封面、版式、发行、印刷等具体工作也紧锣密鼓展开。8月13日，编辑部与上海市邮政局签订了第一份发行合同。8月下旬，编辑部向国内外知名高等教育学者发出第一批约稿信。9月初，孙莱祥副校长联系复旦大学出版社社长贺圣遂，请他推荐美术编辑帮助设计期刊封面。熊庆年托工会副主席、复旦书画协会负责人陈国栋请一位本校书法家为刊物题写刊名。他请了复旦附中黄玉峰老师题写。10月，出版社青年美术编辑周进为期刊制作了三种设计方案。秦绍德书记亲自过目，选择了其中一种。即浅色为底，以黑体字"复旦教育"与黄玉峰毛笔手书"论坛"分色组合，配以复旦大学LOGO的明图和暗影，双月刊每期一种色调相区别。

为了使创刊启始不凡，编辑部向燕爽副书记请示，请校友李岚清副总理、陈至立部长写贺词。10 月 28 日,熊庆年与周洪林商量第 1 期选题,周洪林建议请诺贝尔奖获得者杨振宁、李政道为《复旦教育论坛》创刊题词。杨先生的父亲杨武之自 1950 年起任复旦大学教授,直到 1973 年逝世。李先生最早在复旦大学等五校设立"䇹政学者",以育英才。他们都与复旦大学有密切关系。编辑部随即着手联系。

作为编委会主任,秦绍德书记一直关注创刊诸项工作的进程。11 月 1 日,他又一次召集孙莱祥和熊庆年谈话,再次就编辑部人事问题和刊物定位问题提出意见。他认为,刊物应注重学术,但要贴近实际。他希望,《复旦教育论坛》高起点办刊,在不太久的时间内成为高等教育研究领域的核心期刊。11 月 23 日,秦绍德书记亲自修改了代拟发刊词,批准了封面设计定稿。

11 月 23 日,熊庆年欣喜地收到杨振宁先生由香港中文大学寄来的信函,内有手写给《复旦教育论坛》的题词"学无止境"。编辑部确定将题词刊登在创刊号封二。12 月 18 日,收到教育部办公厅传真来陈至立部长的贺词。编辑部确定将其刊登在创刊号扉页。后来,2003 年 3 月 4 日,编辑部又收到中国科学院办公厅原副主任、北京正负电子对撞机工程领导小组办公室原主任、䇹政基金管理委员会秘书长柳怀祖转来的李政道先生题词:"求学问 须学问 只学答 非学问 祝'复旦教育论坛'创刊 李政道 2003 年 2 月。"这份题词刊登在《复旦教育论坛》第 2 期封二上。

创刊号的组稿,更是使出了洪荒之力。孙莱祥亲自向教育部原副部长、时任中国高等教育学会会长的周远清教授约稿。11 月份就收到了他的《完善体制改革》。国际知名教育社会学专家、美国加州大学伯克利分校教授马丁·特罗应允把他的《信息与通信技术对义务教育的影响》交编辑部翻译发表。国际知名高等教育研究专家、日本东京大学大学综合教育研究中心主任金子元久教授应允把他的

《市场化与国立大学——当前日本高等教育改革》交编辑部翻译发表。我国教育政策研究的前辈、国家教育发展研究中心原副主任蔡克勇寄来了新作《拾遗补缺、创办特色——我国民办学校发展的战略选择》。领教育政策研究风气之先的少壮派学者、华东师大教授袁振国寄来了新作《教育政策分析与当前教育政策热点问题》。复旦大学校长王生洪教授撰写了《大力推动制度创新,努力实现跨越式发展》,原副校长兼高等教育研究所所长强连庆教授与原上海交通大学教授袁济合作撰写了《如何促进我国民办高等教育发展的几点看法》。这些重磅的稿件,为《复旦教育论坛》创刊,抹下了浓重的开篇色彩。

12月秦绍德书记亲自审阅了创刊号目录。12月24日,创刊号稿件终审结束,主编孙莱祥签字发稿。2003年1月7日,创刊号付印。1月21日,《复旦教育论坛》创刊号样刊送到。至此,《复旦教育论坛》创刊画上了圆满的句号。

第三节　《复旦教育论坛》的运行

从内部发行刊物到公开发行刊物,不只是类型的升级,更是体制机制的重塑。《复旦教育论坛》初始只有赵友良一位编辑从原《国外医学·医学教育分册》编辑部转来,主编、副主编都是兼职,且都是外行,只有边干边学。通过不断地学习、摸索、反思、提高,相互合作,期刊很快走上正轨。

一、编辑部工作的规范化

作为常务副主编的熊庆年参加了上海市新闻出版局培训中心的主编培训,学习了有关期刊出版的法规、政策,以及业务知识,并向兄弟期刊同行虚心求教。另一方面,向原《国外医学·医学教育分册》

编辑部和《复旦教育》编辑部同仁问计。在经过一段时间磨合后,形成了《〈复旦教育论坛〉编辑部工作规范》,明确了各岗位职责和编辑流程。

2004年12月,在总结经验的基础上,又制定了《〈复旦教育论坛〉编辑部审稿规定》细化了审稿的流程。明确"本刊参照国际惯例实行(同行专家)匿名审稿制度"。把审稿流程分四个阶段:初审、复审、专家审、终审。规定:初审由编辑部实施。复审由编辑部主任组织实施,编务将已通过初、复审和未通过初、复审的稿件及时通知作者。已通过初审和复审的稿件进入专家审。专家阶段的匿名评审由国内2名熟悉论文研究课题的专家担任。专家的审稿意见原则上起决定性作用。未通过专家评审的稿件予以淘汰,编辑部及时向作者通知最后结果。已通过专家评审的稿件,编辑部原原本本向作者转达匿名修改意见,并要求作者尽快按审稿意见把稿件修改好。副主编综合专家意见和编辑部意见及时将作者修改好的相关稿件,会同或交由编辑部做终审。编辑部集体讨论理由充分,有权否定或撤除已通过前三审的稿件。关于审稿标准,明确:① 论文研究课题须契合本刊用稿范围和宗旨。② 论文的研究应具有理论建树(创新),或有新意,或有应用价值。③ 研究方法严谨,研究材料(论据)充分、新颖并能支持论文结论。④ 论文结构规范,行文条理清楚,逻辑性强,重点突出,语言表达流畅、准确、简练。⑤ 文献目录应包含有国内外(尤其是国外)最新文献并同研究课题直接相关。

与此同时,还制定了配套的《〈复旦教育论坛〉编辑部稿件管理条例》《〈复旦教育论坛〉编排规范》《〈复旦教育论坛〉编辑出版流程》。

二、筑就抗干扰的防火墙

《复旦教育论坛》创刊以后,随着高等教育的快速发展,学术队伍日益壮大,对学术论文发表需求也不断攀升,期刊外部环境在急剧改变。如何抵御外部不利因素可能造成的侵害，是一个巨大的挑战。

首先面临的是功能性挑战。受过去惯性的影响，《复旦教育论坛》不止一次面临校内的质疑："为什么校内的稿子很难发？""为什么不为学校服务？"同时，高等教育研究所内部一些人也经常发出疑问："我们在自己的刊物上发表文章，为什么比在外面的刊物发表更难？"其中有误解，也有偏见。编辑部始终认为，稿件并不能因为是校内稿件就降低质量要求，并不能简单地把发学校内部的文章、把反映学校改革的内容看作是为学校服务。编辑部明确，期刊是学术公器，不能做成复旦大学高等教育研究所的自留地。编辑部坚持，对所有的稿件一视同仁。

其次是审稿队伍的挑战。创刊之初，编辑部请全所教师参加审稿，有人力资源不足不得已而为之的因素，也有把期刊发展和高等教育研究所学术的发展紧密关联起来的考量。后来发现有很多的弊端。为了防止非学术因素的干扰，《复旦教育论坛》一年之后就实行了匿名评审，就是想筑就一道防火墙，尤其是避免把期刊变成个人与小集团的私物，避免成为高等教育研究所的自留地，避免利益交易和关联输送。匿名评审做起来并不容易，涉及大同行还是小同行，涉及审稿队伍的规模，涉及资源的投入，涉及恰当的裁判。尽管困难重重，但是编辑部认准了这个方向，努力克服各种困难，长期坚持建设审稿队伍，不断扩大学术朋友圈，逐渐形成了一支稳定的、分学科、分专业和方向的高水平的审稿队伍。审稿也由过去内部专家审稿为主转变为外部专家审稿为主。在审稿程序上坚持尊重、相信学科专家的学术判断，进行综合考虑。遇到二审专家意见不一致的情况，为了审慎起见，考虑增加审稿人。

再次是非学术因素干扰的挑战。为了有效地防止干扰，2007年投入资金，建起了线上审稿平台。它不仅方便作者投稿，使审稿流程能够更有效，使审稿过程透明化，作者能够感知到审稿流程的进展以及结果,并且可以根据实际运行情况,不断升级平台系统的版本。作为三审的副主编,在平台不能直接看到投稿和一审的情况,屏蔽请托,防止不当干预。编辑部把遵循程序看作是对学术操守的坚持,尤其在期刊成为核心期刊以后,外部非学术因素干扰越来越大,坚守线上平台的程序规范,可以把它变成抵御非学术因素干扰的盾牌。

此外还有利益诱惑的挑战。毋庸讳言,期刊也有它自身的利益,一不小心也可能陷入泥坑。《复旦教育论坛》坚持对学术品格的追求,不搞歪门邪道,不盲目追求影响因子,赢得了学界的声誉。

增加人力资源的投入,提升编辑素质,"强身健体",也是抗干扰的有效手段。按照国家科委、新闻出版署 1991 年 6 月 5 日第 12 号令公布的《科学技术期刊管理办法》第八条第(三)款规定,期刊要"有健全的编辑部。专职编辑人员按任务定编。一般季刊(或半年刊)不少于三人,双月刊不少于五人,月刊不少于七人,并设一定数量的专职编务人员"。根据这一条款,《复旦教育论坛》作为双月刊至少应有 5 名编辑。2008 年,两位年事已高的教授按学校规定不能再返聘,经向人事处申请,编辑部增加了一名编辑编制,刘培经审核受聘,使得队伍暂时稳定下来。尽管如此,作为专职编辑的赵友良和刘培都兼任了高等教育研究所的其他工作。为了保证期刊的有效运行,各同仁在做好本职工作的同时,每年接受新闻出版局的业务培训,提升业务水平。编辑部也鼓励、支持他们攻读更高学位,提升学术素养。

三、编辑委员会的功能化

编辑委员会是期刊发展把舵领航的领导力量。《复旦教育论坛》运行了一年多后,经请示编辑委员会主任秦绍德同意,于 2004 年 4 月 16 日召开了第一次编委会。会议的主要议题是如何尽快把《复旦教育论坛》办成国内有影响的核心刊物。会议的主要议程是:主编向编委会报告编辑部工作;检讨办刊宗旨和基本方针;审议重点选题计划;审议编辑部工作制度;讨论编委会工作制度。编委会由秦绍德主持,参加者有主编孙莱祥、副主编石磊和熊庆年,编委姚泰、鲁映青、蔡达峰、袁志刚以及编辑部人员。各位编委畅所欲言,为期刊出谋划策。蔡达峰就如何办出特色发表了意见,袁志刚建议加强实证研究、抓住中国的实际问题,姚泰建议鼓励国际投稿,孙莱祥提出要加强编委会的作用,梅人朗提出来要敢于触及敏感问题,秦绍德提出要从改革实际中提炼选题,国外医学教育的特色不能丢。

由于学校领导层人事多有变动,以及高等教育研究所体制有所改变等各方面的因素,第二次编委会直到 2012 年才举行。实际上这时期主编、副主编早已经历了变更,2006 年蔡达峰接替孙莱祥担任高等教育研究所所长后,随职务也兼任了《复旦教育论坛》主编。2011 年陆昉接任主管教学的副校长后,不再循惯例接任《复旦教育论坛》主编。这时,高等教育研究所所长已经不由副校长兼任。直到林尚立担任主管人文社科的副校长,才接任了《复旦教育论坛》主编。编辑部于 2012 年 12 月 30 日向林尚立请示重组《复旦教育论坛》编委会,指出:2003 年至今,“编委中除主编与副主编变动有所更改未有其他变化。十年来,编委会只开过一次少数编委参加的会议,未能发挥实质性作用。而且,时隔十年,已经有 7 名顾问、多名编委退休或调离原工作岗位。到 2012 年 12 月,《复旦教育论坛》创刊十年,出齐 60 期。为了使编委会能够真正发挥把握办刊方向和实质性学术指导作用,使刊物质量更上一层楼(2008 年起已经进入北大核心期刊目录和 CSSCI 目录),特提请重组编辑委员会。”编辑部建议:“不再设顾问。编辑委员会可以考虑两种重组方式:一是新模式,即由校内外教育专家组成(专家同时可以又是同行审稿人)……二是按照老模式,仍由本校的部分校领导和教授组成……若按第一种模式,宣传部部长不再兼副主编。无论哪种模式,编委会主任由主编兼任。”2013 年 1 月 8 日,林尚立复函:同意更改编委会,并按学术模式。

2013 年初,编辑委员会重组。遴选的标准是:校外委员在高等教育研究领域有学术影响力(适当考虑重要的机构和学科和领域分布),校内委员各学科教学名师、相近学科著名教授和高等教育研究所相关人员。最终入选的委员是:王洪才(厦门大学教育科学研究院)、石磊(复旦大学经济学院)、史静寰(清华大学教育科学研究院)、朱春奎(复旦大学国际关系与公共事务学院)、刘欣(复旦大学社会发展与公共政策学院)、刘念才(上海交通大学高等教育研究院)、刘宝存(北京师范大学教育学部)、孙向晨(复旦大学哲学学院)、汪源源(复旦大学信息科学与工程学院)、沈红(华中科技大学教育科学研究院)、陆根书(西安交通大学高等教育研究所)、林尚立(复旦大学国际关系与公共事务学院)、林荣日(复旦大学高等教育研究所)、侯晓远(复旦大学物理系)、顾建民(浙江大学教育学院)、阎凤桥(北京大学教育学院)、阎光才(华东师范大学高等教育研究所)、鲁映青(复旦大学上海医学院)、熊庆年(复旦大学高等教育研究所)、潘伟杰(复旦大学法学院)。

这次重组编委会并不是简单替换人选,而是进行了结构性的调整,变为以同行学者为主体,使之能够真正发挥作用。2013 年 5 月 17 日,第二届编委会第 1 次会议顺利召开,林尚立到会讲话,希望大家提颠覆性的意见,会议后做好一个规划。之后,编委会做到了每年开一次会。2014 年 7 月 20 日第 2 次会议,2015 年 11 月 1 日第 3 次会议,2016 年 11 月 19 日第 4 次会议,2017 年 11 月 4 日第 5 次会议。第 4 次会议时,林尚立已经调离复旦大学,分管文科的刘承功副书记到会看望了编委们。可以说,每次编委会会议都是务实而有效的。编委们认真审议编辑部的工作,真诚地提出问题和建议。尤其是专家编委还协助二审了近半数的二审入围稿件,从根本上改变了过去审稿的格局,审稿质量大大提高。

2017 年 5 月,编辑部因主编林尚立已调离复旦,为使期刊出版正常有序,向学校请示《复旦教育论坛》主编调整,提出:基于学术期刊由学术人员主办及主编负责制的原则,《复旦教育论坛》主编由高等教育研究所所长担任,校领导不再兼任主编职务。2017年5月27日接到许宁生校长的批复,要求先做一个全校学术期刊发展的规划。在完成全校学术期刊发展规划后,因为各种原因未得批复。直到2019年9月,高国希接任熊庆年担任高等教育研究所所长后,编辑部再次请示,才得到批复,"原则同意调整主编"。此后,《复旦教育论坛》主编由高等教育研究所所长兼任。

第四节 《复旦教育论坛》的发展

期刊的发展是一个长期持续努力的过程,需要坚韧不拔的毅力,需要独具慧眼的瞻望,需要脚踏实地地行进,更需要促发生机的环境。

一、磨炼形成自家风格

《复旦教育论坛》把发现新思想、新观点作为目标,强调贴近中国教育改革的实际,突出反映教育理念层面的思想变革,逐步形成了视野开阔、纵横有度、重视实证、讲求格调的办刊特色。

视野开阔:不局限于教育学科的视角,注重推动用不同学科的理论和方法去研究教育重大问题。如"新论"栏目,抓住高等教育国际化、现代大学制度建设、教育体制改革、教育公共政策、大学生发展、一流大学建设等方面的前沿性问题,组织哲学、政治学、经济学、社会学、管理学等各学科的学者展开专题研究,发表了不少富有新意的作品,产生了较大的学术影响。如2010年《国家中长期教育改革与发展规划纲要》发布以后,约请政治学者撰写了一组关于教育改革与发展的政策工具的文章,深度分析国家、部门与地方的教育政策。又约请法学研究者撰写了一组教育法制发展的文章,应当说这些文献具有开创性。

纵横有度,既注意前沿性,也注意基础性。比如,有高等教育国际化新因素、金融危机对高等教育的冲击、现代大学制度的建构性之类的选题,也有哲学在教育和教育研究中的角度、新生代大学生发展这样的选题。既关注宏观,也关注微观。比如有高等教育公共治理变革、教育公共政策发展的选题,也有大学通识教育改革、学生评教制度、学生学习调查这样的选题。既重视思想性,也重视实践性。比如有《略论"培养个性"问题》一类的文章发表,也有《质疑"末位淘汰"?》一类文章的发表。既重视现实问题,也重视历史问题。科举废除一百年,柏林大学创办 200 周年,建党九十周年,都组织了专题,每次都有文章被人大复印报刊资料全文转载。特别是柏林大学创办 200 周年,约请 4 位学者就"省思洪堡思想"撰稿,在 2010 年 6 期"新论"栏目集中刊发,产生了很好的学术影响,别敦荣、李连梅所撰《柏林大学的发展历程、教育理念及其启示》和俞可所撰《洪堡 2010,何去何从》被《新华文摘》2011 年第 4 期全文转载,前者同时被人大复印报刊资料《高等教育》2011 年第 4 期全文转载。

重视实证:高等教育学学科走向成熟,研究方法论的进步是关键。我国高等教育研究方法论正从单一的思辨研究趋向多样化。倡导以实证研究为主,推进研究方法多样化,是高等教育研究学术发展的一大趋势。编辑部敏锐地捕捉到这一趋势,就这一问题组织了文章,受到关注,比如 2003 年第 3 期发表了李健宁的《教育科学研究中的定量化分析》一文,结果被人大复印报刊资料《教育学》2003 年第 8 期全文转载。更重要的是,在组稿、审稿等环节特别鼓励和扶植实证研究的优秀成果。据学者 2009 年对 10 种高等教育研究杂志方法的统计,《复旦教育论坛》定量实证研究的比重在同类期刊中最高[1]。

---

[1]　李雄鹰、周文虹:《高等教育研究中定量方法的应用现状与趋势》,《现代教育科学》2011 年第 4 期。

讲究格调：首先表现在对新人的扶持上。杂志初创时就确立了一条原则，既重视学术大家，又不忽视学术新人，要营造有益于新思想、新观点生长的学术环境。《复旦教育论坛》发表过本科学生的文章，对研究生的文章只要有新见，哪怕有偏颇，也给予支持。比如王一涛和安民的《"教育是公共产品"吗？——对一个流行观点的质疑》，唐松林的《论大学理念》、苏君阳的《论教育公正的本质》，张烨的《教育政策的制度分析：必要、框架及限度》、王占魁的《再论教育创新——当代教育改革视野中的制度与个人》等，作者都是在读研究生或刚毕业不久的研究生，这些作品有的成为高引论文，有的被人大复印报刊资料全文转载。其次表现在以足够的耐心协助作者打磨稿件。一些不太成熟但有闪亮点的文章，编辑部总是把审稿意见向作者反馈，尽量请他们修改，不轻易否定，最终打磨成好作品。2010年刊发的《高等教育评价方法技术的误用、滥用及其矫正》一文，就是经过与作者切磋琢磨，重新提炼主题、修改而成的，后来被人大复印报刊资料《高等教育》2011年第1期全文转载。再次表现在精心写作卷首评论。执行副主编熊庆年在撰写评论时，没有简单地就当期重点主题作介绍，而是精心把握主题的内涵，在思想性上作开掘，力图引发读者阅读兴趣与思考。同时，努力追求雅致，灵动不拘，略有文采，从而受到很多读者的青睐。

二、精益求精提升质量

质量是办刊的生命线，是期刊发展最重要的影响因素。从创刊之初，《复旦教育论坛》就确立了高标准的质量目标：成为高等教育研究领域的核心期刊。全国当时有教育类期刊四百多种，要想脱颖而出，就要靠高质量去赢得读者。

高质量首先取决于期刊的站位和立意。秦绍德在《复旦教育论坛》的发刊词中就指出，"坚持解放思想，立足教育创新，是《复旦教育论坛》坚定不移的办刊方针。我们希望思想的火花在这里闪亮,革新的种子在这里萌芽,创造的思维在这里升腾,使论坛成为教育创新者的园地"。"我们也希望,《复旦教育论坛》今后能成为中国高等教育学者与国外高等教育学者对话的园地。""我们的刊物之所以名之为论坛,是因为希望她是一个百家争鸣、群言共进的场所。畅所欲言,自由论辩,方有学术之进步。不拘于位,不限于衔,不泥于业,唯识是取。只求新见,不求完美,唯实是崇。""《复旦教育论坛》是复旦人主办的,但她也是全国高等教育工作者、研究者所共有的,是所有心系教育的人们所共享的。我们期望,海内外的同行们共同来浇灌《复旦教育论坛》这株小苗。"这些都不是虚话,编辑部是切切实实去履行承诺的。有时为了一篇稿子达到优质,责任编辑甚至执行副主编不厌其烦地与作者反复互动,修改甚至达六七次。

2008 年,《复旦教育论坛》刚过 5 岁的生日,就迎来了喜讯:被中国社会科学评价中心列入 CSSCI 来源刊,实现了学校党委办成核心期刊的目标要求。同年,武汉大学的中国科学评价研究中心 11 月发布《中国学术期刊评价报告—权威期刊和核心期刊排行榜》,《复旦教育论坛》在全国 172 种教育类期刊中排名 30,被评为 A 级。年末编辑部接到北京大学图书馆的信函,正式通知《复旦教育论坛》入编《中文核心期刊要目总览》2008 年版教育类核心期刊。这些对编辑部全体同仁是极大的鼓舞,但大家并没有因此松懈,而是把它看作刊物发展的新起点。

2010 年在《中国学术期刊影响因子年报(人文社会科学)》中,《复旦教育论坛》2007—2009 年复合影响因子为 1.249,在教育学学科中排序为 25/284。继续入选中文社会科学引文索引(CSSCI)来源期刊(2010—2011 年)。年报还发布了期刊综合影响因子和人文社科影响因子,分别为 0.437、0.380,学科排序分别为 41/192、39/192。三者的区别在于统计的文献来源不同,复合影响因子的统计来源文献除包括期刊综合统计源文献、人文社科类统计源期刊外，还包括博士、硕士学位论文及会议论文统计源文献。硕博论文统计源文献在《复旦教育论坛》的他引频次中占了很大比重（65.8%），这正好说明了复合影响因子与后两者之间存在的较大差距的原因，也印证了《复旦教育论坛》作为高等教育学术期刊的定位。

2014年《复旦教育论坛》扩版，由原先的96页增加至112页。编辑部进一步优化工作流程，充分发挥编委的作用，审稿质量继续提高，得到读者与作者的肯定。刊物被中国社会科学评价中心继续列入《CSSCI（2014年—2015年）来源期刊目录》，人大复印报刊资料年度全文转载量已达12篇。

2015年，《复旦教育论坛》再次入选北京大学图书馆《核心期刊目录（2014年版）》。编辑部在2015年扩充了校外审稿专家队伍，尤其补充了一批年轻的专家，审稿质量稳步提升。编校质量也有所提升，差错率持续降低，接近优秀水平。

在2018年中国人文社会科学期刊AMI综合评价A刊报告中，《复旦教育论坛》首次被列入教育类核心期刊。至此，《复旦教育论坛》在国内人文社科三大核心期刊目录中均有收录，成为业内公认的高水平学术期刊。

高水平的二次文摘，可以观察到期刊的影响力。据统计：人大复印报刊资料自2003年到2019年，共转载《复旦教育论坛》发表文章252篇；《新华文摘》2013年到2019年，共转载或摘编《复旦教育论坛》发表文章100篇（纸质版97篇，网络版3篇）。

三、专题专栏打造特色

如果说栏目是期刊的骨架，核心栏目则是期刊的脊梁。2003年《复旦教育论坛》创刊伊始，围绕如何设立栏目，有过各种的设计，设立过十余个栏目，后逐渐稳定在六个。"新论"栏目注重学术新观点，

"专题"栏目以主题为线索组合内容,"专论"栏目侧重问题研究的深度开掘,"方略"栏目以应用研究为主,"域外"栏目着重反映境外趋向,"医苑"关注医学教育。在内容范围上,由最初的窄口径,变为现在的宽口径、焦点化,既有高等教育问题研究,又有与高等教育关联的教育问题研究。在内容靶点上,强调"顶天立地",既重视教育思想的研究,又重视实际问题的研究,力戒"不着天、不落地"。形成了"教育哲学""教育政策""教育领导""院校管理""教学改革"若干聚焦点。收放得宜,自成一格。

"新论"是其中最出彩的一个栏目。"新论"栏目之设,在于突出反映"新进展""新成果"。"新论"要在于"新","新"需要去发现,而能不能发现,取决于学术眼力。因而,提高"发现"的眼力,是建设栏目的关键所在。

在选题策划中,编辑部力求在前瞻性上做文章。比如创刊之初,我国刚加入 WTO。编辑部意识到,教育一旦成为服务贸易的对象,必然给高等教育国际化发展带来新的因素。为此,连续组织稿件,探索高等教育国际化发展的新理念。2003 年第 6 期刊发了阳荣威的《论国际化背景下高等教育的后发优势》,该文认为,高等教育的国际化浪潮,为我国高等教育利用后发优势,在教育领域赶上发达国家,提供了难得的历史机遇。人大复印报刊资料《高等教育》2004 年第 1 期摘录转载了该文。2004 年第 3 期刊发莫家豪与丰蓓的《全球化、国际化与高等教育交流:香港的经验》,该文透视了高等教育国际化中的"学术资本化"问题,被人大复印报刊资料《教育学》2004 年第 7 期全文转载。而 2004 年第 3 期刊发的陈学飞的《改革开放以来大陆公派留学教育政策的演变及成效》,则回溯我国高等教育国际化发展的轨迹,证明了政府公派留学政策产生的巨大和长远效益。文章被人大复印报刊资料《高等教育》2004 年第 8 期全文转载。

重视跨学科视野,这是"新论"的法宝之一。教育发展与政治发展有千丝万缕的关系，编辑部就有意地与政治学科的同行们联系，请他们撰写教育研究的稿件。2010年《国家中长期教育改革与发展规划纲要》发布以后，编辑部约请政治学者从公共政策的角度来研究《规划纲要》的内涵，刊发了一组关于教育改革与发展的政策工具的文章，深度分析国家、部门与地方的教育政策。哲学是教育学的源头之一，编辑部2011年协同复旦大学哲学学院教育哲学研究中心举办了"哲学在教育和教育研究中的角度"国际学术研讨会，在"新论"栏目刊发了精选的3篇会议论文和1篇会议综述。其中高伟的《论一种可能的好的教育哲学》和金生鈜的《教育哲学如何关怀生活?》是论争性的，发表出来就是意图把思想碰撞的火花呈现给读者，以引起更多的讨论。金生鈜的文章后来被人大复印报刊资料《教育学》2011年第7期全文转载。教育社会学成为教育思想发展的重要滋养。编辑部在"新论"栏目发表了多篇教育社会学的文章。2009年第5期发表了于海教授的《"八零后"大学生：怎样的"我一代"?》，人大复印报刊资料《高等教育》2009年12期全文转载了该文。

　　期刊并不是泛漫无边地追求标新立异，而是瞄准当代中国教育改革的火热实践，反映改革中的思想矛盾和冲突。做到这一点，就要求我们贴近教育改革与现实，保持对变革事态和实践问题的高度敏感。2003年，编辑部知悉康宁主持的相关国家"十五"课题开题，及时约稿，在当年第5期发表了她与宋东霞、刘亚荣合写的《我国高等教育资源配置转型程度研究新探索》，引起了人们的关注，2003年第11期人大复印报刊资料《高等教育》全文转载了该文。类似情形的约稿，在"新论"栏目中不在少数。如周洪宇、胡志坚的《中国高等教育体制改革若干问题的宏观思考》(2004年第4期)、李锋亮的《中国的高等教育规模扩展与劳动力市场》(2005年第4期)、范文曜的《高等教育治理的中间机构》(2007年第6期)、朴雪涛的《我国高等教育公益性弱化的根源及其对策分析》(2008年第1期)、董秀华的《试论

"专业高等教育"——基于人才培养规格差异的视角》（2008 年第 2 期）、叶赋桂的《教育改革不能回避历史》（2009 年第 3 期）、张乐天的《新世纪我国加强农村教育发展的政策回顾与反思》（2010 年第 3 期）、李立国的《从一流大学到高等教育强国：我国高等教育发展战略的转变》（2010 年第 3 期）、阎光才的《亚努斯的隐喻——去行政化语境下的学术精英角色与权力内涵分析》（2010 年第 5 期）等文章，都是精心策划组稿的成果，它们的主题是中国教育改革与发展的前沿问题，所表达的思想观点具有强烈的现实价值，因而为人大复印报刊资料全文转载。

教育史研究在当下往往不被看好，尤其在高等教育研究领域。但是我们相信，一切历史都是当代史，一切历史都是思想史。在教育史研究中"发现"新思想、新观点，成为编辑部的一种努力。2005 年，正值科举废除一百年，编辑部组织了 4 篇纪念文章，深入讨论废科举的历史价值，得出了新见解。郑若玲的《废科举的教育影响》，指出了废科举带来的若干消极影响，发人深省。人大复印报刊资料《教育学》2005 年第 6 期全文转载。

2017 年起，《复旦教育论坛》争取到了上海市教委、上海市新闻出版局的期刊专项支持，以及学校"复旦大学人文社会科学学术期刊质量提升计划"的资助，更加努力打造特色栏目，整体提升刊物质量。

四、营构无形的共同体

期刊是聚集学术人的地方，"无形学院"要有人气，尤其要有年轻人。青年学者是思想最为活跃的学术群体，但他们往往学术不够老到，很容易被期刊所忽略。刚创刊的 2003 年，在第 2 期发表了复旦大学网络学院计算机专业 2001 级本科学生李飞所写的《质疑"末位淘汰"？》。编辑部勤力扶持学术新锐，只要他们有新见，哪怕有偏颇，也给予支持。2004 年,编辑部收到王一涛(硕士生)和安民(博士生)的文章《"教育是公共产品"吗?——对一个流行观点的质疑》,他们敢于向权威的解释质疑,有理有据,编辑部很快就在第 5 期刊发了。湖南大学硕士研究生綦珊珊和其导师姚利民合写的《教学学术内涵初探》(2004 年第 6 期),提出大学教师的学术包括探究的学术、整合的学术、应用的学术和教学的学术,颇有新意,编辑部也刊发了。这两篇文章都受到关注,被学者多次引用。《复旦教育论坛》在 10 年创刊总结时,曾经对 2003—2012 年《复旦教育论坛》发文作者进行过统计分析,发现作者年龄主要是在 30—49 岁之间,占 40%,如果剔除信息不详者后,这一比例达到 63.85%。2016 年,有学者对 18 家教育类中文核心期刊论文进行偏好模式分析,证据表明,《复旦教育论坛》学生发文占比达 22.2%,而作者职称正高的占比为 18.9%。由此可见,《复旦教育论坛》在 18 家期刊中,是开放度比较大、更具包容性的。①

2017 年开始,《复旦教育论坛》在上海市教育委员会政策法规处的支持下,建设"教育法治"专栏。在该项目的连续资助下,通过举办专题会议和挖掘该领域的专家学者,聚集了一批教育法领域的作者,其中既有劳凯声、湛中乐、申素平、王大泉、孙霄兵等教育法学研究的权威专家,又有任海涛、姚荣、周详、刘旭东、刘永林等从事教育法学研究的青年学者,推动了教育法学研究这一交叉领域学术共同体的形成。

---

① 潘昆峰、孙怡帆、何章立:《中文顶级教育类期刊的论文偏好模式与期刊影响力——来自 2015 年 18 家教育类中文核心期刊论文的证据》,《中国高教研究》2016 年第 4 期。

余　论

　　整理复旦大学教育学科的发展史,直接的目的是梳理学科发展的脉络,保存历史的记忆,更高的目的是认识复旦大学教育学科发展的规律。然而,规律是个非常难触摸到的存在,而且就一所大学的教育学科百年来考察也未必就称得上是规律。但是无论如何,还是得有点反思,以为后来者鉴。

　　第一、理性克服外部环境的消极作用。外部环境对教育学科发展有时是决定性的。复旦大学教育学科的发展在 20 世纪 50 年代初发生了中断,空缺了 33 年,这是政策大调整所形成的,是不以学校和教育学科共同体的意志为转移的。此处不论是非曲直,唯陈客观事实。一旦中断,要接续起来,那是非常困难的。重起炉灶事实上比新起炉灶还要困难。因为中断,实际在人们的潜意识中已经造成了教育学科可有可无的成见。恢复首先就会遭遇教育学科存在的必要性的拷问。在高等教育研究所成立之后的 30 多年间,始终面临着这种拷问。

　　除了大的外部环境,在学校范围也有教育学科的外部环境问题。在各种环境因素当中,大学领导层的认识是最为关键的。1952 年前教育学科从无到有,从小到大,从弱到强,实赖李登辉校长的明鉴、智慧,以及后之校长吴南轩、章益的努力,才使教育学科薪火相传、弦歌铮鸣。改革开放之后,曾几何时,几乎每个大学都有一个高等教育研究室或高等教育研究所。30 多年过去,仔细审察一下,就可以知道"几家欢乐几家愁"。那些发展壮大的,无不是得到大学领导鼎力支持的。那些灰飞烟灭的,基本上都是被大学领导视之如草芥、弃之如敝履。更有的高等教育研究机构一时被取消,换了一任领导又以某种方式复活,可见领导对高等教育机构认识、对教育学科认识的极端重要性。这样说,也许过于夸大了领导层认识的作用,而蒙眼不看教育学科自身如何作为的问题。这里想强调的是,在现行的学科生态环境下,作为大学底部的学科在某种维度下是弱势群体。复旦大学教育学科在高等教育研究所的这一段历史中,有过高光的时刻,也有过暗淡时分,高等教育研究所的人还是那些人,但却呈现不同的发展状态,很显然是受到外部环境制约的。

外部环境因素会通过体制机制的方式来发生作用。在教育学系时期是这样,在高等教育研究所时期也是这样。在教育学系时期,教育学科在哪一个组织框架下生存,什么样的建制,在哪个层级,大不一样。高等教育研究所的时期,前三任所长都是由副校长兼任,在这种体制下,研究所与学校领导层有直接的信息通道,服务功能的实现也比较通畅,学科组织机构功能的能见度也非常高。副校长不再兼任所长之后,直接的信息通道中断了,服务功能的实现费劲了,学科的能见度降低了,资源的获得和行政支持困难了。更重要的是,作为应用性的高等教育学科,与学校的运行产生了隔离,研究材料只能间接获得,研究难度大大增加,研究成果的有效性递减,形成不良循环。

外部环境的另外一个重要因素就是,强大学科给弱小学科造成的一种无形的压迫。大学是一个学术共同体,它是一个系统性的结构,学科之间事实上存在着一种竞争关系。在日益利益化的学科生态环境之下,学科形成了一定的等级,这些等级转化为一定的话语权,影响着学科资源的配置、学术质量的评价、学术群体的权益甚至组织的存续。高等教育研究所自诞生之日起,就处在一种紧张的学科关系之中,小心翼翼是必然的,不得不努力借助各方的力量。这就涉及学科自身对外部环境的认知。大部分外部环境的因素是无法改变的,但我们如何去改变自身,适应这种外部环境,克服不利的环境因素,甚至部分改变环境,需要清醒的战略考量。不管怎么说,无论教育学系时期,还是高等教育研究所时期,总的走向是从弱小到壮大的,是不断发展的。主观能动性,就表现在克服困难、努力奋斗之中。

第二、把握好问题研究与理论研究的关系。教育研究,尤其是高等教育研究,关注理论还是关注问题的争论一直未消停,过段时间就会冒出来。强调关注理论者认为,高等教育研究应聚焦于理论构建,以形成系统、完整的知识体系。通过对高等教育现象、规律等进行深入的理论探究,为学科发展奠定坚实的理论基础。理论研究能够为高等教育实践提供前瞻性的指导,研究者通过理论分析和逻辑推理,预测高等教育未来的发展趋势和可能出现的问题,为实践提供方向指引,避免实践的盲目性。注重理论研究有助于提升高等教育研究的学术地位和价值。通过严谨的理论论证和学术创新,推动高等教育学科的学术发展,与其他学科进行对话和交流,争取在学术领域占据一席之地。

强调关注问题者认为,高等教育学是应用性的学科,研究的主要目的是解决现实中的教育问题。关注问题就是关注实践的发展。知识来源于实践,高等教育研究应紧密结合实践,从实践中提炼知识和理论。实践中的经验和案例是研究的重要素材,通过对这些素材的分析和总结,能够生成更具针对性和实用性的知识。实践研究能够直接推动高等教育改革的进程,研究者通过参与教育改革实践,了解改革的需求和难点,为改革提供理论支持和实践指导,使改革能够顺利进行,从而体现它的价值。

两种观点各有轩轾,实际上是一个如何把握两者关系的问题。事实上,中国高等教育研究的发展一直在重理论还是重实践中摇摆,总体上看还是重实践更具倾向性。兼顾两者的折中观点也是有的,但在实际中难以把握其度。从国内各高等教育研究机构的情况看,真正能够做到兼顾的恐怕是凤毛麟角。具体情况应当做具体分析。就复旦大学高等教育研究所的经历而言,总体走向是偏重问题研究、实践研究。无疑这种偏向是由于现实语境的条件约束,也受组织发展功能实现条件的限制。只能从此时此地、彼时彼地的实际条件去作决断,但这绝不是倡导机会主义,而是需要有长计划、短安排的智慧。学科组织是这样,每个学术人也是这样。我们如果不把问题研究、实践研究挺在前面,在不少人看来就无足轻重。如果我们没有一点自家的看家本领,一些人又会觉得不过尔尔,你们能做,随便找人花点时间一样能做。在特定语境下把握好问题研究与理论研究的关系,确实非常重要,而且不是简单地平衡所能解决的。

第三,探索院校研究适切的本土范式。院校研究实际上是一个舶来品,源自美国。2001 年 10 月 22 日,赵炬明在复旦大学高等教育研究所的讲座中,介绍了美国院校研究协会的定义:"什么是院校研究? 院校研究(institutional research)是加深对高等院校的计划、管理与运行的理解,并促使其得以改进的研究(AIR,1999)。"其研究对象是高等学校这一特定组织的管理,通过理性地把握现象与经验,以实现实践目标的改进。2015 年,华中科技大学教育科学研究院对全国本科院校高教研究机构进行了调查,并提出:"大部分高教研究机构在服务对象和基本职能方面已开始具备院校研究机构的特征,应采取各种措施促其实现由高教研究机构向院校研究机构的转型。"[①]

仔细考察美国院校研究,具有两个显著特征:一是以数据为基础,二是围绕学校经营,以学生消费者视角为中心。我国高校高等教育研究机构的转型,不应仅仅停留在组织功能的选择层面,更应实现研究范式的迭代,即从我国高校的实际出发,服务学校的改革与发展。从广义角度看,围绕学生发展开展研究,并通过数据分析为决策

---

① 刘献君、刘怡、余东升、陈敏、张俊超:《在机构转型中深化院校研究——基于对我国本科院校高教研究机构的调查》,《高等教育研究》2015 年第 11 期。

层提供参考,无疑是重要的。但研究议题和内容不应仅限于此,大学的教学、科研、社会服务、国际交流等功能,皆可纳入研究视野。院校研究本质上是为领导决策服务的,领导的重大关切就是其研究任务。复旦大学高等教育研究所近 40 年的服务,值得回味、深思。

第四、抓住教育学科发展的历史性机遇。机遇是可遇而不可求的。发展的机遇对一个组织而言,怎么强调都不过分。复旦大学教育学科发展的历史就是这样。在教育学系时期,李登辉校长对社会发展教育需求的判断是高屋建瓴的,对章益赴美留学方向的指引是独具慧眼的。复旦大学教育学科的前程差不多在那一刻就谋定了。在高等教育研究所时期,教育学院筹建、搁置的过程,以及数年后再次被提起的过程,回想起来,令人扼腕也就在特定的时机,甚至是某个人物、某个细节。错过了就是错过了,一挥即逝。说起来是一种偶然,仔细琢磨又是必然。关键人物的思想境界、处置和决断无疑是至关重要的。历史没有如果,不会重来一次。

俗谚说,机会总是青睐有准备的人。从教育学科自身来说,如何去做成有准备的"那个",就需要思量。教育学科是个非常特别的学科,成熟度并不高,这也是教育学科往往遭遇不受待见的原因。有些人认为,教育学科不具有不可替代性,仿佛只要有点基础的文化知识,人人都能研究教育。这也是某些人轻视教育学科的重要原因。不能不说,这种说法并不全无道理。不可替代性的确是学科区别性特征本质的要素,成熟意味着可以把这一学科与那一学科区分开来。有位德国教育哲学家在其著作中坦然承认教育学科的不成熟,他解释这种不成熟的重要原因,是教育学科是研究人的学科,而人是世间最复杂的对象,人对自身的认识远远没有达到科学的程度。作为教育学科二级学科的高等教育学,那更是这样,因为它研究的对象是更高层次的教育活动,较之其他层次的教育活动,高等教育活动又要复杂得多。至少到目前为止,高等教育很多基本的活动都无法有学理的表达,不得不借用其他学科的概念去抽象、去形式化,以至于多学科视野的高等教育研究一时成为时髦。高等教育学的门槛低是一个事实的存在,出身于各个学科的人都能够到高等教育学的园地里面"跑马",使得一些人看轻了这个学科。

这种情况正在发生变化,新一代的高等教育研究者中受过很好的学术训练的人越来越多,尽管他们不一定受的是教育学科的训练。不像20世纪80年代进入这个领域的研究者,多数是没有得到过完整的、系统的教育的人,他们在动荡的年代多是生活的历练,对社会的体验、感悟和理解,少的是知识的学习,理论的武装。在研究者的自然人迭代中,学科的迭代应当顺理成章。这也是一个提升高等教育学科成熟度的历史机遇,是发展教育学科的良好时机。当然,迭代当中也会带来新问题。好的学术训练不只是技术和工具的掌握,而是对学术意义的建构有高度的敏感和现实性的把握。避免精致的平庸、精致的无聊,是学科迭代应有之义。如果能够有庖丁解牛之智,用学术的利器去解剖现实发展之牛,那么高等教育学一定能够立定于学术之林。伯顿·克拉克曾经指出:"高等教育研究作为人类努力的一部分在近些年已经变成了一个广阔的跨学科工作。与半个世纪前相比,高等教育研究变得广阔多了,无论是从世界各国各地区来看,还是从一个国家内部所研究的课题的范围来看都是如此。现在它是非常分散,不同的国家探究不同的问题。好的一面是,研究现在变得更加深刻;坏的一面是,研究迷失在无谓的琐碎之中。"[1]值得警醒。

教育学科、高等教育学科的发展是一个逐步成熟的过程,需要不断积累和反思。发展教育学科是长线的事业,在"有所为有所不为"的思维框架下,长线的事业很可能被抛弃。因而,是做小还是做大?

---

① 〔美〕伯顿·克拉克:《我的学术生涯(下)》,赵炬明译,《现代大学教育》2003年第1期。

做完整的教育学科还是只做二三个二级学科？发展教育学科不仅面临外在的拷问，而且面临内在的自问。不管怎么抉择，有一点大概是可以确定的，在复旦大学这样的学校里，教育学科的发展必须扎根现实土壤，摒弃纯书斋式的学问。

　　复旦大学教育学系诞生过百年了。复旦大学高等教育研究所诞生有四十年了。抚今追昔，感慨万千。此情可待成追忆，其意犹堪寄远山。再过五十年、一百年，也许人们就能洞悉其规律了。

后 记

我硕士专业是汉语史，博士专业是教育史。也许有"史"的专业基因，很早就有整理所史的想法。曾经动员退休后的杜作润老师来做，他似乎兴趣不在此，写了几千字的稿子就打住了。我退休后就打算把这件事做下去。2020 年 6 月 22 日学校党委宣传部和档案馆发出《关于复旦大学院系（学科）发展史项目申报的通知》。正中下怀，看到后立即起草了申报书，得高国希所长支持，上报后即得批准。

有学校的项目支撑，我自然信心百倍。又找到接替我开"高等教育史"课的李会春老师，请他协助。他二话没说，一口应承，并组织上"高等教育史"课的硕士研究生先干起来。我想，研究生把参与整理所史资料作为课程实践，学做并行，一举两得。锣鼓敲响，项目开张，我就没怎么管了，因为太忙。虽然办了退休手续，但是一点也不得空。一方面接受返聘，继续指导还未毕业的博士研究生，协助《复旦教育论坛》审稿和所里其他一些事务。另一方面，被研究生院聘做研究生教育督导，后来又当了社科督导组的组长；教务处和教师教学发展中心不断地请参与各种项目的评审；再加上应付校外各种邀请，忙得不亦乐乎。有好几位熟人跟我开玩笑，"你比退休前还忙哩！"现在回头看，真的是高估了自己，也错误地判断了上"高等教育史"课与收集史料的关联度。一年半过去，形成的稿子离理想目标差得很远。

之后决定亲自下场。与李会春达成共识，他负责 1952 年前教育学系部分的撰写，我负责高等教育研究所部分的撰写。然而，一摸史料，才知道，工作量巨大。李会春做的那部分，找民国档案资料就是个极为艰难的活儿。而我负责的这部分，也是让人挠头皮的事儿。杜作润老师留下了一纸袋资料，过去没有认真地翻过，现在打开仔细一看，才知并非系统的档案资料，更何况时间久远，有的已经字迹难辨。遗憾的是，杜作润老师已经故去，很多史实无法确认。

我和李会春专门去拜访了老所长强连庆、孙莱祥，求证一些大事。因为他们年事已高，一些记忆也已经模糊，书中尽可能利用了他们的访谈材料。我通过电子邮件采访了第三任所长蔡达峰，他回复："高教所始终在谋求发展，并取得了可喜的成绩，这是可以从历年的成果中得以证明的。就本人当时的感受而言，高教所的同仁们以主人翁精神，积极参与学校的教育发展，为学校的学分制建设、通识教育、招生改革乃至发展规划、学科建设等重大课题，开展专题调研和理论研究，奉献了大批研究报告和意见建议，对本人的分管工作有很大帮助，本人也给予了尽可能的支持。同时，高教所的同仁们立足本职，服务国家，不断提升《复旦教育论坛》的影响力，就高等教育、基础教育、教育体制、教育理论等各领域中的理论和实践问题，深入研究，建言献策，为我国教育事业改革和发展作出贡献，体现了责任意识和担当精神。"他过于自谦，表示"这个时期高教所的发展成就，是全所同志的共同努力的结果，见证了学校的发展进程。本人作用甚微，乏善可陈"。

早期资料散失情有可原，然而，我担任副所长、所长的近 20 年，资料也散失不少，深深自责。工作日记就丢失了一年的，保存的也大都内容简略，不少已经想不起具体的内容。懊悔没有好好存档、备份好硬盘、U 盘。亡羊补牢，我花了一年多工夫，把幸存的材料全部用扫描仪电子化。

搜集和整理材料所花的精力和工夫真是一言难尽，更伤神的是如何把得来的材料连缀起来。起先有个全书的整体框架，但实际写起来，才发现处处扞格。框架调整了一次又一次，草稿写了一遍又一遍。幸得李会春不厌其烦，陪着干。也幸得所里同事们不嫌我叨扰，帮助翻找陈年旧账，总算勉强成就。书之所以题名为"史稿"，就是因为还十分粗陋，离心目中的样子依旧差很远。再者，有些事情可能只有让后人来写恰当，自己写自己经历的事恐怕难保客观。还有些事多少有些敏感，不便于展开，曲尽其笔，语焉不详，可能让读者雾里看花。学术发表方面，多记流水账，未厘流变，非不愿投入，乃不能也。或许需要时间的沉淀，方能看清眉目。所以，反复多次，最后搁笔一点也不觉得轻松。全书最后由我统稿，不当之处，皆我之责。

丑媳妇总要见公婆，还是交给读者们去批评吧。更有待后之君子，成就其善。

感谢黄丹编辑，容忍我一拖再拖！

熊庆年

2025 年 3 月 11 日

于光华楼东主楼 2815 室

补记：

2025 年 6 月 20 日，机关一同志转发复旦大学校长办公室文件（校字[2025]18 号）《关于 2025 年第 18 次校长办公会议审议事项的通报》给我，其中第六项内容是："审议成立教育学院（筹）事项。"阅后不禁感慨万千。20 多年来，教育学院筹建几经曲折被搁置。如今又见峰回路转，祈望这次梦想成真、复旦大学教育学科发展开启新征程！

熊庆年

2025 年 7 月 11 日于付梓前

图书在版编目(CIP)数据

复旦大学教育学科发展史稿:1920—1951;1983—
2019/熊庆年,李会春编撰.--上海:复旦大学出版
社,2025.7.--(复旦大学院系(学科)发展史丛书).
ISBN 978-7-309-17952-1

Ⅰ.G40-12

中国国家版本馆 CIP 数据核字第 2025QR8977 号

复旦大学教育学科发展史稿(1920—1951;1983—2019)
熊庆年　李会春　编撰
责任编辑/黄　丹

复旦大学出版社有限公司出版发行
上海市国权路 579 号　邮编:200433
网址:fupnet@fudanpress.com　http://www.fudanpress.com
门市零售:86-21-65102580　　团体订购:86-21-65104505
出版部电话:86-21-65642845
上海盛通时代印刷有限公司

开本 890 毫米×1240 毫米　1/32　印张 11.625　字数 291 千字
2025 年 7 月第 1 版
2025 年 7 月第 1 版第 1 次印刷

ISBN 978-7-309-17952-1/G·2673
定价:88.00 元